扭轉乾坤

石牌要塞保衛戰

乾坤

何世同——著

【自序】

　　本書，是筆者繼 2015 年 6 月《郝柏村重返抗日戰場》、2019 年 11 月《血淚與榮耀—郝柏村還原全面抗戰真相》、2021 年 6 月《堅苦卓絕—國民革命軍抗日戰史》、2022 年 12 月《間不容髮—黃河花園口決堤》、及 2023 年 10 月《瞄準平型關》之後，撰寫的第 6 部有關中華民族抗日戰爭議題專書。

　　長江自四川奉節東面之白帝城進入三峽後，兩岸地形如同刀劈釜劈，盡是懸崖絕壁，江面也因之縮小；江水流至湖北宜昌西面之南津關，自此出三峽，江面始豁然開朗。北魏酈道元《水經注・江水》描述長江三峽地形，曰：「自三峽七百里中，兩岸連山，略無闕處，重巖疊嶂，隱天蔽日，自非亭午夜分，不見曦月…每至晴初霜旦，林寒澗肅，常有高猿長嘯，屬引淒異，空谷傳響，哀轉久絕。」唐時李白〈下江陵〉詩中「兩岸猿聲啼不住」，即指此。

　　江水從奉節一路東流，至宜昌西面約 10 餘公里處，在群山之中突然右拐轉南，流約 5 公里，又直角折向東行。石牌，就位於江水由西南截彎轉東處之南岸 (見圖 7-3)，抗戰時期為一人口不滿百戶的古老小鎮，由於附近有許多灰白石壁矗立，其狀如牌，因而得名；復因形勢險要，又扼三峽門戶，自古即為兵家必爭之地。1938 年 10 月國軍棄守武漢後，1939 年即設立要塞、預置火砲於此，以防禦日軍攻入三峽，俾屏衛陪都重慶安全。1940 年「棗宜會戰」，日軍占領宜昌，石牌成了捍衛三峽門

戶的前哨陣地。

　　先是，日本自東京時間 1941 年 12 月 8 日，同步以海軍發動「偷襲珍珠港作戰」，以陸軍實施「南方作戰」，全面展開所謂「大東亞戰爭」後，隨戰線之擴大，兵力逐漸不夠分配，故亟欲儘快解決「中國問題」，俾轉用中國戰場兵力於東南亞與南太平洋方面，其大本營遂有 1942 年初開始，以攻略重慶，迫使中國屈服為目的之「四川作戰」考案，定名為「五號作戰」。其所擬定之作戰方針概為：「中國派遣軍」以「華北方面軍」為主力，從西安方面；以華中之第 11 軍為一部，由武漢方面；採取「鉗形攻勢」，力求包圍殲滅中國軍中央軍主力，攻略重慶，結束在中國的戰爭。

　　1942 年 9 月 9 日，基於日皇裕仁詔令及大本營參謀總長指示，「中國派遣軍」由畑俊六總司令下達「四川作戰」準備之命令。擔任進攻兵團的「華北方面軍」與駐武漢的第 11 軍等部隊於受命後，旋即積極進行「作戰與後勤計畫」之擬定、「大規模摹擬實戰狀況」之兵棋推演、以及「假想作戰訓練」之作業等作戰整備工作。尤其第 11 軍，更立刻實施各參謀沿長江兩岸預定進攻路線之空中偵察，以及在武昌附近山地，進行道路構築的演習與訓練。

　　惟日本海軍在 1942 年 6 月 4 日至 7 日的「中途島海戰」，及 1942 年 8 月 7 日至 1943 年 2 月 9 日的「瓜達康納爾之戰」中，受到「決定性」的挫敗後，其大本營陸續開始從「中國派遣軍」、「關東軍」與「南方軍」，抽調兵力與作戰物質，增援南太平洋方面之作戰。影響所及，醞釀已久的「五號作戰」準備，為因應情勢變化，乃於 1942 年 12 月 10

日被迫叫停。不過,「華北方面軍」已進行由西安方面攻入四川的訓練成果和準備事項,在 1944 年 4 月中旬的「一號作戰」(日方稱「大陸打通作戰」)的「己號作戰」、即國軍戰史所稱的「豫中會戰」中,發揮了相當的作用,一舉攻下鄭州,打通了「平漢鐵路」(北平通漢口)南段,使華中與華北方面日軍得以在豫南的遂平(信陽北 100 公里)會師。

另一方面,雖然「五號作戰」突然被中止,但是日軍大本營仍給了「中國派遣軍」因爾後情勢改變,「可能仍有必須遂行本作戰之狀況發生」的「暗示」,要求其今後還是要不斷進行「進攻重慶」的各種偵察與研究,並經常保持整備狀態;也就是說,「五號作戰」雖中止,但仍以某種情況存在。於是,一向以「攻略重慶總先鋒」自居的第 11 軍,乃始終念念不忘進攻重慶,也為接下來的「江北殲滅作戰」及「江南殲滅作戰」,型塑了指導概念。以上兩場作戰,一前一後,連續實施,即是國軍戰史中所稱的「鄂西會戰」。

1943 年 2 月至 3 月,日軍第 11 軍動用絕對優勢兵力,發起所謂「江北殲滅作戰」,以「殺雞用牛刀」(日方用語)方式,擊滅漢口、岳陽、沙市連線的長江北岸「三角地帶」(見圖 4-6)國軍第 6 戰區部隊,打通了長江北岸宜昌至漢口間的「連絡線」,並乘勢占領長江南岸之洞庭湖「糧倉地區」,一方面有利其「以戰養戰」階段策略之遂行,另一方面也為進攻重慶形塑有利態勢。

同年 5 月上旬,日軍第 11 軍挾「江北殲滅作戰」之戰果,主力又渡過長江,向南岸發動攻勢,是謂「宜南作戰」,即後來改稱的「江南殲滅作戰」。本次作戰之目的,表面上看,是為了打通宜昌以西長江水

道，使宜昌附近1萬數千噸之船舶得以下航至漢口，以做內河運輸補給之用，同時擊滅地區國軍第6戰區「有生戰力」；但實際上，卻是「劍指重慶」。

鄂西地區長江南岸的「地形特性」，由東向西，概可區分為「河川湖沼」、「丘陵」與「山岳」等三種地帶。日軍第11軍渡過長江所發動的「江南殲滅作戰」，是以集中優勢兵力，逐次攻略之手段，按「既定計畫」，只用了短短20天的時間，就從「河川湖沼地帶」、「丘陵地帶」，順利打到了「山岳地帶」前緣，進窺重慶門戶的石牌南北之線，可謂一次成功的攻勢作戰行動。

反觀擔任地區作戰任務的國軍第6戰區，不但對敵情判斷錯誤，前方部署不當，各級指揮官消極被動，而且沒有徹底集中兵力與日軍決戰之方案，加上部隊也無旺盛求戰之氣，故連續戰敗，最後被迫退卻至鄂西「山岳地帶」的最後防線。此一狀況，正如蔣委員長5月28日日記所道：「前方將領指揮無方，平時毫不研究，臨時糊塗作戰」；致有此敗。

本戰，日軍投入之兵力為3個師團、1個混成旅團及若干支隊，攻勢重點指向石牌要塞之正面與側背，顯有由此進出三峽，攻略重慶之意圖。而在5月中旬，日軍步步進逼，國軍節節敗退之際，蔣委員長急令兼任「中國遠征軍」司令長官的第6戰區司令長官陳誠，從昆明回到恩施坐鎮指揮外，自己也曾親赴恩施督戰。蔣委員長深知，一旦日軍突入三峽後的嚴重後果而憂心忡忡，甚至將化解危機的期望，寄託在他所信仰的上帝保佑上。其有檢討、有自責、有無奈、有指導、有怒氣、有禱告的心路歷程，散見於日記之中。

　　根據第6戰區「鄂西會戰」的「指導構想」，是在日軍渡江進攻時，長江南岸的第一線兵團，依「縱深據點」，行「強韌抵抗」；第二線兵團，在第一線兵團之協力下，相機反擊；戰鬥過程中，戰區必須「確保」常德、恩施、巴東、興山、歇馬河、南漳等要點(見圖5-13)，以利爾後作戰。不過在實戰中，第6戰區的第一線與第二線兵團，卻犯了計畫與執行「脫節」的嚴重錯誤，打來毫無章法，幾乎未經較大戰鬥，就倉卒棄守河川湖沼與丘陵地帶，退向了山岳地帶；指導計畫中的「守勢持久」目的，完全落空。

　　當此情勢萬分緊張之際，蔣委員長於5月28日，急令江防軍(總司令吳其偉，兼戰區副司令長官)所屬之第18軍軍長方天，將在三峽地區固守之要點，由原來的巴東，向前推進50公里到石牌要塞，並飭其準備獨立作戰，以待後方部隊集中後，再行反攻。方天軍長即將「固守」石牌要塞的重任，交由5月中旬即已部署在此的第11師負責。

　　第11師師長胡璉將軍出身黃埔4期，他於奉命後，旋即以「不愧為校長之學生，不侮辱第十八軍之歷史與榮譽」覆報蔣委員長。蔣委員長獲報，雖「聞之為慰」，認為「黃埔精神尚在」，但是對第11師能否守住石牌？並無把握；因此，蔣委員長一方面作人為的努力，一方面向他所信仰的上帝，虔誠祈求保佑與賜福。凡此心路歷程，都寫於日記中。

　　對一位「守土有責」的戰場指揮官而言，「固守」與「死守」等義。胡璉將軍深知責任重大，抱定軍人「不成功、便成仁」的決心，除了致雙親與妻子訣別書外，又作〈祭天誓言〉，以「生為軍人，死為軍魂」

明志。最後胡璉將軍率第 11 師全體官兵浴血苦戰 7 天，終於擊退日軍進攻，守住了石牌要塞，也粉碎了日軍由此入川的企圖；石牌也成了抗戰期間，日軍唯一攻不下的堡壘。第 6 戰區則在石牌要塞的支撐下，對退卻之日軍，全線發起追擊，恢復了會戰前態勢，創造了「鄂西大捷」，胡璉將軍也一戰成名，成了家喻戶曉的抗日英雄。

不過，雖然胡璉將軍當時抱定軍人「不成功、便成仁」的決心，但是他並不想走到這一步；因為，他深知守住石牌對整個抗戰前途的重要性，若石牌不保，個人犧牲事小，國家受害事大，所以一定要保住石牌。也就是說，他有「必死準備」，更有「必勝信心」，這是胡璉將軍最了不起的地方。其「必勝信心」，見於〈祭天誓言〉中所曰：「然吾堅信，蒼蒼者天，必佑忠誠，吾人血戰之餘，勝利即在握矣」；這正是黃埔軍人大智、大仁、大勇精神的表現。

6 月 3 日，當石牌捷報傳來之時，蔣委員長在當天日記中寫道：「此次敵寇窺伺三峽，全賴上帝默佑之福，幸得轉危為安此乃天命之予，而決非人力之所能挽此危局也。」蔣委員長認為，石牌之勝，使抗戰戰局得以「轉危為安」，實為抗戰六年中「最重要之關鍵」；又曰：「上帝保佑中華之靈應，實與西安事變出險之恩德相同也」，寫在 6 月 6 日的日記中。

但是，吾人清楚知道，國軍第 6 戰區所以能在「鄂西會戰」連續戰敗的最困頓之際，逆轉而勝，讓陪都重慶轉危而安，並不是上帝保佑與賜福的力量，而是第 11 師全體官兵拋頭顱、灑熱血，奮勇擊退日軍進攻，守住石牌要塞，所衍生帶動的整個戰區反擊力量所致。吾人每在脆

弱無助時，總會向所信仰的神明祈求賜福與保佑，乃人情之常；蔣委員長雖貴為一國領袖，看來亦不能免。回顧這段歷史，我們中華民族何其有幸？在存亡最關鍵的時刻，擁有最卓越的將軍，與最勇敢的戰士。

2014 年 4 月開始，前行政院長郝柏村先生以九秩又五高齡，帶者我們一群退役將校與抗日戰史研究者，作了 6 次定名為「重返抗日戰場」的「參謀旅行」，去緬懷先烈，憑弔死難，並找回抗戰歷史的真相；我們第一個走訪的戰場，就是石牌要塞。郝先生站在昔日戰場高處，望著濤濤江水，有感而發地對我們說：沒有石牌保衛戰的成功，也許就沒有抗戰的最後勝利；後代的青年要了解抗戰，不可不知石牌。

2023 年 8 月 20 日，筆者再度來到此地，在胡璉將軍之孫胡敏越先生及宜昌宜陵區博物館館長陪同下，詳細觀察作戰地區地形與廢棄陣地遺跡，並憑弔由後來接防的第 31 師 (即 1938 年死守台兒莊的部隊) 所整建之「石牌抗戰」遺址，向這些偉大的軍人致上最崇高的敬意。古戰場已不存，英雄們早作古，但想著先烈們為捍衛國家民族奮鬥犧牲的英勇表現，內心無限激動，久久不能平復，也使筆者興起撰寫本書之強烈動機。

然而，抗戰已經過去了近 80 年，許多人對這段血淚滄桑歷史的印象，早已模糊不清，甚至忘記；為呈現本戰的完整概念，本書拉長時間縱深，從日本侵華策略與其轉變起論，以鋪陳國軍「鄂西會戰」與「石牌保衛戰」的完整背景。

本書區分 7 章，約 12 萬 5 千字，另附所攝作戰地區照片 16 張，自繪作戰要圖 60 張；以胡璉將軍率領第 11 師，守住石牌，逆轉「鄂西會戰」

戰局，不但支撐國軍第 6 戰區「反敗為勝」，而且使陪都重慶「轉危為安」，讓我們的抗戰打得下去，就像「扭轉乾坤」一樣，將整個局勢由「逆」轉「順」；故取書名為《扭轉乾坤—石牌要塞保衛戰》。

本書付梓之際，誠摯感謝陸軍官校同期同學前國防部長高華柱將軍、前國防部聯訓部主任王詣典將軍、前國防大學副校長兼戰爭學院院長張鑄勳將軍、前漢翔公司董事長孫韜玉將軍，以及「中華民族抗日戰爭協會」前任理事長黃炳麟將軍、現任理事長胡筑生將軍、秘書長奚國華博士的溫馨支持與鼓勵；感謝昔日傘兵袍澤趙建燦將軍提供的資料；感謝台南一中六年同窗旅美學人歐紹源教授的試讀與校對；感謝黎明文化事業公司前任總經理總黃穗生將軍、現任總經理文天佑將軍、總編輯楊中興先生及公司同仁們的情義協助與出版。

也謹以此書，獻給胡璉將軍，及在「石牌保衛戰」中英勇犧牲的第 11 師官兵在天之靈，祈能佑我國家民族安泰，人民生活幸福。

何世同

謹識於台南 2024 年 7 月 20 日

▲ 照片 1：宜城東面之襄河河面狀況，遠方為襄陽；1940 年 5 月 31 日入
夜後，日軍第 3、39 師團即由此河段西渡襄河，進攻宜昌（筆者攝於
2018 年 4 月 9 日）

▲ 照片 2：前行政院長郝柏村先生在宜昌現地，講述 1938 年「宜昌大撤
退」，及 1943 年「石牌保衛戰」狀況；背景為 2004 年 12 月通車的宜
昌長江大橋，左起沈國樑中將、陳廷寵上將、宋啟成博士、郝柏村先生、
筆者（第 5 次「重返抗日戰場小組」攝於 2018 年 4 月 11 日）

▲ 照片3：由長江北岸高處，眺望三峽入口江面；其右高地，即為時牌要塞左翼（筆者攝於 2024 年 8 月 20 日）

▲ 照片4：從長江北岸遠眺南岸石牌附近高地，許多灰白岩壁矗立，其狀如牌，故而得名（筆者攝於 2024 年 8 月 20 日）

▲ 照片5：2015年8月，湖北省已將石牌要塞遺址闢為「國防教育基地」
（第6次「重返抗日戰場小組」成員宋啟成攝於2019年4月29日）

▲ 照片6：園區標示「第六戰區江防司令」及「第十八軍第十一師」之
建物，僅供參觀，並非實戰時位置；當時，前者在石牌以西的望州坪，
後者在要塞核心陣地內的殷家坪（見圖6-9）（宋啟成攝於2019年4
月29日）

▲ 照片 7：園區內之「石牌抗日紀念館」標語，右為蔣介石所題，左為
毛澤東所撰（宋啟成攝於 2019 年 4 月 29 日）

▲ 照片 8：右側碉堡為機槍陣地遺跡，射向鎖定江面目標；左側橢圓陳
列物，為 3 枚漂雷，用以封鎖三峽水道（宋啟成攝於 2019 年 4 月 29 日）

▲ 照片 9：石牌「湖北省國防教育基地」內的「石牌抗戰陣亡將士紀念園」中，建有「忠烈祠」，陳列了許多當時由接防的第 31 師（即 1938 年死守台兒莊的部隊）所留物件遺跡；前面的「浴血池」，是為陣亡官兵清洗遺體的地方（筆者攝於 2023 年 8 月 20 日）

◀ 照片 10：立於「石牌抗戰陣亡將士紀念園」涼亭中，顏亮亨 2015 年所作〈石牌大捷賦〉石刻，載：「胡璉率八千壯士，堅守石牌要塞」（筆者攝於 2023 年 8 月 20 日）

▲ 照片 11：要塞向江面山腰，遍佈開鑿岩壁構築之火砲陣地（宋啟成攝於 2019 年 4 月 29 日）

▲ 照片 12：放列於開鑿岩壁中之軍艦拆卸火砲之一（筆者攝於 2024 年 8 月 20 日）

▲ 照片 13：放列於開鑿岩壁中之軍艦拆卸火砲之二（筆者攝於 2024 年 8 月 20 日）

▲ 照片 14：放列於岩壁開鑿陣地之艦砲，觀測良好，射界寬闊，對江面目標一覽無遺（筆者攝於 2024 年 8 月 20 日）

▲ 照片 15：透空放列於高處之學校嶺重砲陣地，砲台為鋼筋混凝土澆築，
主要用於抵禦敵人空中及江面之攻擊（筆者攝於 2024 年 8 月 20 日）

▲ 照片 16：火砲後方有彈藥庫、人員掩體及進出通道（筆者攝於 2024
年 8 月 20 日）

>>> 目錄 Contents

>>> 附圖

第一章

導讀

自 1940 年 6 月 12 日，國軍在「棗宜會戰」中戰敗，日軍占領宜昌後，第 6 戰區即概於宜昌以西山地南北之線，建立「抵抗陣地」，並沿長江設置要塞、工事與阻絕，以鞏衛陪都重慶安全；其中，又以地扼三峽門戶之石牌要塞，最為重要。1943 年 5 月，日軍發動「江南殲滅作戰」，此即國軍所稱之「鄂西會戰」；前者雖以「宜昌船隻下航漢口」及「擊滅中國野戰軍」為目標，惟其真正目地，則在「直取重慶」，迫使中國屈服。因此，石牌要塞遂雙方「攻所必取、守所必固」的戰略要域。

原本第 6 戰區計畫「固守」的三峽要點為巴東，並不在石牌；直到5 月 28 日，蔣委員長深感鄂西戰事緊迫，才急令「固守石牌」。第 6 戰區遂尊令以江防軍第 18 軍第 11 師，就地擔此重任；於是師長胡璉將軍以下全體官兵，決定「與陣地共存亡」，執行「死守」任務。

先是，第 11 師於 5 月中旬進入石牌要塞之後，胡璉師長即積極從事各項戰鬥整備工作；及至接獲「固守」命令，胡璉師長以下，全師官兵都有「不成功、便成仁」之決心，人人抱「必死」之準備，但胡璉師長更有「必勝」的信心。其後日軍以優勢兵力來犯，第 11 師與日軍血戰 7 晝夜，終於摧破優勢日軍攻勢，守住了要塞，阻斷了日軍由長江三峽攻入四川的迷夢，使得重慶轉危為安。第 6 戰區也在石牌要塞的支撐下，適時反擊，創造了「鄂西大捷」；自此，胡璉師長也成了家喻戶曉的抗戰英雄。

本章區分 4 節：論述本書之一般概念，及章節區分，見於第一節。本文中使用甚多「軍語」，為統一見解，彙整條目，「釋義」於第二節。又為使讀者易於了解以「軍隊符號」顯示各種狀況之「作戰要圖」，作

「要圖之調製與說明」於第三節；文章一般性說明與統一作法，見於第四節「凡例」。

第一節｜緒論

本書以 1943 年 5 月上旬至六月上旬的「鄂西會戰」為論述核心，最後聚焦於扼守進入長江三峽門戶的「石牌要塞保衛戰」。又因奉命「固守」要塞之國軍第 11 師全師官兵，在師長胡璉將軍率領下，上下一心，浴血奮戰，不但擋下了日軍來勢洶洶的攻擊，使日軍不能再越此雷池一步，確保了重慶中樞的安全，而且還逆轉第 6 戰區連續戰敗的情勢，為戰區創造了反擊、並恢復會戰前陣線的戰機。由於第 11 師將會戰之局面，由「逆」轉「順」，故本書遂以《扭轉乾坤》名之。

為完整鋪陳「石牌要塞保衛戰」發生的遠因、近因、戰鬥全過程、結果與影響，以及胡璉將軍發揚「黃埔精神」之勇敢與氣節表現；本書區分 7 章，述而論之，以完整呈現歷史的真相並讚揚胡璉將軍為國家民族的貢獻。

第一章〈導讀〉，概有：「緒論」、「相關軍語釋義」、「要圖調製與說明」、及「凡例」等 4 節；旨在對本書作一般性的概念及閱讀說明。

第二章〈日本侵華策略及其手段轉變〉，包括：「日本的大陸政策」、「蘆溝橋事變前的蠶食策略」、「蘆溝橋事變後的鯨吞策略」、及「武

漢會戰後的以戰養戰」等 4 節；旨在說明日軍侵華「作戰線」，「由北向南」改變成「由東向西」的過程，為日後武漢以西地區的幾場會戰，鋪陳遠因。

第三章〈日軍的幾場「以戰養戰」會戰〉，包括：「日軍首次吞下敗仗的隨棗會戰」、「日軍思考直通重慶的宜昌作戰」、「宜昌不守是國軍最大戰略錯誤」、及「以劫掠為目的的豫南會戰」等 4 節；旨在說明駐武漢之日軍第 11 軍，以維護武漢北面「戰略翼側」安全，兼顧「持續戰力」維持，發動數場屬於「防禦」性質的「有限目標攻勢」型小型會戰，為 1943 年該軍的「江北殲滅作戰」及「江南殲滅作戰」（即「宜南作戰」），儲備戰力，與形塑有利戰略環境。

第四章〈日軍進攻重慶之計畫與準備〉，包括「日軍的四川作戰計畫」、「日軍四川作戰的中止」、「日軍的江北殲滅作戰」、及「日軍江南殲滅作戰」等 4 節；旨在說明日軍大本營對「進攻重慶計畫」緣起、整備、中止之決策過程，以及第 11 軍對進入四川「念念不忘」之熱情，為 1943 年 2 至 6 月發動之鄂西長江南北兩岸作戰，鋪陳近因。

第五章〈國軍第 6 戰區的會戰整備〉，包括：〈國軍第 6 戰區之防禦工事設施〉、〈日軍若攻入三峽的嚴重後果〉、〈石牌要塞之戰略地位〉、及〈國軍之會戰指導〉等 4 節；旨在論述「鄂西會戰」前，國軍之戰場經營與作戰整備狀況，特別分析石牌要塞扼長江三峽入口，屏障陪都重慶安全，在地緣上的重要性。

第六章〈瀕臨崩潰的國軍鄂西防線〉，包括：「日軍渡江發動宜南

作戰」、「日軍洞庭湖北畔的外線作戰」、「日軍攻破國軍丘陵地帶防線」、及「日軍攻向鄂西山岳地帶」等4節；旨在論述日軍第11軍「宜南作戰」（即「江南殲滅作戰」），依計畫按部就班順利進行，由鄂西長江南岸「湖泊河川地帶」，經「丘陵地帶」，攻至「山岳地帶」前緣，及國軍「鄂西會戰」一路敗退之全過程，鋪陳「石牌保衛戰」前之戰場狀況。

第七章〈胡璉師長守住石牌逆轉戰局〉，包括：「國軍退守鄂西山岳地帶」、「胡璉師守住了石牌要塞」、「第6戰區反敗為勝」、「胡璉將軍創造了黃埔精神的典範」等4節；旨在論述中、日兩軍在本階段之作戰經過、蔣委員長對戰局的焦慮，與親下「固守石牌」指令的決策，更闡述第11師師長胡璉及其所率領的全師官兵，發揚「黃埔精神」，守住石牌，擋住日軍向長江三峽之攻勢，讓國軍第6戰區「反敗為勝」的狀況。

本書和2023年10月筆者出版的《瞄準平型關》一樣，不同於一般「流水賬」式的戰史著作，主要特點有三：一是，2018年8月19日，筆者陪同前行政院長郝柏村先生走訪宜昌，實地了解宜昌以上長江江面及三峽入口之線的地形狀況（見照片3、4）。2023年8月20日，筆者又由宜昌經江北山路前往石牌，途中在一路觀察江面狀況及南岸地形，乘座渡輪到達南岸後，又仔細察看地區地形特性，走訪砲陣的遺跡（照片11~16）。也就是說，本書有關「石牌保衛戰」之撰寫，是建立在對「作戰地區地形特性」詳細偵察了解的基礎上。

二是，使用國軍、日軍雙方資料，並參考中國大陸之著作，兼顧「同

源」與「異源」，俾相互對照，參伍異同，公正論述，以收用相徵驗之效，求取客觀結論。三是，每一狀況，均繪製標有「比例尺」之作戰要圖；作戰要圖大部分以色彩疊壓方式，顯示「等高線」，易看易懂。文中地名，即便小至鄉鎮村落，亦示於要圖之中，俾便閱者對狀況之了解。

第二節│相關軍語釋義

本書基本上屬於「戰爭」與「戰史」研究，使用甚多「軍語」；其定義，以引 1973 年三軍大學戰爭學院「野戰戰略教官組」撰印之《大軍指揮要則》為主，[1] 此亦當時該校校長余伯泉上將所創見；此外，並參考《國軍軍語辭典》[2]，及筆者研習戰略之心得，綜合而成。

為統一說法，並使讀者方便閱讀，茲列相關「軍語」及其「釋義」，按筆劃順序條列於後；除必要者外，不贅注出處。

大軍：

或稱「野戰大軍」，為作戰地區中，「戰略階層」軍隊或野戰部隊之概稱。由此延伸，凡「大軍」以上層次、雙方面之武裝衝突，始可稱之為「戰爭」。

1　三軍大學戰爭學院野戰戰略教官組編，《大軍指揮要則》（台北大直：三軍大學戰爭學院，1973 年 3 月 22 日）。按，此為筆者 1979 年進入戰爭學院受訓時，所使用之教材。
2　國軍軍語辭典編輯委員會編輯，《國軍軍語辭典》（台北：國防部，1973 年 9 月）。

支隊：

日軍侵華時，常用之「任務編組」部隊，通常由數個諸兵種「大隊」或「聯隊」級兵力組成，相當於「旅團」或「獨立混成旅團」階層；國軍亦用於相當於師、旅級之「游擊兵力」編組。

支隊兵團：

「大軍作戰」區分數個「作戰方面」時，其「主力兵團」以外方面之「一部」（通常指總兵力3分之1以下）或「有力一部」（通常指總兵力3分之1強至2分之1弱），皆謂之。

支作戰：

「大軍」若同時在兩個或兩個以上方面實施相關作戰，其「主力兵團」之外的「一部」或「有力一部」之「支隊兵團」，其方面之作戰，是謂「支作戰」。通常「支作戰」之目的，是在使「主作戰」方面有利，即使蒙受最大損失，也在所不惜。

內線作戰：

「大軍」居「中央位置」，對兩個或兩個以上方向之敵作戰，謂之「內線作戰」。但在一個「地障」之末端，橫的「連絡線」較短，而對一個方向為該「地障」分離及橫的「連絡線」較長之兩個或兩個以上之敵兵團作戰時，亦屬之。

作戰線：

從「作戰基地」至「戰略目標」間，律定大軍行動方向之軸線，包括水、陸交通系統與海、空航線等在內之地域交通網，為一「帶狀空間」與「面」的概念。

反擊：

　　大軍在「守勢作戰」中，所實施之「有限目標」攻勢行動。

主力兵團：

　　「大軍作戰」區分數個作戰方面時，「主力方面」之統稱。

主作戰：

　　「大軍」若同時在兩個或兩個以上方面實施相關作戰，「主力兵團」方面，稱為「主作戰」。

外線作戰：

　　「大軍」從兩個或兩個以上方向，對「中央位置」（即內線）之敵作戰，謂之「外線作戰」。但從一個方向，使用兩個或兩個以上為「地障」隔離之兵團，對在該地障末端，橫的「連絡線」較短之敵軍作戰時，亦屬之。

地形：

　　指地面之天然形狀，包括山脈、平原、河流、湖泊等。

地形要點：

　　「戰術」用語，指在「戰場」或其附近，對「戰術行動」具有影響之地形、包括人為地物（例如橋樑、可供防禦或觀測之建物）而言。

地物：

　　指人為建物，包括城鎮、道路、港口、水庫、防禦工事等。

交通線：

　　包括「補給線」與「連絡線」，可交互使用。

守勢作戰：

「戰略階層」用語，簡稱「守勢」，指大軍抵抗敵之進攻，確保地域安全，相機決戰或依狀況「反擊」或「持久」之作戰行動。在戰術階層，稱為「防禦」。

地障：

地理上的「天然」與人為「障礙」，包括山脈、不可徒涉之河流、湖泊、海洋、氾濫或核生化污染地區、要塞、國境線等。

地貌：

指地形外貌所呈現之景況，如森林、草地、沼澤、漠地等。

地緣：

指因地理位置與環境，對其他地區所產生之關係而言。將這種關係運用在「戰略」上，即為「地緣戰略」（geostrategy），簡稱「地略」。

有生戰力：

指軍隊人員數量所形成之戰力而言，如甲軍兵力 30 萬，即表示其擁有 30 萬「有生戰力」。

決心：

基於「任務」（或使命），「大軍」指揮官對其階段作戰之「行動方案」；完整之「決心」，須包括「何人」、「何時」、「何地」、「如何」、「為何」等內容，稱為「六何」，為擬定「戰略構想」之基礎。其「正確」而有「最大成功公算」者，稱為「至當決心」。

攻勢作戰：

「戰略階層」用語，簡稱「攻勢」，指「大軍」主動尋求與敵決戰

之積極行動；在「戰術階層」，則為「攻擊」。其方式概有「迂迴」、「包圍」、「突穿」與「正面攻擊」四種；但「攻擊」也是一切「主動」進攻行動之統稱。

兵團：

為作戰地區中，對「大軍」在兵力部署或運用上之編組通稱；如主力兵團、右翼兵團、鄰接兵團、支隊兵團、湯恩伯兵團、淮南兵團等。

作戰：

軍隊一切「武裝行動」之總稱。

作戰正面：

指「大軍」作戰時，面敵之「方向」與陣線（地）之「寬度」而言。

作戰判斷：

所謂「作戰判斷」，係透過：「使命」、「狀況及敵我軍行動列舉」、「敵我行動分析」、「我軍各行動方案之比較」，以求取我軍「至當行動方案」之思維與作業過程，是軍隊「作戰參謀」之基本職責，也是指揮官擬定「決心」，下達計畫與命令的基礎。[3]

作戰基地：

簡稱「基地」，為軍隊發起作戰與補給之起點，乃「大軍」戰力之策源地。依其設置位置，通常區分「後方基地」、「前進基地」與「敵後基地」。

3　「作戰判斷」之作業要領，可參：三軍大學陸軍指參學院研發室，《陸軍軍隊指揮—指揮組織與參謀作業附錄三—作戰》（台北：陸軍台北印刷廠，1972 年 3 月 20 日）。

作戰線：

所謂「作戰線」，是從「基地」至「作戰目標」，「大軍」為作戰所使用之地域交通網所包含的幅員，其目的在律定大軍「作戰方向」，為一連貫前方與後方、有寬度之帶狀「軸線」。通常在「作戰線」內，至少需有一條「補給線」；若軍隊規模甚大，必須區分數個「兵團」分離展開時，則「作戰線」內亦可同時建立數條「補給線」。因此，「補給線」也是構成大軍「作戰線」的必要條件。[4]

又若「攻勢大軍」使用兩條以上「作戰線」作戰時，其「主力兵團」使用者；稱為「主作戰線」；其「支隊兵團」使用者，稱為「支作戰線」。

決戰：

指「大軍」在「戰場內」之「主力對決」而言；或雖非「主力對決」，但其結果，對戰局具有決定性影響者，亦屬之。

防禦：

為所有防衛敵軍進攻作戰行動之統稱，包括「戰略」上的「守勢作戰」，與「戰術」上的「防禦作戰」（戰鬥）。就「兵力部署」與「作戰方式」言，有「機動防禦」與「陣地防禦」兩種；就「戰鬥精神」言，有個超越防線出擊之「消極防禦」與「反擊式有限目標攻勢」（即守勢決戰）之「積極防禦」兩種。

4　何世同，《堅苦卓絕：國民革命軍抗日戰史（一九三七～一九四五）》（台北：黎明文化，2021 年 5 月），頁 39~40，及圖 1-11 示意。以下第 2 次出現，簡化書名為《堅苦卓絕》。

防禦地區：

「大軍」在「守勢作戰」中，須固守與確保之地區，通常包括（前進）警戒（或遲滯）地區（或陣地）、主（抵抗）陣地帶（或拘束打擊地區）、後方地區等 3 部分。

直前：

事件或狀況發生前一刻。

佯攻：

在「攻勢作戰」中，以「欺敵」或「有利主力方面」進展為著眼，未賦予目標之「局部」攻擊行動，意在製造敵人之錯誤判斷。

抵抗陣線（地帶）：

為整個「守勢陣線」或「防禦編組」之主體，是遂行「守勢作戰」或「防禦戰鬥」的「核心地區」。

突穿：

指「攻勢大軍」貫穿敵陣地（線）之「全縱深」，造成其左右「分離」之作戰行動而言；亦稱「戰略突穿」。

突破：

指攻擊時，突入敵軍陣地，造成其防禦破口而言。

持久：

軍隊利用「工事」、「障礙」與「反擊」（或逆襲），以爭取所望時間與目的之作戰，又可分為「一地持久」與「數地持久」兩種。

後方地區：

攻勢（擊）時第一線部隊後方，或守勢（防禦）時主陣地帶後緣，

「大軍」用以部署預備隊、構築預備陣地與配置輜重之地區。

前進指揮所：

　　指揮官為遂行指揮任務，以必要之幕僚、警戒兵力及通信人員設施，在靠近前方地區開設的機動指揮所；在概念上，同戰鬥指揮所。

前進基地：

　　靠近第一線的後勤支援地區。

前進警戒陣線（地）：

　　簡稱「警戒陣地」，為守勢或防禦作戰時，向前派出警戒兵力所佔領之陣線（地），其目的在早期預警、增加縱深與遲滯敵行動。

追擊：

　　軍隊對退卻敵軍尾隨攻擊之統稱，概有「戰略追擊」與「戰場追擊」兩種。

持續戰力：

　　指「大軍」之「持續作戰」能力，其影響因素概為：交戰雙方之「戰爭潛力」、「基地」和「補給線」間距離、及「作戰時間」之長短。

逆襲：

　　軍隊於「防禦戰鬥」中，對突入陣地之敵，使用「預備隊」將其殲滅或擊退，以企恢復陣地之戰鬥。

被迫：

　　為情態用語，指「大軍」作戰時，必須「被動」追隨對方「意志」行動，本身並無「自由」可言之不利狀況。若此狀況，係交戰對方「誘以致之」，則稱為「誘迫」。

退卻：

「大軍」後退脫離第一線之行動，包括「主動撤退」、「持久（遲滯）作戰」、「脫離戰鬥」等。

情報判斷

為針對「敵情」，包括作戰地區地形特性、敵軍兵力、位置、番號、序列、編裝、強弱點、指揮官性格、可能行動列舉等，所做之「狀況判斷」，經過分析研判，求取其「最大可能行動」，建請指揮官，作為擬定「作戰計畫」之參考與依據，是軍隊「情報參謀」之基本職責。[5]

連絡線：

部隊與部隊間相互連繫與支援所使用之「橫向交通線」，有時亦可與「補給線」互用。

接近路線：

一般為「戰術」用語，有時亦為戰略階層所用，專指敵軍向我陣地（線）前進之路線或軸線。

集中：

「戰略」用語。「大軍」為爭取某項戰略目標，向所望之地區運動，以完成有利之整備與部署，亦稱「戰略集中」。

統合戰力：

不同軍、兵種、單位，經過「協調連絡」，所產生戰力之總合。

5　「情報判斷」之作業要領，可參：三軍大學陸軍指參學院研發室，《陸軍軍隊指揮—指揮組織與參謀作業附錄二—情報》（台北：陸軍台北印刷廠，1972 年 3 月 20 日）。

集結：

「戰術」用語。小部隊基於作戰使命，在所望地區完成之集合，俾利戰鬥行動之展開。

補給線：

從「基地」至「前方陣地」間，「大軍」作戰所需之各種軍品、補充兵員前送、傷患人員與損壞裝備後送醫療、保養所使用之「交通路線」（包括陸路、水路與空運）。

「補給線」與「作戰正面」相伴而生，兩者之關係，以呈「垂直」為有利，以呈「平行」為不利。

預備隊：

大軍作戰時，為保持「彈性」作為，在第一線後方、或其他有利位置，所控制之「預備兵力」；通常可作為「反擊」（戰術上用「逆襲」）、追擊、擴張戰果、接替第一線部隊戰鬥或掩護退卻之用。

會戰：

為「戰役」過程中，「大軍」在某一期程或方面作戰之總稱；概區分「戰略集中」、「機動」、「展開」、「攻勢（或守勢）決戰」、「反擊」、「追擊」、「鞏固」或「退卻」等階段之行動。一次「會戰」，通常可包括一至數次（地）之相關「決戰」或「作戰」；大軍「會戰」之地區，稱為「會戰地」。

徵候：

「情報」用語，指敵軍採取某種「可能行動」之「徵兆」，是「情報判斷」之重要依據。

遭遇（戰）：

為兩軍對進，或一方運動、一方靜止時，所產生之「預期」與「不預期」戰鬥；其特色為「敵情不明」，其戰鬥要領為「先敵展開」、「先敵佔領要點」與「先敵發起攻擊」。

戰役：

「大軍」某一時期或階段作戰，全過程之總稱；通常包括一次以上或數方面之相關「會戰」。如國軍的「八年全面抗戰」，區分 3 期「戰役」，每期「戰役」，包括若干次「會戰」；「會戰」之下，是許多大小規劃的「作戰」。[6]

戰法：

泛指軍隊在爭取戰略、戰術、戰鬥目標時，所使用以發揮戰力之方法。

戰具：

即「作戰工具」，包括一切能發揮「有形戰力」之器械，甚至馬匹、獸力。

戰爭：

「國家」或「集團國家」間、「大軍」與「大軍」間之武裝衝突行為。

戰爭指導：

為爭取所望「戰略目標」，決策者或大軍指揮官，對戰爭準備與遂

6　何世同，《堅苦卓絕》，頁118。

行，所策頒之計畫概念與行動指示。

戰鬥：

軍隊在「戰場」上，受「戰術」指導，運用「戰具」與「戰技」，與敵直接搏鬥的行為。

戰鬥情報：

指由第一線部隊在與敵接觸或戰鬥過程中，所發現或蒐集之「情報」，通常可視為最有價值之第一手「情報資料」。

戰略：

為建立「力量」，藉以創造與運用有利狀況之藝術，俾得在爭取所望目標時，能獲得最大之「成功公算」與「有利效果」。「戰略」依階層由上而下分有：一、建立與運用「同盟國力量」以爭取「同盟目標」之「大戰略」；但「大戰略」通常基於某大國「國家戰略」之需求而產生。二、建立與運用「國力」以爭取「國家目標」之「國家戰略」；「國家戰略」之下，又區分政治、經濟、心理、軍事四大戰略。三、建立與運用「武力」以爭取「軍事目標」之「軍事戰略」。四、運用「野戰兵力」以從事決戰而爭取「戰役目標」之「野戰戰略」。所有戰略之關係，概為「對上支持、對下指導」。[7]

戰略要域（點）：

「戰略」用語，指在爭取「戰略目標」之全過程中，對「戰略行動」

7　何世同，《戰略概論》（台北：黎明文化事業，2004 年 9 月），頁 2~3。

具有重大影響，而為「攻者所必取（經），守者所必固」之重要地域而言。

戰術：

乃在戰場（或預想戰場）及其附近，運用「戰力」，創造與運用有利狀況之藝術，俾得在爭取作戰目標或從事決戰時，能獲得最大成功公算與有利效果。「戰略」與「戰術」之關係為：「戰略」成功，「戰術」亦成功，其戰必勝；「戰略」成功，「戰術」失敗，有利態勢落空；「戰略」失敗，「戰術」成功，或可彌補不利態勢於一時，但無補於全局；「戰略」失敗，「戰術」亦失敗，其戰必敗。[8]

戰略（性）地障：

具有相當寬度與縱深之地理、天然地形與人為地物，足以影響大軍「戰略行動」，而使其產生不同「行動方案」者。

戰略判斷：

乃「大軍」指揮官針對「全般戰略態勢」，所作之狀況分析與推斷，並據以策訂「至當戰略行動方案」。

戰略要域（點）：

「戰略」用語，指在爭取「戰略目標」之全過程中，對「戰略行動」具有重大影響，而為「攻者所必取（經），守者所必固」之重要地域而言。

8　同上注，頁33。

戰場：

軍隊一次「會戰」或「決戰」，「兵力」與「火力」（戰術性）所及的區域。

戰略構想：

為完成「戰略任務」，而策定之「大軍」行動「指導綱要」，是「戰略計畫」之基礎，應包括「目的」、「兵力」、「時間」、「空間」、「手段」等內容。在「戰術」階層，則稱「作戰構想」。

戰略態勢：

指對抗「大軍」於某一時空下，其相對部署與行動，在「戰略上」所產生之利弊形勢而言；其「要素」，概有：「雙方兵力」、「兵力位置」、「補給線」、「作戰正面」、「持續戰力」、「統合戰力」、「作戰地區地形特性」等，是評斷戰爭與野戰用兵得失之主要依據。吾人評交戰兩軍「戰略態勢」，通常以「雙方概等」、「某方有利」或「某方不利」、「某方極有利」或「某方極不利」等語，概述之。

擊敗、擊潰、殲（擊）滅：

指兩軍交戰，戰勝一方所獲戰果之程度而言。若戰敗一方之戰力並未殘破，其指揮系統猶在，可經由整頓與補充，恢復再戰能力時，謂之「擊敗」；若戰敗一方戰力已殘破，其指揮體系亦瓦解或喪失功能，若干時間內無法恢復再戰能力時，謂之「擊潰」；但若戰敗一方有生戰力被擊滅，或因戰敗而完全喪失行動能力，而由戰勝一方任意處置時，謂

之「殲滅」。[9]

戰術包圍：

軍隊已「拘束」敵於「戰場」之內，而能從兩個或兩個以上方向，向敵發起攻擊之狀況與行動。

戰略持久：

「大軍」為保存戰力或規避決戰，所採取的一種以「空間換時間」之「退卻」或「遲滯作戰」行動，以求逐次消耗敵軍戰力，或導向有利之戰略態勢後，再與敵決戰。通常為「支作戰」、或擁有廣大空間之「劣勢兵團」所採用。

戰略包圍：

「大軍」已「拘束」敵於某一地區，能從兩個或兩個以上方向，向敵取攻勢之態勢與行動。而這種狀態之形成，若在「戰場外」，稱為「戰略會師」；若在「戰場內」，因無「戰術會師」之名，慣稱「戰場會師」。

戰略展開：

「大軍」於完成「戰略集中」或「戰略機動」後，為實施預想之決戰，在「全程戰略構想」指導下，各部隊進入最有利作戰位置準備戰鬥之部署行動。

戰略追擊：

「大軍」對退卻敵軍所實施之「遠程追擊」，通常須「逸出戰場」；

---

9 何世同，《殲滅論》（台北：上揚國際開發，2009 年 6 月），頁 16。

因常以「縱隊」方式行之，又稱「縱隊追擊」。

戰術追擊：

「大軍」對退卻敵軍所實施「不逸出戰場」之「追擊」；又稱「戰術追擊」或「戰場追擊」，亦可依狀況轉換成「戰略追擊」。

戰略翼側：

指「大軍」靠近「補給線」之「翼側」而言；應使之安全，決戰時尤然。通常「戰略翼側」受威脅，「補給線」即受威脅；對方可「迫使」其在「作戰正面」與「補給線」平行，或壓迫其脫離「補給線」之不利狀況下「決戰」。亦可截斷其「補給線」，迫使其在無「補給線」之狀況下，「顛倒正面」作戰而殲滅之。

戰略縱深：

是一種能確保作戰時「行動自由」與「應變彈性」的「空間」觀念。在一場「會（作）戰」中，「大軍」為發揮「有形戰力」於極致，必須講求「力」、「空」、「時」三者之緊密結合，故無論攻守，均須適當具備之。「攻勢作戰」時，主要在維持基地至第一線之「安全距離」及大軍「戰略機動」、「戰略集中」與「戰略展開」時之足夠空間，以充分發揮「統合戰力」。「守勢作戰」時，除須維持基地至第一線之安全距離外，尚應考量前進警戒部隊、主抵抗陣地、預備隊配置與持久、脫離或轉取攻勢所需之必要「空間」，以爭取主動與確保部隊安全。

戰場會師：

指「大軍」實施「外線作戰」時，從「戰略包圍」到「戰術包圍」的全過程與結果。

整備：

依據「戰略構想」及「作戰需求」，「大軍」整建或儲備「所望戰力」之行動過程。

第三節｜要圖之調製與說明

本書本質上是「戰爭研究」，調製「作戰要圖」，為其最基礎的步驟與方法；程序上，先繪「作戰地區」地形地物簡單地圖，再在圖上加注「軍隊符號」與「說明文字」，以呈現所望之作戰狀況與相關命題。

「地形」，在戰略上又稱「地障」，如河流、湖泊、山脈、要塞與戰略阻絕區，是影響作戰行動與戰場決勝的重要因素。《孫子兵法·地形第十》曰：「夫地形者，兵之助也」；[10] 又曰：「知此而用戰者必勝，不知此而用戰者必敗」；[11] 現代兵家亦視其為「第四軍種」。因此，本書論述會戰與重要作戰之要圖，均以「等高線」之概念，使用深色疊壓淺色方式，顯示地形狀況；顏色愈深，高度愈大。

本書「作戰要圖」中的「軍隊符號」，使用國際通用的軍事地圖規格，以「藍色」示「我軍」，以「紅色」示「敵軍」；部隊行動，通常

10　（春秋）孫武撰·（明）王陽明手批，《孫子兵法》；收入：《武經七書》（台北：中華戰略學會景印，1988 年 10 月 20 日，3 版），卷之 1，〈地形第十〉，頁 125。
11　同上注。

以「實線箭頭」示前進，「虛線箭頭」示後退。書中所有附圖，除另有
注記者外，上方一律朝北。中、日兩軍兵力與位置，視需要使用文字、
代號或符號標記；交戰之甲、乙兩軍，以「面敵方向」為準，區分左右。
因此，甲軍之右翼，即為乙軍之左翼；甲軍之左翼，即為乙軍之右翼。
本書使用之中、日兩軍「軍隊符號」識別，見圖1示意。

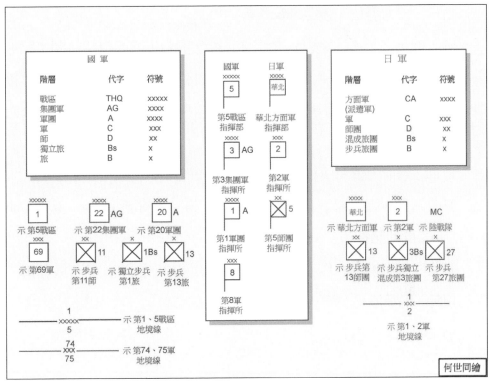

圖1：本書使用之中、日兩軍「軍隊符號」識別

第四節｜凡例

　　本書所有參考資料，均先詳述出處於「注腳」，再彙整依「傳世典籍」、「中文專書」、「外文著作」、「軍事書目」、「翻譯文獻」、「刊物文論」之順序，按作者第一字筆劃（英文資料按字母順序），列於〈後記〉之後。使用體例，遵照學術規範。

　　關於數字之記述，除引用之原文「國字」外，其餘有關時間、軍隊番號、兵力數量等之記述，一律使用「阿拉伯數字」。又為方便國際接軌，年代之記述，亦除引用原文以「國字」所載者外，一律使用「公元紀年」。

　　各章之附圖，依章次編號，例如：第一章僅有 1 圖，編號為：圖 1；第二章有附圖 8 張，編號為：圖 2-1~2-8；第三章有圖 10 張，編號：圖 3-1~3-10；餘此類推。

　　有些資料之書名、作者姓名或對版本之記述，文字太多，故其第二次出現時，酌予簡化；簡化之方式，說明於該資料第一次出現時之注腳。

　　引文中，〔 〕內之文字，係原文；（ ）內文字，為筆者所加。

第二章

日本侵華策略
及其手段轉變

日本自 1868 年「明治維新」，趕搭上西方「工業革命」末班車，成為軍事強國後，即朝向「帝國主義」方向發展。但日本為一島國，地狹人稠，資源有限，為遂其野心，乃開始對外侵略，以掠奪鄰國土地與資源。[1]中國因地緣靠近，復又地大物博，但貧窮衰弱，容易下手，遂成日本覬覦之首要目標。

日本對中國的侵略，起自 1894 年的「甲午戰爭」；其主要手段，是夥同西方列強，強迫中國簽訂「不平等條約」，並在中國建立「勢力範圍」，讓中國陷於比「殖民地」更不如的「次殖民地」地位。[2]1931年的「九一八事件」，日軍正式展開對中國的「武裝侵略」，悍然占領了我國東北地區」（含熱河省），也開始中國的抵抗行動，這就是現在中國大陸所稱「十四年抗戰」啓始的時間點；不過，那只是「局部抗戰」，真正的「全面抗戰」開始，是 1937 年 7 月 7 日的「蘆溝橋事變」。其指導概念，就是所謂的「大陸政策」。

為達此政策目的，日本對中國侵略所使用的手段，隨主、客觀狀況的改變，概經過「蠶食」、「鯨吞」與「以戰養戰」等三個階段。從「甲午戰爭」到「蘆溝橋事變」約 50 年的時間，是日本「蠶食」中國的階段；採取的基本策略，為「弱化」中國中央政府的統治權力，扶植軍閥，收

1　國防部史政編譯局（以下簡稱「史政編譯局」）編印，《抗日戰史》（藍皮），冊 1，〈總論・日本侵華緣起・日本大陸政策〉（台北：史政編譯局，1985 年 6 月 30 日），頁 7。又，因史政編譯局編印之《抗日戰史》，有 1966 年（黃皮）與 1985 年（藍皮）兩種版本，前者共 101 冊，初版時間相同；後者共 3 冊，每冊出版時間不同，兩者容易混淆。故本書引兩版本資料時，均列該書封面顏色，以資區別。
2　其狀況，可參：何世同，《堅苦卓絕》，頁 65~66。

買漢奸，支持地方割據勢力，進而煽動建立「傀儡政權」，使其脫離中國。亦即壓迫中央，製造分裂，用「小口吃」的方法，最後達到征服全中國之目的。

從「蘆溝橋事變」到「淞滬會戰」爆發，是日本意圖「鯨吞」中國的階段；採取的策略，就是以北平（今北京）」天津地區為基地，主力沿「平漢鐵路」（北平至漢口），以「由北向南」俯攻之「作戰線」，直取武漢，將中國一剖為二，迫使中國屈服。但是日本的這個盤算，卻因為國軍主動發動「淞滬會戰」，吸引日軍主力向上海方面「集中」，「被迫」改變「作戰線」為沿長江「由東向西」仰攻，而中途作廢。

1938 年 10 月，「武漢會戰」結束，雖然日軍占領了武漢，但其沿長江溯流而上的「作戰線」，已深入中國內陸 1 千餘公里，「作戰正面」從內蒙古陰山西段，一路向南延伸到廣東；戰場擴大，「補給線」拉長，加上無所不在的敵後游擊威脅，日軍為保護其「補給線」及掃蕩游擊隊，以維護其後方設施安全，只有抽調其第一線部隊應急，致其「會戰」時兵力每每不足。因此，本時期日軍已無能力發動像淞滬、武漢那樣大規模的會戰了；在此進退失據之際，日軍的侵華策略也就「被迫」進入了「以戰養戰」階段。

第一節｜日本的「大陸政策」

日本在明治建軍時期，陸軍設「參謀本部」，參謀總長總綰「軍令」事宜。1893 年（明治 26 年，清光緒 19 年）5 月 19 日，日本海軍「軍令部」獨立，海軍始與陸軍分立，具對等關係，分別獨立掌管兩軍種之「軍令」，互不統屬，越過內閣，直屬其天皇。[3]

不過，當時日本軍制頗為複雜，且屢有更迭。陸軍設「參謀本部」，掌管陸軍軍令，平時輔佐其天皇，參劃軍機，負責國防及用兵事宜，戰時為構成「最高統帥部」幕僚之主體。海軍設「軍令部」，掌管海軍軍令。陸、海軍之軍政與訓練，屬陸、海軍省。空軍分隸陸、海軍，中央無獨立之空軍軍令機關。陸、海軍均由其天皇統率，其下設「元帥府」，為其天皇之最高軍事顧問機關；並設「軍事參議院」，為其咨詢軍機、協調陸、海軍及儲備高級將領之機關。1937 年 11 月 17 日，「淞滬會戰」剛結果時，為遂行戰爭擴大之需求，又在其天皇之下，設置「最高統帥部」，稱為「大本營」；內部區分為兩個機構，一為以參謀總長為幕僚長之陸軍部，另一是以軍令部長為幕僚長之海軍部。內閣國務大臣均不得為大本營成員，陸、海大臣只負責「軍政」部分，不得參與「軍令」

3　日本防衛廳防衛研修所戰史室編撰・曾清貴譯，《從日俄戰爭到盧溝橋事變》，日軍對華作戰紀要叢書─19，（台北：史政編譯局，1989 年 6 月），頁 54、136。以下凡此系列叢書第二次出現時，僅列書名。

運作。[4] 日後日本對中國的侵略，大抵由陸軍擔任，海軍只負責必要之支援。

另外，大元帥由其天皇兼任，例如 1941 年 12 月 27 日，在大本營陸、海軍部共同轉頒其天皇嘉許日軍占領香港之「詔諭」中，開頭即載「大元帥陛下」，可證。[5] 惟日本為發動「日俄戰爭」，早在 1904 年 2 月 13 日即成立了「大本營」，但對外並未使用；[6] 而更早在 1893 年 5 月 19 日海軍軍令部獨立之時，已制定了「戰時大本營條例」。[7]

至於日本對外的侵略，則概分「北進」與「南進」兩大方向。「北進」由陸軍主導，以朝鮮、中國東北與蒙古為目標；[8]「南進」由海軍負責，初期以琉球、台灣為跳板，以中南半島、東南亞為目標，再與英、美爭霸，妄圖達成「赤道帝國」野心。[9] 而不論「北進」或「南進」，都是指向亞洲，其中又以中國大陸為其「終極目標」；這就是日本所謂的「大陸政策」，亦即當年日本軍國主義侵華的「國策」。[10] 其狀況，如圖 2-1

4　史政編譯局編印，《抗日戰史》（藍皮），冊 1，〈總論・中日兩國軍備概況・統帥機構〉，頁 139~143；及同書，冊 2（1992 年 12 月 31 日出版），〈全面抗戰經過・中日兩國戰時統帥機構〉，頁 17~26。

5　日本防衛廳防衛研修所戰史室編撰・曾清貴譯，《開戰前期陸戰指導》，日軍對華作戰紀要叢書—21，（台北：國防部史編局，1989 年 6 月），頁 428。

6　《從日俄戰爭到盧溝橋事變》，頁 49、167。

7　同上注，頁 54。

8　史政編譯局編印，《抗日戰史》（黃皮），冊 2（台北：史政編譯局，1966 年 5 月），《戰前世界大勢及中日國勢概要》，〈戰前世界大勢及中日國勢概況・陸軍政策〉，頁 23~24。

9　同上注，〈戰前世界大勢及中日國勢概況・海軍〉，頁 30。

10　蔣永敬，〈對日八年抗戰之經過〉，收入：張玉法編，《中國現代史論集》，第 9 輯（台北：聯經出版事業，1982 年），頁 38。

示意。[11]

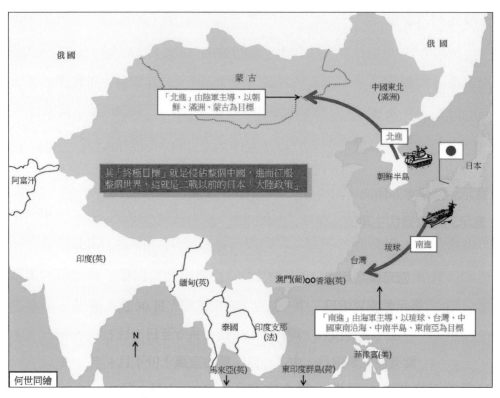

圖 2-1：日本「明治維新」後，指導對外侵略之「大陸政策」示意

日軍在其「大陸政策」指導下，海軍「南進」的結果是：1879 年併吞琉球；1895 年「甲午戰爭」戰勝清廷，占領台灣、澎湖，並獲得 2 萬萬兩銀元的軍費賠償；[12]1898 年劃福建為其「勢力範圍」。陸軍「北進」的結果是：1905 年「日俄戰爭」戰勝俄國，從後者手中取得我國東北

11　資料來源：何世同，《堅苦卓絕》，頁 68，圖 2-1。

12　黃鴻壽，《清史紀事本末》（台北：三民書局〔據 1915 年石刻本〕，1973 年 7 月），卷 54，〈甲午戰事及和約〉；及《從日俄戰爭到蘆溝橋事變》，頁 65~83。

的旅順、大連租借權，及「南滿鐵路」（長春至旅順）經營權；[13] 並於
1910 年併吞朝鮮，進窺中國東北。[14]

　　1914 年 7 月，第一次世界大戰爆發，日本於是年 8 月 23 日對德宣
戰，乘機出兵佔領屬於德國「勢力範圍」的山東半島。[15]1915 年 1 月 18
日，日本由駐華公使日置益跳過中國外交部，直接向袁世凱總統遞交了
一份包括 5 大項、共 21 條的文件，要袁政府在「絕對保密」（意指不
讓其他列強知道）下「儘速答覆」；這就是所謂的「二十一條要求」。[16]
日本人提出的條件，等同視中國為其「保護國」；中國若接受這些條件，
則無異亡國。最後日本在美國施壓下，抽回其中 7 條，在 1915 年 5 月 9
日，就剩下來的 14 條，與袁世凱政府簽訂了「關於南滿洲及東部內蒙
古條約」和「關於山東條約」；條約簽定後，日本舉國狂歡，中國舉國
譁然，袁世凱也自知喪權辱國，遂以「五九國恥」稱之。[17]

　　1916 年 6 月，袁世凱死後，「北洋」體系軍閥各據地盤，相互混戰；
其主要派系有「直（直隸）系」、「皖（安徽）系」與「奉（東北）系」，

13　1995 年 9 月 5 日，日俄兩國在英國簽訂「朴次茅斯條約」，日本取得之利益，見：《從日
　　俄戰爭到蘆溝橋事變事變》，頁 214~215。
14　史政編譯局編印，《抗日戰史》（藍皮），冊 1，〈總論・併吞朝鮮並窺東北〉，頁
　　26~29。
15　日本利用第一次世界大戰機會，謀取在中國的利益，可參：丁中江，《北洋軍閥史話》
　　（台北：春秋雜誌社，1977 年 2 月 5 版），冊 2，〈歐戰給日本造機會〉，頁 1~9。日軍
　　進攻青島所使用之兵力，為第 18 師團與第 2 艦隊；見：《從日俄戰爭到蘆溝橋事變》，頁
　　329。
16　史政編譯局編印，《抗日戰史》（藍皮），冊 1，〈總論・對北京政府脅迫利用〉，頁
　　30~31。日本對「二十一條件」的說法，見：《從日俄戰爭到蘆溝橋事變》，頁 330~333。
17　有關「二十一條件」之談判、簽約過程，及簽約後日本舉國狂歡，袁世凱認為是國恥之狀
　　況，可參：丁中江，《北洋軍閥史話》，冊 2，〈中日會談經過〉，頁 17~41。

各有列強支持；其中，英、美扶植「直系」，日本則勾結「皖系」與「奉系」，以維護並擴大其在中國的既得利益。[18]

1928 年 5 月 3 日，蔣介石率領國民革命軍北伐經過濟南時，日軍藉口其僑民被搶劫及殺害，出兵阻撓我軍行動，屠殺我軍民同胞 3 千餘人，死難者包括國民政府外交部特派山東交涉員蔡公時，北伐軍被迫改道；這件事，就是「五三慘案」，或稱「濟南慘案」。[19]

而日本軍閥因有感張作霖坐大後逐漸不受控制，乃於 1928 年 6 月 4 日，在關東軍高級參謀河本大作一手策劃和指揮下，利用張作霖乘坐「北寧鐵路」火車由北平返回奉天（今瀋陽）機會，以預埋於車上之炸藥，將張炸死於瀋陽東南，「南滿鐵路」與「北寧鐵路」交會處的皇姑屯車站，史稱「皇姑屯事件」。[20] 其子張學良於同年 12 月 29 日，宣布

18　丁中江，《北洋軍閥史補遺本》（台北：春秋雜誌社，1977 年 2 月 5 版），〈北洋軍閥各派系〉，頁 3~15。

19　史政編譯局編印，《抗日戰史》（藍皮），冊 1，〈總論・日本出兵山東阻撓北伐〉，頁 26~29；及史政編譯局編印，《國民革命軍戰役史第四部─抗日》，冊 1（台北：史政編譯局，1994 年 6 月 30 日），〈濟南慘案〉，頁 67~71。日方對事件的說法是：中國「南方軍」（即「北伐軍」）「凌辱日本國旗、張貼排日傳單、與日軍行進交叉」等原因，而於 5 月 3 日晨引起小部隊衝突為開端，至 11 日晨第 6 師團（6 個大隊）占領濟南城而結束：全程只提被北伐軍殺害的日僑「男女屍首九具」，完全未見日軍對中國軍民殺的記述；事見：《從日俄戰爭到盧溝橋事變》，頁 431~434。按，《國民革命軍戰役史第四部─抗日》，全 5 冊，出版時間相同，以下第 2 次出現本書各冊時，省略版本。

20　郭汝瑰、黃玉章，《中國抗日戰爭正面戰場作戰記》上冊（南京：江蘇人民出版社，2001 年 1 月），頁 95。丁中江，《北洋軍閥史話》，冊 4，〈日本軍閥炸死張作霖〉，頁 632~641，對事件始末有詳載。又根據《從日俄戰爭到盧溝橋事變》，〈張作霖炸死事件〉，頁 436 記載：「…而其（按指張作霖）乘坐列車於四日晨欲進入奉天時，於五時二十三分，在南滿與京奉（按，即北寧）鐵路交叉的鐵橋下被炸毀。張作霖身負重傷，不久便死亡…。」未提日本是事件的製造者。

東北易幟，改懸「青天白日滿地紅」旗，中國完成統一；[21] 惟也加快了日本侵華腳步。1931 年 9 月 18 日，日本「關東軍」以中國「東北軍」破壞「南滿鐵路」為藉口，砲轟瀋陽「東北軍」的「北大營」，這就是「九一八事變」，也是中國大陸當局宣稱「局部抗戰」的開始。[22]

第二節│「蘆溝橋事變」前的「蠶食」策略

自「鴉片戰爭」以降，列強即在中國劃分「勢力範圍」，企圖瓜分中國，使中國淪為比「殖民地」還不如的「次殖民地」，已如前述。1921 年 11 月，美國在華盛頓召開「太平洋會議」，與會有中、美、英、法、日、義、葡、比、荷等 9 國；次年 2 月 6 日，簽署「關於中國事件應適用各原則及政策之條約」，簡稱「九國公約」（Nine-power Treaty）。[23] 該公約表面上看，是尊重中國的主權與獨立，領土和行政的完整，確立各國在中國「門戶開放」下，「機會均等」的原則；實際上，是防止中國被某一國家獨吞。惟至 1930 年代，「綏靖主義」（Appeasement，即「姑息主義」）興起，英、美等第一次世界大戰的

---

21 易幟過程，詳：丁中江，《北洋軍閥史話》，冊 4，〈東北易幟全國統一〉，頁 649~652。

22 「九一八事件」始末，可參：何世同，《堅苦卓絕》，頁 79~85。

23 史政編譯局編印，《抗日戰史》（藍皮）冊 1，〈總論・巴黎和會及華盛頓會議〉，頁 98~99；及《從日俄戰爭到蘆溝橋事變》，〈九國條約與山東問題之解決〉，頁 379~381。

戰勝國，為了避免戰爭，一味對日本讓步，縱容了日本侵略中國；及至日本發動侵華戰爭，「九國公約」即已形同虛設。

1931年底，日本「關東軍」佔領整個東北；[24] 復於1932年1月1日，奪取山海關。[25] 就在日本陸軍主導的「北進」行動中製造「九一八事變」，席捲中國東北地區，獲得「巨大成果」之時，主導「南進」的日本海軍也不甘示弱，與陸軍大拼「侵略績效」，矛頭指向了中國經濟中心的港市上海。1922年1月28日，日本海軍藉口5名日本和尚在上海被人毆打，遂以「護僑」為由，出兵上海；這就是所謂的「一二八事變」。[26]

「一二八事變」在日軍的故意挑釁、中國軍隊也不示弱的狀況下，演發成為大戰。日本方面，先是由海軍第3艦隊（司令官野村吉三郎）負責，動用海軍，出動航空母艦及陸戰隊。無功後，再於2月23日，編成「上海派遣軍」（司令官白川義則大將），緊急海運陸軍第9、11、14師團，增援作戰。[27] 國軍方面，最初在上海只有第19路軍，及後來投入的第5軍；雖然武器裝備劣勢，但卻士氣如虹，堅強抵抗1個多月，讓日軍毫無進展，並造成日軍慘重傷亡。[28] 後經「國際聯盟」調停，

24　史政編譯局編印，《抗日戰史》（藍皮），冊1，頁48~56。

25　史政編譯局編印，《抗日戰史》（黃皮），冊11，《榆關及熱河作戰》，〈緒論‧九一八事變侵占我東北〉，頁9~10。國軍步兵第9旅奉命防守榆關（即山海關），奮勇作戰，犧牲慘烈；所屬第626團第1營，自營長安德馨（回胞）以下，傷亡殆盡；同上注，頁10。

26　同上注，冊6，《全戰爭經過概要（一）‧一二八淞滬抗戰》，頁20~21。

27　《從日俄戰到盧溝橋事變》，〈上海事件與陸軍出兵問題〉，頁495~500；及〈增派兵力以獲短期解決〉，頁500~502。史政編譯局編印，《抗日戰史》（黃皮），冊6，《全戰爭經過概要（一）‧一二八淞滬抗戰》，頁21，載日軍「四易統帥」。

28　史政編譯局編印，《抗日戰史》（黃皮），冊6，《全戰爭經過概要（一）》，〈一二八淞滬抗戰〉，頁21。

3月7日達成「停戰諒解」，5月5日簽約生效，日本被裁定須「無條件退兵」。[29] 這是「九一八事變」之後，國民政府在東北以外地區發動的第一場「局部抗戰」。

1932年3月1日，正當中、日兩軍在上海大戰之時，日本「關東軍」也在東北扶植成立傀儡政權「偽滿洲國」，立清朝遜帝溥儀為「皇帝」。[30]1933年1月，日本復以「熱河問題」屬於「滿洲國問題」為由，出兵我熱河省，向長城地帶進軍，國軍則堅守喜峰口、羅文峪、古北口、冷口、南天門等長城關口，雖一度失守，後又增援奪回；血戰至4月11日，長城之線終為日軍所占。[31]就「戰場」幅員與作戰時間言，此亦是「局部抗戰」。

同年5月31日，日本強迫中國接受「停戰協定」，劃定冀東長城以南的22個縣，為「非武裝區」。「規定」中國軍隊須撤退至延慶、昌平、高麗營、順義、通州、香河、寶坻、林亭口、寧河、蘆台以西之線，而日本「關東軍」也須退回長城以北之線；黃埔嫡系的第2師（師長黃杰）、第25師（師長關麟徵），更退至黃河以南；此即所謂的「塘

29　同上注。
30　史政編譯局編印，《抗日戰史》（藍皮），冊1，〈總論・製造偽滿洲國〉，頁64~68。
31　同上注，頁68~78。日方說法，見：《從日俄戰爭到蘆溝橋事變》，〈熱河經略與塘沽停戰協定〉，頁506~509。

沽協定」。[32] 協定簽約之後，日本正式將我熱河省併入「偽滿洲國」。[33]

　　1935 年 5 月，日本「中國駐屯軍」（按，即日本根據「辛丑條約」留駐中國的軍隊，司令部在天津），誣指東北軍進入冀東「非武裝區」，破壞「塘沽協定」，欲再挑起事端。為避免事態擴大，國民政府軍事委員會北平分會代理委員長何應欽於 7 月 6 日，致函日本「中國駐屯軍」司令官梅津美治郎，對日方提出了一些「解決方法」；這就是日軍「自行渲染」的所謂「何梅協定」。[34] 其內容對我影響最大者，就是黃埔嫡系部隊（即中央軍）禁駐河北省（按，省界離黃河甚近，實際上等於黃河以北地區），及撤消中國國民黨和軍事委員會在河北省的一切組織與活動，並禁止「排日活動」；[35] 何應欽也根據此「協定」，離開了北平。

　　同年 6 月 25 日，4 名「無護照」日軍闖入張北縣（張家口北），被國軍第 29 軍（軍長宋哲元，兼察哈爾省主席）部隊拘留了 8 小時，日方以此 4 人受到「恐嚇」為由，要求懲辦宋哲元；國民政府息事寧人，

32　「塘沽協定」內容，見：史政編譯局編印，《抗日戰史》（藍皮），冊 1，〈總論·侵略我熱河、冀東及長城〉，頁 77。《從日俄戰爭到盧溝橋事變》，〈熱河經略與塘沽停戰協定〉，頁 509~510，所載略同。

33　史政編譯局編印，《抗日戰史》（藍皮），冊 1，〈總論·侵略我熱河、冀東及長城〉，頁 77。

34　同上注，〈總論·製造華北自治運動〉，頁 78~80。其實何應欽並未與梅津見過面，但自始至終均為「口頭交涉」，並無具體片紙隻字，故根本沒有所謂的「何梅協定」；見：史政編譯局編印，《國民革命軍戰役史第四部·抗日》，冊 1，〈概論·抗日戰爭起因·華北特殊化〉，頁 97。按，日本稱中國為「支那」，故稱其駐中國之部隊為「支那駐屯軍」，駐華北之部隊為「北支那方面軍」等等，有輕蔑之意；為了「正名」，本書一律以「中國○○軍」，替代「支那○○軍」。

35　史政編譯局編印，《抗日戰史》（藍皮），冊 1，〈總論·侵略我熱河、冀東及長城〉，頁 78。

免去宋兼察哈爾省主席職務，由省政府民政廳長兼委員秦德純中將代理。6月29日，秦德純與日方代表奉天特務機關長土肥原賢二少將（後任第14師團師團長），在北平簽訂了非正式的所謂「秦土協定」；強迫我第29軍退出張北縣以北地區，中國因此而喪失了察哈爾的大部分主權。[36]「秦土協定」加上「何梅協定」，可說為日本併吞我國華北，開啟了方便大門。

1935年11月24日，「冀東非武裝區」專員殷汝耕在日本唆使下，宣佈脫離國民政府「自治」，成立所謂「冀東防共自治區」，實為日本繼關外「滿洲國」後，在關內扶植的第一個漢奸傀儡組織；其目的，也在借此隔離東北與華北的抗日勢力，並為「華北特殊化」型塑條件。[37]所謂「華北特殊化」，就是日本於1935年開始推動的華北各省「自治運動」，企圖讓河北、山東、山西、察哈爾、綏遠等5個省份脫離中國，以在關內（即長城以南）泡製第二個「滿洲國」。[38]國民政府為因應此一特殊情勢，乃撤銷「軍事委員會北平分會」，另立「冀察政務委員會」，任命宋哲元為委員長，負責與日方幹旋。[39]偽「冀東防共自治區」位置及行政區域，如圖2-2示意。[40]

36　同上注，〈總論‧製造華北自治運動〉，頁80。

37　同上注。

38　1936年1月13日，日軍參謀本部對「中國駐屯軍」司令官頒發「華北處理要綱」之指示，令以「漸進」、「內在」方式，推動華北五省的「自治運動」；事見：《從日俄戰爭到蘆溝橋事變》，頁554~557。

39　史政編譯局編印，《國民革命軍戰役史第四部‧抗日》，冊1，〈概論‧抗日戰爭起因‧華北特殊化〉，頁98。

40　資料來源：何世同，《堅苦卓絕》，頁68，圖2-2。

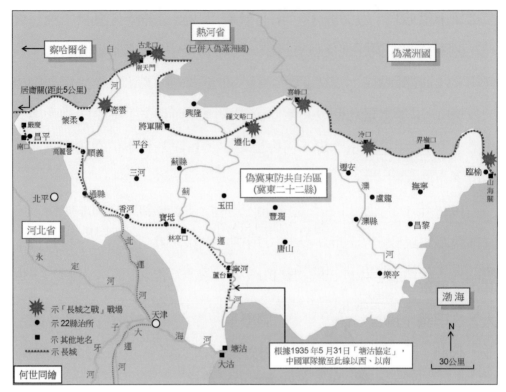

圖 2-2：偽「冀東防共自治區」位置及行政區域示意

　　當時的中國，北伐剛成功，表面上是全國統一了，但外患未止，內亂不斷，很多地方不聽中央的指揮，加上國家貧窮，人民困苦；於是國民政府在「先安內、後攘外」的考量下，只得對日本一再忍讓，但日本卻得寸進尺，步步進逼。及至 1937 年「七七蘆溝橋事件」爆發，更企圖以「速戰速決」方式，迫使中國屈服。至此，我們已面臨亡國滅種關頭，忍無可忍，退無可退，只有奮起抵抗；這就是我們要「全面對日抗戰」的原因。從「九一八事變」到「七七事變」日本對中國的侵略，見

圖 2-3 示意。[41]

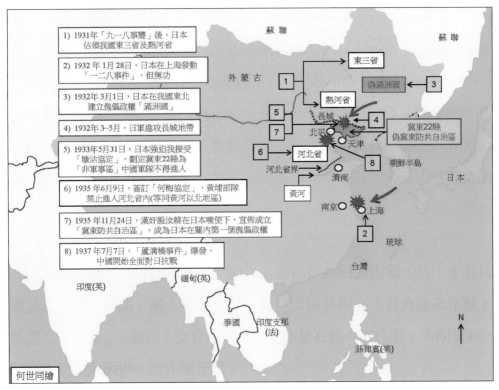

圖 2-3：從「九一八事變」到「七七事變」日本對中國的侵略示意

第三節 | 「蘆溝橋事變」後的「鯨吞策略」

日本對中國的侵略，因受限本身國力，和列強為維護其各自在中國「利益均等」原則下的干預，先是以「蠶食」為主；後來變成「鯨吞」，實乃局勢變化與時間壓力下，「情不得已」的作法。[42] 其轉折點，即在1936 年 12 月 12 日國民政府軍事委員會蔣介石委員長被張學良「兵諫」扣留的「西安事變」；其展開行動的時間點，就是 1937 年 7 月 7 日的「蘆溝橋事變」。[43]

「西安事變」重大影響有二：一是，國民政府「安內」政策下的「剿共戰爭」，因而宣告結束，開啟了「國共合作抗日」的「攘外」局面，也給了中共發展茁壯的機會。二是，當蔣介石「西安蒙難」歸來之時，舉國歡騰，全民支持度達於頂點，「全民族領袖」地位確立。[44] 加上自1928 年 4 月 18 日，國民政府定都南京 10 年以來，不論內政、外交、經濟、財政、農業、教育、文化、邊疆政策、基礎建設與國防軍事上，都有一定的成就，開啟了中國近代罕有的短暫盛世。[45] 日本意識到中國在蔣介石領導下，給以時日，必將強大，若不迅速解決「中國問題」，恐將永

42　郝柏村口述·何世同編校，《血淚與榮耀─郝柏村還原全面抗戰真相（一九三七～一九四五）》（台北：遠見天下文化，2019 年 11 月），頁 52~53。以下第 2 次出現，簡化書名為《血淚與榮耀》。

43　何世同，《堅苦卓絕》，頁 78。

44　同上注，頁 94。

45　國民政府「南京十年」的國家建設，可參：薛光前，《艱苦建國的十年（民國 16-26 年）》（台北：正中書局，1971 年）。

遠無法侵略中國，遂於半年後的 1937 年 7 月 7 日，有計畫地在發動了「蘆溝橋事變」。[46]

　　1937 年 7 月 7 日，日本「中國駐屯軍」駐北平豐台的 1 個步兵中隊，舉行夜間演習，藉口一名士兵失蹤，欲強行進入蘆溝橋東端的宛平縣城搜查（嗣後宣稱已尋獲失蹤者，但仍要求入城調查失蹤原因），但遭到國軍第 29 軍第 37 師（師長馮治安）第 219 團團長吉星文的拒絕，日軍乃向城內開火，國軍立即還擊。[47] 這就是揭開中國「八年全面抗戰」序幕的「蘆溝橋事變」；因發生的時間是 7 月 7 日，故又稱「七七事變」。[48] 其經過狀況，如圖 2-4 示意。[49]

　　「蘆溝橋事變」發生前，日本駐天津的「中國駐屯軍」（司令官田代皖一郎中將於 7 月 15 日病逝，由教育總監部本部長香月清司中將接任），僅轄有 1 個步兵旅團（旅團長河邊正三，編配步兵聯隊 2），及若干戰鬥與勤務支援部隊，總兵力約 5,600 人，沒有飛行部隊。[50]

46　何世同，《堅苦卓絕》，頁 94。
47　史政編譯局編印，《抗日戰史》（藍皮），冊 1，〈總論·日本侵華緣起·「七七」事變蘆溝橋挑釁〉，頁 85~86。
48　有關「蘆溝橋事變」經過狀況，可參：何世同，《堅苦卓絕》，頁 94~96。
49　資料來源：同上註，頁 96，圖 2-5。本要圖地形、地物資料，參考：日本防衛廳防衛研究所編·林石江譯，《從蘆溝橋事變到南京戰役》，日本對華作戰紀要叢書—1（台北：史政編譯局，1987 年 6 月），頁 193，插圖 6-1「蘆溝橋附近地圖」。
50　《從蘆溝橋事變到南京戰役》，頁 188~189、237。按，旅團部與步兵第 1 聯隊（欠第 2 大隊），駐北平；軍司令部及步兵第 2 聯隊、步兵第 1 聯隊第 2 大隊、砲兵聯隊、戰車隊、工兵隊、通信隊等，駐天津及其附近。出處同上註。

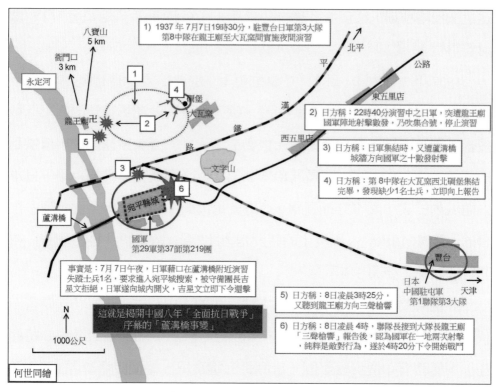

圖 2-4：1937 年 7 月 7 日「蘆溝橋事變」經過狀況示意

　　「七七事變」發生後，日本陸軍參謀本部於 7 月 9 日晨，擬訂「儘量將事件限定於平津地區」之處理原則，也就是其所謂的「不擴大方針」，但留有「若中國方面對日本軍顯出挑戰的態度時，增加中國駐屯軍必要之兵力」之但書。[51]7 月 10 日上午，參謀本部果然以「維護華北安定」為由，作出由「關東軍」派遣第 1、11 混成旅團、飛行中隊 6，「朝鮮軍」派遣「緊急動員」之第 20 師團、飛行中隊 3，及「本土軍」派出

51　同上注，頁 212。

第 5、6、10 師團、飛行中隊 18，以增強「中國駐屯軍」之建議。[52]

此一建議，於 7 月 11 日經「五大臣會議」議決，呈其天皇批准後生效，上述兵力開始調動。[53] 由「關東軍」與「朝鮮軍」派出之部隊，概於 7 月 18 日前，進入平津以北附近地區。[54] 由日本「本土軍」運送的 3 個師團，其中第 5、6 師團經由朝鮮，於 8 月中旬抵達天津；第 10 師團亦於 8 月中旬，海運登陸大沽。[55] 以上部隊到達後，均編入「中國駐屯軍」之作戰序列；原本日軍在平津地區只有 1 個旅團的兵力，沒有飛行部隊，但從 7 月中旬到 8 月中旬的 1 個月時間，已增至 4 個師團、另 3 個混成旅團、以及 27 個飛行中隊，光是地面兵力就增加了 10 倍以上，於是「長城地帶」遂成日軍武力侵略中國的「前進基地」。

「中國駐屯軍」於 7 月 29 日占領天津，復於 8 月 4 日占領北平。[56]8 月 9 日，該軍以第 5 師團（欠），在「關東軍」8 月 10 日編成之「察哈爾派遣兵團」（兵團長由關東軍參謀長東條英機中將兼任，以司令官名義指揮，轄混成旅團 3）協力下，概沿「平綏鐵路」（北平至綏遠省之

52　同上注，頁 219、260。按，7 月 15 日，參謀本部以「臨參令第 58 號」編成「臨時航空兵團」，兵團長由德川好敏中將出任；16 日，駐本土及朝鮮的飛行部隊開始動員，概於動員第 6、7 日左右，在瀋陽、山海關、錦州、大連、承德等地完成集中；出處同上注，頁 258~260。

53　同上注，頁 224~225。所謂「五大臣會議」，又稱「五相會議」，出席者包括首相、陸相、海相、外相與藏（內）相。

54　同上注，頁 229。

55　同上注。

56　史政編譯局編印，《抗日戰史》（黃皮），冊 8《全戰爭經過概要（三）》，〈第一期第一階段之作戰經過〉，頁 256。又，史政編譯局編印，《抗日戰史》（藍皮），冊 2，〈全面抗戰經過‧第一期第一階段作戰‧平津地區作戰〉，頁 119，載「8 月 4 日，敵侵入平津」，略異。

包頭）西進，展開對察哈爾、綏遠、山西方面之作戰；[57] 爾後逐漸發展成「忻口會戰」（即「太原會戰」），惟非本文所論範圍。[58]

8月24日，日本內閣會議通過動員第 16、101、108、109 師團，增援華北，並取消第 14 師團至青島之命令，亦改派至華北；使日軍在華北投入兵力多達 9 個師團、另 2 個旅團，共計 43 萬 8 千人，馬 1 萬 3 千匹。[59]

同一天，日軍參謀本部下令改編「中國駐屯軍」為「華北方面軍」，以寺內壽一大將為司令官，原屬兵力編成兩個軍。第 1 軍（軍司令官香月清司中將）轄第 6、14、20 師團，第 2 軍（軍長西尾壽造中將）轄第 10、16、108 師團，另有第 5、109、101 師團、「中國駐屯軍」混成旅團、及臨時航空兵團等，為方面軍直屬部隊。[60] 寺內壽一於 9 月 4 日抵天津，行使指揮權。[61]

8月中旬，「華北方面軍」以第 1、2 兩軍並列，第 1 軍在西，第 2 軍在東，分沿「平漢鐵路」（北平至漢口）與「津浦鐵路」（天津至南京浦口）兩側，

57　「察哈爾派遣兵團」之編成，見《從蘆溝橋事變到南京戰役》，頁 341。按，關東軍於 7 月 29 日，由第 1 師團抽調兵力，組成第 2 混成旅團（同上注，頁 318~319）；8 月 16 日，原編配「中國駐屯軍」之第 1 混成旅團，歸建「關東軍」；8 月 17 日，由第 2 師團抽調兵力，編成第 15 混成旅團（同上注，頁 341）；以上兵力均編入「察哈爾派遣兵團」。

58　有關日軍在晉、察、綏 3 省之作戰，可參：何世同，《瞄準平型關》（台北：黎明文化，2023 年 10 月 31 日，初版），頁 48~74。

59　同上注，頁 410~411。按，「華北方面軍」原轄第 1、11 及「中國駐屯軍」旅團，8 月 16 日第 1 旅團歸建「關東軍」（見上注，頁 341）後，只轄 2 個旅團。

60　同上注，頁 259、413~414。必要時，可增為 9 個師團；同上注，頁 433。按，頁 413 載：8 月 24 日，華北方面軍以「八個師團為基幹」，顯係漏列了第 101 師團；見頁 413~414，華北方面軍戰鬥序列概要。

61　同上注，頁 416、452。

向南取攻勢，置「主決戰」於平漢鐵路方面；[62] 其採取「由北向南」之「作戰線」，企圖「鯨吞」中國之態勢，已隱然成形。1937 年 8 月中旬，日本「華北方面軍」由平津地區向西、向南取「攻勢」之狀況，如圖 2-5 示意。[63]

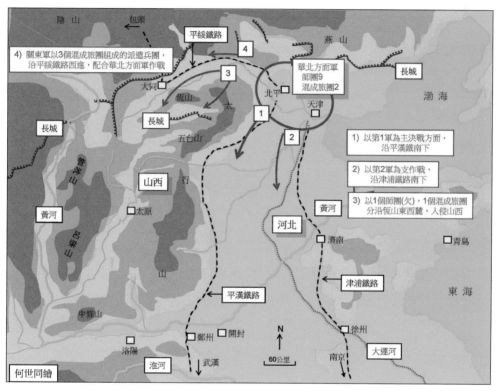

圖 2-5：1937 年 8 月中旬，日本華北方面軍由平津地區向西、向南取攻勢狀況示意

62　史政編譯局編印，《抗日戰史》（藍皮），冊 2，〈全面抗戰經過・平綏路沿線作戰〉，頁 119。按，日本在大正 12 年（1923 年）「對俄及對華作戰構想」中，即有「依狀況以沿平漢鐵路南下的軍隊，與沿長江西進的軍隊相策應，在漢口附近進行作戰」的想法；見：《從日俄戰爭到蘆溝橋事變》，頁 403~404。惟，「平漢鐵路」於 1906 年竣工通車時稱「京漢鐵路」，國民政府時期隨北京之更名北平而改稱「平漢鐵路」；大正 12 年是 1923 年（民國 12 年），北京仍未更名，本書所載「平漢鐵路」有誤。

63　資料來源：何世同，《堅苦卓絕》，頁 99，圖 2-6。

　　「蘆溝橋事變」對日本帝國主義而言，是在完成其所謂「大東亞共榮圈」構想下，所必須的一項「有計畫」行動；但對剛結束內戰的農業中國而言，卻完全是一個意外。當時日本輕重工業已相當發達，軍備充實，動員迅速，且能適應機宜，隨時設計製造其所需之武器裝備；[64] 至於中國，除能生產一些步兵武器彈藥外，其他作戰軍品物資，均仰賴進口。

　　事變發生時，日本全國兵員總計448萬1千人；包括：現役兵38萬人、後備役兵73萬8千人、預備役兵87萬9千人，第一補充兵157萬9千人、第二補充兵90萬5千人。其中，現役、預備役、後備役係「戰鬥兵」，合計199萬7千人；編成陸軍17個常備師團，擁有海軍各型艦隻190萬餘噸，航空兵力飛機2,700架（陸軍1,480架、海軍1220架）。[65] 日本在「七七事變」直前，陸軍現役雖只17個師團；[66] 但可3倍動員，迅速成為51個師團。[67] 海軍也能達到戰時主力艦12艘、航空母艦12艘、巡洋艦28艘、航空兵力65隊的兵力目標。[68]

64　史政編譯局編印，《抗日戰史》（藍皮），冊1，〈總論‧中日兩國軍備概況‧編制裝備〉，頁152。

65　何應欽編著，《八年抗戰之經過》（台北：國防部，1955年9月9日，再版），篇3，〈開戰直前敵我兵力比較〉，頁18~19。按，本書於1946年4月20日，由駐南京之陸軍總司令部出版，抗戰時擔任軍委會軍令部長、參謀總長的何應欽，當時是中國戰區陸軍總司令；1955年奉蔣中正總統核定，交國防部刊印再版，除增加〈再版序言〉與〈引言〉，並補入最後一年之抗戰經過，及辦理受降情形外，其餘內容同初版。

66　《從日俄戰爭到蘆溝橋事變》，頁461。

67　史政編譯局編印，《抗日戰史》（藍皮），冊1，〈總論‧中日兩國軍備概況‧戰力比較〉，頁145。同上注，頁180後，〈日本步兵師團平時之編制及裝備概況表〉，附記4，載：「平時現役師團十七個，動員時尚有十七個預備師團，十七個後備師團。」

68　《從日俄戰爭到蘆溝橋事變》，頁588。

　　國軍方面，截至 1937 年 6 月底，陸軍兵力為：步兵 182 個師又 46 個獨立旅，騎兵 9 個師又 6 個獨立旅，砲兵 4 個旅又 20 個獨立團，合計 170 萬餘人。[69] 海軍計各型艦艇 74 艘，大者約 4 千噸，小者約 3 百噸，總排水量僅 59,015 噸；編成第 1、2、3 艦隊及巡防、測量、直轄艦隊，官兵 20,780 人。[70] 空軍有飛機 314 架，編成轟炸大隊 3、驅逐大隊 3、偵察大隊 2、攻擊大隊 1、及運輸中隊 4，飛行員約 3 千人，機場 262 處。[71] 然此兵力與日軍相較，差距甚大。

　　以同一階層的日軍「師團」，與國軍「師」相比，就能看出兩者戰力差距之懸殊。日本 1 個「師團」的編裝，在「十七師團時期」（即戰爭直前）的「定員」是 18,700 名，馬 4,800 匹，各種火砲 48 門（加砲 36、榴砲 12）。[72] 開戰之後，編裝增為 25,200 人，馬 5,849 匹，各式火砲 108 門，戰車 24 輛。[73] 國軍 1 個「調整師」，兵力 10,923 人，迫擊砲

69　何應欽編著，《八年抗戰之經過》，篇 3，〈開戰直前敵我兵力比較〉，頁 19~20。
70　同上注，頁 20~21；及史政編譯局編印，《抗日戰史》（藍皮），冊 1，〈總論・戰前一般情勢〉，頁 147。
71　何應欽編著，《八年抗戰之經過》，篇 3，〈開戰直前敵我兵力比較〉，頁 21~22。及史政編譯局編印，《抗日戰史》（藍皮），冊 1，〈總論・中國備戰概況・空軍之整建〉，頁 342~343。
72　史政編譯局編印，《抗日戰史》（藍皮），冊 1，〈總論・日本步兵師團平時之編制及裝備概況表〉，頁 184 後，附記 2。另有輪行車輛 1,674 輛，見：附記 3。
73　同上注，頁 185~186。戰車數量，同上注，〈編制裝備〉，頁 152；惟同頁載戰爭爆發後，1 個師團之兵力為 21,945 人，與前述數異，可參。按，1912 年 3 月 15 日，日本內閣對眾議員澤來太郎「有關帝國國防之質詢」答辯時，明示「戰時兵力屬於軍事機密，不得公開」（見：《從日俄戰爭到蘆溝橋事變》，頁 293~294）；故上表兵力資料係根據「判斷」而得。惟此資料來自國軍虜獲日軍第 20 師團（現役）文件整理而成，當屬確實（出處同上注判斷表，頁 186，附記 1）。另，師團火砲由 48 門增至 108 門，係因各步兵聯隊增編砲兵 1 中隊，及砲兵聯隊增編速射砲與榴砲各 1 中隊之故；見上注，〈總論・戰前一般情勢・日本・陸軍〉，頁 179。

30 門，其他火砲 16 門，缺少重兵器。[74] 戰爭初期的軍事委員會參謀總長何應欽即檢討指出，國軍「編制複雜，武器種類制式不一，裝備器材缺乏，官兵訓練不精，因之質量薄弱，殊不合現代軍隊之要求」；[75] 當時日軍 1 個師團的兵力與火力，約為我 1 個「調整師」的 4 倍。[76] 至於一些尚未「調整」之師，人數平均約 6~7 千人之間，加上武器裝備訓練落後，戰力比約為日軍師團的 8 至 12 分之 1。[77]

　　日軍師團之下為「步兵旅團」（相當於國軍師屬旅，轄步兵聯隊 2），其下為「聯隊」（相當於團，轄大隊 3），聯隊之下為「大隊」（相當於營，轄中隊 4）。1 個步兵聯隊編制 3,747 人，馬 526 匹；1 個騎兵聯隊編制 450 人，馬 433 匹。1 個砲兵聯隊編制 2,894 人，馬 2,269 匹，火砲 36 門。1 個輜重聯隊編制 3,465 人，馬 2,605 匹；若含衛生隊、野戰醫院，則編制 5,409 人，馬 2,985 匹。1 個工兵聯隊編制 672 人，馬 99 匹。[78] 1 個步

74　史政編譯局編印，《抗日戰史》（藍皮），冊 1，〈總論‧編制裝備〉，頁 152。

75　何應欽著，吳相湘主編，《何上將抗戰期間軍事報告》，上冊（台北：文星書局，1962 年），〈對五屆三中全會軍事報告〉，頁 31。

76　史政編譯局編印，《國民革命軍戰役史第四部‧抗日》，冊 1，〈概論‧中日統帥機構與兵力〉，頁 273，插表 14，「中日戰爭直前我調整師與敵師團編制裝備比較表」，附記。按，國民政府初步的計畫要在 1936~1938 年度，完成 60 個師的「調整」，以作為國防軍之基幹，是謂「調整師」；惟當 1937 年抗戰爆發時，國軍才只完成了中央軍 20 個師的整建工作。見：何應欽著，吳相湘主編，《何上將抗戰期間軍事報告》，〈對五屆三中全會軍事報告〉，頁 33；及同書，〈對臨時全國代表大會軍事報告〉，頁 109~110。

77　蔣緯國，《蔣委員長如何戰勝日本》（台北：黎明文化，1978 年 7 月 7 日，增訂再版），頁 9~10。

78　史政編譯局編印，《抗日戰史》（藍皮），冊 1，〈總論‧戰前一般情勢‧日本陸軍師團戰時新編制裝備判斷表〉，頁 185~186。

兵大隊，編制約 1,185 人。[79] 大隊以下為「中隊」（相當於連），1 個步兵中隊，編制 161 人。[80] 又有與師團同階層之「獨立混成旅團」，為「兵種平衡」部隊，相當於國軍「獨立旅」，可編配步兵聯隊、大隊及其他戰鬥與勤務支援部隊。

日軍師團區分甲、乙類型；「甲種師團」包括「現役」與「後備」兩種。現役之「甲種師團」，轄步兵聯隊 4（分受 2 個步兵旅團指揮），及砲兵、騎兵、工兵、輜重聯隊各 1，合計 8 個聯隊，兵力 25,200 人，馬 8,150 匹；續編之「後備師團」（番號在 100 以上），編制裝備與現役同，但規模縮小，兵員為 21,855 人。「乙種師團」是指「擴編師團」（番號 20~26）及「增編師團」（番號 32~37）而言，係由 3 個步兵聯隊及特種兵組成，沒有旅團階層，聯隊編裝與現役同。續編之「混成旅團」，計轄 5 個大隊，每大隊 3~5 中隊不等，另附砲兵編成。[81]

由以上數據可以看出，日軍的師團、旅團、聯隊、大隊、中隊，單位兵力數量均比國軍的師、旅、團、營、連多出很多，更不用說配上武器裝備、支援火力與機動工具後的整體戰力差距。以上數據，亦有助對以下狀況之論述。

「七七事變」發生後，日軍以重兵集中於平津地區，並於 8 月中旬開始「由北向南」取攻勢，置重點（即「主作戰線」）於「平漢鐵路」

79　同上注。按，日軍 1 個步兵聯隊轄大隊 3，編制 3,747 人，扣除聯隊部（判斷約 30 人）與本部中隊（比照步兵中隊 161 人）後，每大隊人數約為 1,185 人。

80　同上注，〈總論‧戰時日本步兵中隊及騎兵中隊細部編制〉，頁 187。

81　同上注，〈日本陸軍師團戰時新編制裝備判斷表〉，頁 186，附記 2~4。

方面。此時中國的政治與軍事中心在南京，經濟與生產中心在上海，國家稅賦、糧食主要所出在長江中、下游，都位於武漢以東；日軍若沿平漢鐵路軸線「由北向南」進攻，不但態勢自然，而且所經地區，除鄂、豫兩省交界處的武勝關、平靖關外，一路盡是平原與小丘陵地，幾乎無險可守，其快速部隊一兩個星期就能打到武漢，將中國攔腰截為二段，國民政府中樞及抗戰軍需物資，根本來不及後撤到「規劃中」的四川大後方，對我們「持久戰略」的實施威脅最大。

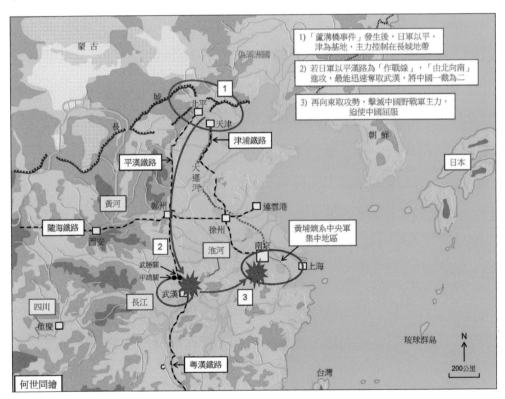

圖 2-6：日軍沿平漢鐵路奪取武漢，再向東取攻勢擊滅國軍主力假想狀況示意

更嚴重的是，日軍於奪取武漢後，可向東取攻勢，包圍擊滅華東與華中的國軍主力（即「黃埔嫡系」中央軍），這樣就能迅速迫使中國喪失抵抗能力，我們以「持久」為主軸的「抗戰戰略」，完全無法實施。也就是說，這是一條對日軍最有利、對中國最不利的「作戰線」；其假想狀況，如圖 2-6 示意。[82]

「淞滬會戰」爆發時，日本軍閥曾誇下海口要「三月亡華」；[83] 事實上，以當時雙方「有形戰力」對比的懸殊，日本確實能迅速擊滅中國野戰軍主力，迫使中國屈服，完成「鯨吞」中國的迷夢。但此迷夢並未實現，是因國軍改變日軍「作戰線」之「戰略」成功，打亂其「由北向南」進攻佈局所致。

第四節｜「武漢會戰」後的「以戰養戰」

中國的「八年全面抗戰」，最初概以 1938 年 10 月下旬「武漢會戰」結束為時間點，區分兩個階段；「武漢會戰」（含）之前為「第一時期」，

82　資料來源：何世同，《堅苦卓絕》，頁 109，圖 2-9。

83　原出於日本陸相杉山元「三個月解決支那問題」之言；其意在「三個月」之內，就能擊滅中國野戰軍，而迫使中國屈服。此語亦常被我用於警惕自己，如蔣介石委員長在紀念抗戰三週年時，即説過「敵人初説三個月就可以征服中國。」見：蔣總統言論彙編編輯委員會編，《蔣總統言論彙編》，（台北：正中書局，1956 年 10 月 31 日），書告 1，29 年 7 月 7 日，〈抗戰建國三週年紀念告全國軍民同胞書〉，頁 134。

其後為「第二時期」。[84] 後來「太平洋戰爭」爆發，中國成為「同盟國」一員，抗戰又進入了「聯盟作戰」的「第三時期」。[85]

不過，在中國的八年全面抗日戰爭中，一直採取「持久戰略」；儘管區分了三個時期，但「戰爭指導」概念並沒有改變，都是打「持久戰」。所不同者：第一時期的「持久戰」，是用「空間」換取「時間」，要誘（迫）使敵人進入對我有利的「作戰線」上，以「拖住」敵軍。第二時期的「持久戰」，依山地之利，固守最後抵抗陣線，不再後退，以「拖垮」敵軍；其後，再依情勢發展，轉取攻勢，爭取最後勝利。第三時期的「持久戰」，是一面協力盟軍打通滇緬國際通道，以獲得外援；一面固守陣線，準備「轉守為攻」。但中國幫助盟國的多，盟國幫助中國的卻很吝嗇；因此在中國戰場的「主作戰」上，我們打的還是「持久戰」。

按照國軍制定成俗的劃分，在「八年全面抗戰」期間，每個時期或階段的作戰總合，視為一次「戰役」；「戰役」之下，是「會戰」；「會戰」之下，是許多大小規模的「作戰」。按照抗戰末期「中國戰區」陸軍總司令何應欽將軍的統計，在「八年全面抗戰」中，一共區分 3 期「戰役」，除「境外戰場」的「中國遠征軍」之「入緬作戰」及「滇西作戰」外，陸軍作戰總計為：「會戰」22 次，重要「戰鬥」1,117 次，小戰鬥

84　此劃分方法，係根據 1938 年 11 月 25 日，蔣介石委員長在「第一次南嶽軍事會議」中所律定；見：蔣總統言論彙編編輯委員會編，《蔣總統言論彙編》，〈第一次南嶽軍事會議開會訓詞〉，頁 271~272。
85　何世同，《堅苦卓絕》，頁 118。

38,931 次。[86]

　　1937 年 8 月 13 日爆發的「淞滬會戰」，是「八年全面抗戰」中的第一次會戰，也是抗戰全期 22 場會戰中，唯一一次由國軍主動發起的會戰。在這場規模僅次於「武漢會戰」的大會戰中，中、日雙方投入兵力：國軍約 70 餘萬人，[87] 日軍約 30 餘萬人。[88] 會戰從 8 月 13 日，打到 11 月 12 日；在這塊 30 公里正面、20 公里縱深的戰場上，國軍苦戰 3 個月，雖然粉碎了日本「三月亡華」的狂言，但也付出了傷亡 303,500 名官兵的慘重代價。[89] 日軍截至 11 月 8 日，傷亡數為 99,026 人。[90]

　　「淞滬會戰」加「上海保衛戰」，一共打了 4 個月，國軍戰敗；不但丟掉了全國金融中心上海與首都南京，傷亡數字更 3 倍於日軍。但會戰期間，日軍在上海地區的兵力，已增至 9 個師團、另兩個混成旅團，超過華北地區的 7 個旅團，成為日軍在華的兵力重心；[91] 國軍誘（迫）使日軍改變「作戰線」的持久抗戰「戰略構想」，初步實現。

　　而在京滬作戰的 4 個月時間，國府不但完成了遷都重慶的工作，而

86　何應欽，《八年抗戰之經過》，〈二、重要統計・第一表〉，「抗戰期間我陸軍大小戰鬥次數統計表」。

87　郭汝瑰、黃玉章，《中國抗日戰爭正面戰場作戰記》（上）（南京：江蘇人民出版社，2001 年 1 月），頁 509。

88　同上注，頁 571。

89　史政編譯局編印，《國民革命軍戰役史第四部・抗日》，冊 2，〈初期戰役（上）・華東地區作戰・淞滬會戰〉，頁 315。

90　《從盧溝橋事變至南京戰役》，頁 554~555；按，此數據為筆者根據日方 8 月～11 月，逐月傷亡數目，自行統計而得。

91　按，1937 年 8 月上旬「淞滬會戰」爆發前，日軍在華北的兵力為 9 個師團、2 個旅團。第 10 軍投入上海作戰後，至 11 月下旬，華北日軍減為 7 個師團；其中約 4 個師團在河北省，約 2 個旅團在山西，約 1 個師團在察哈爾。見：《從盧溝橋事變至南京戰役》，頁 596。

且京滬地區軍需及民用工廠機器，熟練技工，重要物資，也都搶運往大後方基地。[92] 因此，國軍在京滬戰敗，是戰具、訓練不如人，加上「戰術」、「野戰戰略」與「軍事戰略」失敗所致，但在「國家戰略」上，卻是成功的；我們甚至可以說，苟無「淞滬會戰」的犧牲，即無「持久抗戰」的勝利。「淞滬會戰」的戰略意義，如圖 2-7 示意。[93]

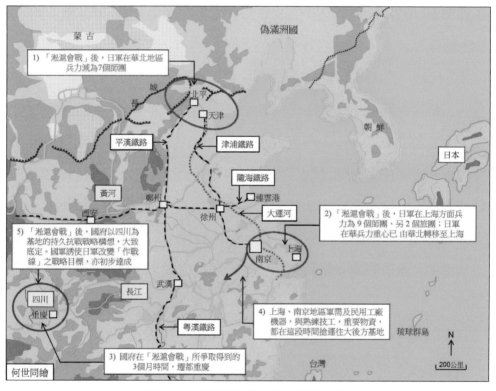

圖 2-7：「淞滬會戰」戰略意義示意

92　吳相湘，〈中國對日總體戰略及若干重要會戰〉，收入：薛光前，《八年對日抗戰中之國民政府（一九三七年至一九四五年）》（台北：台灣商務印書館，1978 年），頁 70。

93　本圖係根據前述狀況繪製。

　　「八年全面抗戰」第一時期之會戰，一共有 4 次，就國軍全般指導構想言，1937 年 10 月的「忻口會戰」與 1938 年 5 月的「徐州會戰」，是「支作戰」，「淞滬會戰」與「武漢會戰」才是「主作戰」。

　　「武漢會戰」是抗戰第一時期的最後一次大會戰；自「淞滬會戰」算起，國民政府「以空間換時間」的「持久戰略」，一共爭取到 15 個月的準備時間。國府利用這段用軍民鮮血性命換來的寶貴時間，積極動員，轉運長江中、下游資源至四川，以「拉縴」（見封面圖）方式通過長江三峽，向大後方撤運，才得以完成「持久抗戰基地」的整建。[94] 本會戰的戰場有二，一在大別山北麓，一在長江沿岸；武漢國軍則主動撤出，並未發生戰鬥。[95]

　　從 1938 年 11 月 12 日岳陽陷落，長江中游的會戰完全結束，到 1943 年 1 月 1 日，中國加入「同盟國」陣營，成立「中國戰區」之前，是抗戰的「第二期戰役」階段；此期的「正面戰場」作戰，概包括南昌、隨棗、第一次長沙、桂南、棗宜、豫南、上高、中條山、第二次長沙等九次會戰。

　　本時期和第一時期一樣，都是在「持久戰略」指導下，獨力對日作戰。所不同者，第一時期是以戰略守勢、陣地防禦、逐次抵抗手段，達到「以空間換取時間」目的，旨在誘（迫）使敵人進入對我有利的長江

94　有關撤運長江中、下游資源至大後方之狀況，可參：莫玉，《盧作福：民國一代船王》（北京：中國財政經濟出版社，2014 年 1 月 1 日），第 1 章，〈歷史記住了這段時光—1938 年大撤退〉。「拉縴」通過長江三峽之狀況，見封面圖。
95　有關「武漢會戰」的經過與結果，可參：何世同，《堅苦卓絕》，頁 175~188。

「作戰線」，以「拖住」敵軍。第二時期是利用平漢、粵漢鐵路以西山地，建立「持久抵抗陣線」，維護大後方基地安全，不再後退，以「持久消耗」手段，「拖垮」敵軍；其後，再依國際情勢發展，結合敵後作戰力量，相機轉取攻勢，爭取最後勝利，已如前述。

自國軍棄守武漢、廣州後，戰事遠離沿海，日軍已深入中國內陸 1 千餘公里，「作戰正面」從內蒙古陰山西段，一路向南延伸到廣東；戰場擴大，「補給線」拉長，加上無所不在的敵後游擊威脅，日軍為保護其「補給線」及「掃蕩」游擊隊，以維護其後方設施安全，只有抽調其第一線部隊應急，致其會戰時兵力每每不足。因此，本時期日軍已無能力發動像淞滬、武漢那樣大規模的會戰了。1938 年 11 月，「武漢會戰」結束後，中日兩軍態勢，如圖 2-8 示意。[96]

而隨戰場向內陸轉移，日軍的攻勢也愈見緩慢。「武漢會戰」以前，日軍掌握 94% 的攻勢，國軍只佔 6%。「武漢會戰」後，國軍積極動員，兵力增強；[97] 日軍則「備多力分」，其國內又無多餘兵力支援，於是形

96　資料來源：何世同，《堅苦卓絕》，頁 311，圖 5-13。按，第 1 戰區，轄豫、皖兩省一部；第 2 戰區，轄山西及陝西一部；第 3 戰區，轄蘇南、皖南及浙、閩兩省；第 4 戰區，轄廣東及廣西；第 5 戰區，轄皖西、鄂北、豫南方面；第 6 戰區，1938 年初裁撤，1940 年 4 月併入第 6 戰區，「宜昌會戰」後 7 月 1 日又恢復；第 7 戰區，1938 年初裁撤；第 8 戰區，轄甘、寧、青及綏遠方面；第 9 戰區，轄贛省一部、鄂南及湘省；第 10 戰區，轄陝西方面；魯蘇戰區，轄蘇北及山東方面；冀察戰區，轄冀察方面。見：何應欽，《八年抗戰之經過》，頁 115~127。

97　據何應欽著，吳相湘主編，《何上將抗戰期間軍事報告》，上冊，〈對五屆五中全會軍事報告〉，頁 194 所載：1938 年 12 月（「武漢會戰」剛結束），國軍兵員已較抗戰前增多了 70 萬 7 千餘人（補充團營兵員尚未計算在內），在部隊單位上，比戰前已增多了 53 個師。又據頁 304 所載：至 1941 年 6 月（「珍珠港事件」半年前），國軍戰鬥部隊續增至 277 個師、另 35 個獨立旅，加上游擊部隊的 104 萬餘人，保安團隊的 56 萬 7 千餘人，國軍兵員共計 480 萬 7 千餘人。

勢開始逆轉。至 1940 年 2 月止，日軍攻勢成分退到 56%，國軍則增加到 44%；1941 年 3 月，國軍攻勢成分更增加到 47%。[98] 加上日軍對我敵後飄忽游擊作戰的防不勝防，日軍已無前方與後方之分。在本時期的 9 次「會戰」中，雙方互有進退，已不再現開戰初期日軍「長驅直入」場景。

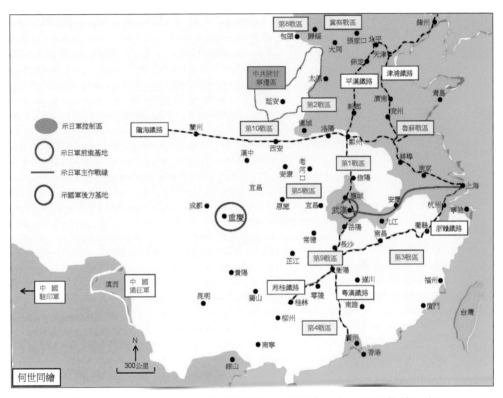

圖 2-8：1938 年 11 月，「武漢會戰」結束後，中日兩軍態勢示意

98　徐永昌，〈四年來敵我戰略戰術的總檢討〉，收入：包遵彭、吳相湘等人編纂，《中國近代史論叢》（台北：正中書局，1959 年），第 1 輯，第 9 冊，《第二次中日戰爭》。按，徐是當時軍委會軍令部長，提此檢討報告的時間，為 1941 年 7 月。

　　先是，日軍占領武漢次日（10 月 26 日），其大本營立即以第 315 號令，訓令在華日軍全面調整為「警備態勢」；[99] 致原先以「速戰速決」為主軸的「積極攻勢作戰」，也被迫轉變成了以「扶植漢奸」（即所謂「以華制華」）、「以戰養戰」、「肅清後方」（即所謂「治安作戰」）為基調的「消極攻勢作戰」，或「有限目標攻勢」，使得戰爭進入對日軍不利的「長期化」局面；遂有 1940 年 3 月，汪精衛「傀儡政權」的出現。[100] 1939 年 9 月 21 日，日軍大本營在南京成立「中國派遣軍」總司令部，以統一指揮在華日軍作戰；[101] 除顯示國民政府改變日軍「作戰線」成功外，也反映了日軍已陷入長期作戰泥淖的事實，這種狀況一直持續至 1945 年 8 月戰敗「無條件投降」。

　　不過，在 1943 年的「鄂西會戰」中，日軍本有突穿國軍三峽防線，直驅重慶，打破這種「陷入泥淖」的困境；但這種狀況並沒有出現，那是因為胡璉將軍率領第 11 師守住了長江三峽入口處的「石牌要塞」，摧破了日軍攻勢的緣故。

99　日本防衛廳防衛研修所戰史室編撰・杜明〔筆名〕譯，《華中華南作戰及對華戰略之轉變》，日軍對華作戰紀要叢書—2（台北：國防部史政編譯局，1987 年 7 月），頁 325。
100　汪精衛之出走及偽政權之建立，參：同上注，頁 416~436。
101　《華中華南作戰及對華戰略之轉變》，頁 374；首任總司令為西尾壽造大將。

第三章

日軍的幾場
「以戰養戰」會戰

　　「武漢會戰」結束後，日軍戰場擴大，補給線拉長，兵力分散，遂停止戰略攻勢，改以積極扶植漢奸政權，劫掠民間物資，掃蕩我敵後游擊武力，力圖鞏固其占領區之「以戰養戰」作戰方針。當時日軍沿長江由東向西之「作戰線」，已推進至平漢鐵路東西之線，武漢成其「前進基地」，日軍第 11 軍設「指揮所」於此。該軍為維護武漢北面「戰略翼側」安全，兼顧「持續戰力」維持，於是發動了數場屬於「防禦」性質的「有限目標攻勢」小型會戰。

　　1939 年 3 月下旬，國府軍委會以消耗敵軍，策應敵後游擊作戰為目的，訓令各戰區發動「四月攻勢」；並由江南轉用第 31 集團軍（總司令湯恩伯，轄 2 個軍，計 6 個師、2 個獨立旅）於鄂省西北，以威脅武漢敵軍之側背。[1] 第 5 戰區（司令長官李宗仁）乃遵照指示，於 4 月下旬以一部向隨縣以東及安陸、應城、天門等地區出擊；豫鄂邊區游擊總部，則襲擊信陽、廣水、花園日軍。此等「有限目標攻勢」，雖因兵力過小，效果不大，但已對武漢周邊之日軍，造成心理上的嚴重威脅。[2]

　　於是，司令部設於武漢之日軍第 11 軍，遂於 1939 年 4 月下旬奪取南昌後（即「南昌會戰」），未及「擴張戰果」，旋於 5 月上旬向鄂北、豫西地區轉移攻勢，欲捕捉國軍第 5 戰區主力而殲滅之，以確保其武漢

1　史政編譯局編印，《抗日戰史》（黃皮），冊 43，〈隨棗會戰・概述〉，頁 1。
2　史政編譯局編印，《國民革命軍戰役史第四部・抗日》，冊 3，〈中期戰役・隨棗會戰〉，頁 40~41。

陣線北翼之安全。[3] 因本次會戰的主戰場在湖北隨縣、棗陽一帶，故稱
「隨棗會戰」；又因作戰地區在襄河（漢水自襄陽以下河段，河面狀況
見照片1）以東，故日軍稱之為「襄東會戰」，為此下在襄河東西地區
展開的幾場小型會戰揭開了序幕。

第一節｜日軍首次吞下敗仗的「隨棗會戰」

本會戰時間，是從 1939 年 5 月 1 日，至 6 月 1 日。戰場範圍，概
在桐柏山、大別山、長江、當陽之間；[4] 亦即日軍所稱的「襄東」（襄
陽以下之襄河以東）地區。

國軍指揮官為第 5 戰區司令長官李宗仁，參戰兵力計步兵師 41、獨
立旅 2、騎兵師 2、游擊縱隊 6、獨立砲兵團 2，無空軍支援，總兵力約
20 萬人。惟陸軍部隊僅江防軍 13 個師，及第 31 集團軍 4 個師，編裝較
完整，其餘 25 個師均未整補，人員裝備多不足 2 分之 1，戰力甚差，遠

3　按，1939 年 3 月 22 日半夜，第 11 軍接獲華中派遣軍電謂：「蔣委員長從四月上旬，以第
　　一期整編部隊為基幹，似有以總反攻賭最後一戰之趨勢⋯」；第 11 軍據此情報知悉國軍「四
　　月攻勢」概要，遂於攻略南昌後，即秘密完成江北兵力部署，概定於 5 月上旬，以急襲方式，
　　欲一舉捕殲國軍於棗陽地區，以確保作戰地區安全。見：《華中華南作戰及對華戰略之轉
　　變》，頁 572~574。
4　史政編譯局編印，《國民革命軍戰役史第四部・抗日》，冊 3，〈中期戰役・隨棗會戰〉，
　　頁 39。

不如「武漢會戰」時。[5]

日軍指揮官為第 11 軍司令官岡村寧次，參戰兵力為 4 個師團（轄 4 個步兵聯隊之師團 3，轄 3 個步兵聯隊之師團 1，共聯隊 15、大隊 45）、1 個獨立騎兵旅團，1 個獨立重砲旅團、6 個獨立砲兵聯隊、3 個戰車大隊、2 個獨立工兵聯隊，及第 3 飛行團一部（轄飛行中隊 2、戰隊 3），總兵力約 12 萬人。[6]1939 年 4 月 30 日「隨棗會戰」直前，中、日兩軍態勢，如圖 3-1 示意。[7]

1939 年 5 月 1 日，駐鍾祥、京山一帶的日軍第 13、16 師團及獨立騎兵第 4 旅團，在飛機、戰車及砲兵支援下，沿襄河東岸向北攻擊；5 月 5 日，駐鄂北、豫南平漢鐵路沿線之第 3 師團，由應山、信陽向西進攻，企圖「分進合擊」，捕殲國軍第 5 戰區部隊。國軍初期「避戰轉進」，以「有力一部」留置於大洪山、桐柏山，牽制日軍行動，主力向北退卻，相機「反擊」，日軍企圖殲滅國軍第 5 戰區主力之企圖，遂告落空。[8]

5　同上注，頁 39。國軍作戰序列，見：同上注，頁 58 後，插表 4「隨棗作戰國軍指揮系統表（民國二十八年五月）」。

6　同上注。日軍作戰序列，見：同上注，頁 58 後，插表 5「隨棗作戰國軍指揮系統表（民國二十八年五月）」；及《華中華南作戰及對華戰略之轉變》，頁 583~584。

7　本圖參考：史政編譯局編印，《國民革命軍戰役史第四部・抗日》，冊 3，〈中期戰役・隨棗會戰〉，頁 58 後，插圖 3「隨棗作戰前全般作戰要圖（民國 28 年 4 月 30 日）」。

8　同上注，頁 51~55。

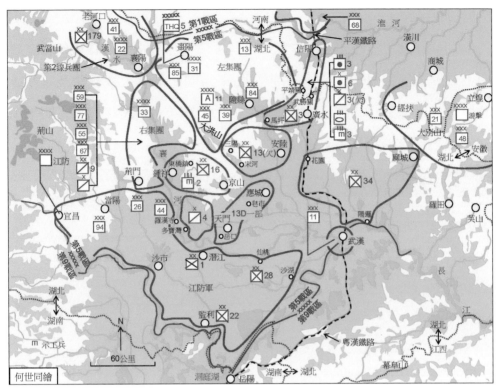

圖 3-1：1939 年 4 月 30 日「隨棗會戰」直前，中、日兩軍態勢示意

　　會戰一開始，日軍進展順利，至 5 月 12 日，陸續占領桐柏、棗陽、新野、唐河等地，並一度攻下南陽。5 月 13 日，國軍第 5 戰區以由隨縣轉進至鄧州附近之第 31 集團軍，與第 1 戰區由豫西南下的第 2 集團軍，增援南陽；同時，又留置人洪山、桐柏山的兵力，牽制日軍第 3 師團行動；又以襄河兩岸之第 11、33 集團軍部隊，攔截日軍退路。5 月 15 日，第 5 戰區全線發動「反擊」；至 20 日，先後恢復棗陽、桐柏，並逼近應山，日軍大部向安陸、應山方向退去。23 日，大洪山北麓，迄棗陽、桐柏間，

已無日軍蹤跡。[9]

　　5 月 24 日，江防軍對面之敵，乘第 5 戰區主力向襄河以東轉移之際南下，於 28、29 兩日，先後占領江防軍當面之潛江、多寶灣及羅漢寺等地；時我第 5 戰區方面，除隨縣城內之敵頑抗未克外，已恢復戰前態勢。[10] 至此，會戰乃告結束；其經過，概如圖 3-2 示意。[11]

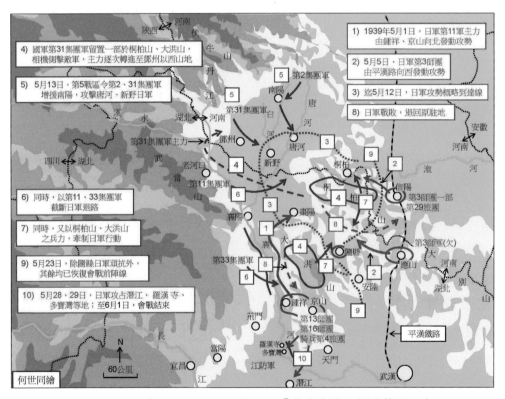

圖 3-2：1939 年 5 月 1 日至 6 月 1 日「隨棗會戰」經過狀況示意

9　史政編譯局編印，《抗日戰史》（黃皮），冊 43，〈隨棗會戰・會戰一般經過〉，頁18~23。

10　同上注，頁 25；及史政編譯局編印，《國民革命軍戰役史第四部・抗日》，冊 3，〈中期戰役・隨棗會戰〉，頁 57，所載略同。

11　本圖參考：史政編譯局編印，《國民革命軍戰役史第四部・抗日》，冊 3，〈中期戰役・隨棗會戰〉，頁 58 後，插圖 5「隨棗作戰全般經過要圖（民國 28 年 5 月 1 日至 6 月 1 日）」。

會戰結果，國軍傷亡 28,037 人，日軍傷亡 21,450 人。[12] 日方的說法是，國軍棄屍約 15,000 具，被俘約 1,600 人；日方戰亡約 650 人，受傷約 1,800 人。[13] 日軍被國軍逐回原陣線，這是日軍侵華以來，第一次在會戰中戰敗。

本次會戰，規模雖然不大，卻是國軍首次擊退日軍，故意義格外重大。就「戰略態勢」言，日軍居「內線」，國軍居「外線」；「外線作戰」成功的條件，在於「優勢之兵力」、「各兵團行動之配合」與「各兵團連續攻勢之壓力」。[14] 其中又以「優勢之兵力」最為重要，無此條件，即無法對「內線之敵」形成「連續攻勢之壓力」，造成「包圍殲滅」效果，反有被「各個擊滅」的危險。

國軍兵力雖優勢，但優勢不大，且無空軍與戰車，砲兵也僅有獨立團 2（轄營 8、連 9），配屬於各部隊，分割使用；[15] 與有空中支援，轄 1 個獨立重砲旅團、6 個獨立砲兵聯隊、3 個戰車大隊的日軍相比，戰力實呈巨大差距。換言之，國軍兵力優勢，但戰力極為劣勢，並無「外線作戰」條件，「戰略態勢」對國軍「極為不利」。而能以如此劣勢條件擊退日軍，誠屬不易。

12　史政編譯局編印，《抗日戰史》（黃皮），冊 43，〈隨棗會戰・會戰一般經過〉，頁 26 後，插表 5「隨棗會戰第五戰區敵我傷亡統計表（民國二十八年五月）」；何應欽，《八年抗戰之經過》，頁 129，載：「斃敵達一萬三千以上」。

13　《華中華南作戰及對華戰略之轉變》，頁 590。史政編譯局編印，《國民革命軍戰役史第四部・抗日》，冊 3，〈中期戰役・隨棗會戰〉，頁 57，所載日軍傷亡數據，與自方自稱同。

14　何世同，《戰略概論》，頁 87~90。

15　第 5 戰區砲兵兵力，見：史政編譯局編印，《國民革命軍戰役史第四部・抗日》，冊 3，〈中期戰役・隨棗會戰〉，頁 58 後，插表 4「隨棗作戰國軍指揮系統表・附記四」。

　　先是，由於日軍第 11 軍欲捕殲國軍第 5 戰區「有生戰力」之作戰，已超出其大本營限制之作戰範圍；經「華中派遣軍」向大本營請求後，大本營始於 4 月 18 日以第 289 號令，批准該部得在武漢西北正面，暫時越過現「作戰地域」作戰，但於完成任務後，應儘速返回原駐地。「華中派遣軍」乃於 4 月 20 日下令第 11 軍，命其概於 4、5 月後，相機擊滅國軍於唐河以南，並儘速歸還信陽、隨縣、安陸連線以南地區。[16] 也就是說，日軍實施的亦是「有限目標攻勢」；第 11 軍在其上級「時間」與「空間」的限制下，作戰行動當受約束與影響。

　　會戰伊始，日軍挾「極優勢」之戰力，在「內線」位置中，爭取「局部外線」態勢，南北「分進合擊」，作戰構想正確，本有「包圍殲滅」襄河以東、唐河以南國軍「有生戰力」之機會；但最後卻形成各自為戰，讓國軍順利向西轉進，並有「反擊」機會。何以如此？關鍵就在國軍據守大洪山與桐柏山這兩條與日軍進攻方向「平行」之山脈，不但威脅日軍進攻時之翼側，而且提供了國軍「反擊」時的依托；此「地障」對「戰略行動」之影響也。[17]

16　《華中華南作戰及對華戰略之轉變》，頁 580。
17　有關「地障」對「戰略行動」之影響，可參：何世同，《戰略概論》（台北：黎明文化，2004 年 9 月），頁 95~116。

第二節｜日軍思考「直通重慶」的「宜昌作戰」

1939 年 11 月 14 日，日軍第 11 軍司令官岡村寧次，反省這一年度的作戰情形，具申了「有關中日戰爭速戰速決的意見」；其要旨為：抗日勢力的中心不外是中央直系軍，而只要存在著此一軍隊，便無「和平解決」的可能性；因此唯有「積極作戰」，才能解決戰爭，且所攻占的要地也必須確保等。此地之所謂「積極作戰」，是指第一案長沙、衡陽方面作戰，第二案宜昌占領作戰，第三案自信陽方面聯繫華北軍的平漢路打通作戰案。渠認為此等「積極作戰」，才是解決戰爭的關鍵。[18]12 月 10 日，岡村寧次在軍之「情報判斷」中有如下結語：

長期持久戰爭，對帝國唯有百害而無一利，而依目前情勢判斷，以謀略外交或小規模作戰解決的希望微乎其微，除非大規模作戰，將無法達到速戰速決的目的至為明顯。[19]

岡村寧次並引用《孫子兵法‧作戰第二》所載：「…兵聞拙速，未聞巧之久也」作為結語。[20] 其後，由第 11 軍主導之「宜昌作戰」（即國軍之「棗宜會戰」）占領宜昌，「河南會戰」（或「平漢作戰」，即國軍之「豫南會戰」）協力「華北方面軍」打通平漢路，及負責「湘桂作戰」（即國軍之「長衡會戰」與「桂柳會戰」）占領長沙、衡陽與桂

18　《歐戰爆發前後對中國之和戰》，頁 204~205。中央直系軍，即黃埔嫡系中央軍。
19　同上注，頁 205。
20　同上注。

省，實早在岡村寧次前瞻思考規劃之中。

　　不過，岡村寧次的這項意見，雖獲「中國派遣軍」總司令部的贊許，當時卻不為日軍中央部（按，即大本營）所容納；而不久開始的中國軍「冬季攻勢」，則證明了岡村提議的正確性。[21] 於是，「中國派遣軍」深感「中國軍仍具相當的抗戰力」，進而認為擊破中國軍戰力，才是解決戰爭必須的條件。如不給予中國軍嚴重的打擊，絕無法發揮「政謀略」的效果。[22]

　　在此期間，武漢地區的日軍第 11 軍，遭受長達兩個月的國軍「冬季攻勢」，其第一線已被攪亂，士氣也受了極大的打擊。該軍在國軍「冬季攻勢」初期，亦即 1939 年 12 月中旬，就策劃將「守備」轉為「攻勢」的行動，而意欲進行宜昌方面之作戰。並於 1940 年 1 月，研討「增加兵力」與「不增加兵力」兩種狀況之基本態勢；並於 2 月策訂了「宜昌作戰」的構想，且獲得了「中國派遣軍」的全力支持。[23]3 月 9 日，圓部和一郎接替岡村寧次擔任第 11 軍司令官，相關作戰構想之研討，仍在持續進行中。[24]

　　針對中國軍「冬季攻勢」的狀況，第 11 軍「深感敵軍仍然健在」，

21　同上注。按，「冬季攻勢」與「桂南會戰」同時發生，前者原來並不在後者計畫之列，但因日軍占領南寧之時，正是國軍甫發動「冬季攻勢」之際，故兩戰幾乎同步進行；有關「冬季攻勢」之發起目的、作戰經過、結果與影響，可參：何世同，《堅苦卓絕》，頁224~225。

22　《歐戰爆發前後對中國之和戰》，頁 205。按，所謂「政謀略」，是當時日軍大本營當做戰爭手段之主體，出處同上注。

23　同上注，頁 207、145。

24　同上注，頁 209。

即計畫作一個「大反擊作戰」，也獲南京「中國派遣軍」之強力支持。[25]
而「中國派遣軍」為了爭取陸軍中央部的允許，自 1940 年年初以來，
一直與後者「有所接觸」。而隨著新年度的到來，陸軍中央部開始認為
「有積極作戰之必要」，等於認同了「中國派遣軍」的建議；遂於 4 月
10 日，對「中國派遣軍」下達「大陸命 426 號」命令，內容如下：

> 中國派遣軍總司令官，為貫徹現有之任務，於五、六月
> 間得在華中、華南方面，暫時超出既定之作戰地域，實施作
> 戰。[26]

大本營這項命令的要旨是，第 11 軍的部隊於作戰終結後，應立即
返回原駐地，而不許屯駐於新占據地；故而，宜昌的占領確保，等於被
禁止。事實上，由於兵力上的限制，「中國派遣軍」曾考量宜昌方面作
戰的階段，也評估過該地占領確保事宜，但並無占領計畫。[27] 由此看來，
這本是一場「有限目標攻勢」。

第 11 軍選擇宜昌作為目標，除了要「痛擊」李宗仁第 5 戰區的部
隊外，還考慮到該地「直通重慶」的戰略價值；換言之，即是借由本次
作戰，嘗試尋找「入川之路」，以企迅速「解決戰爭」。另外，在考量
「宜昌作戰」時的最大論題是，占領宜昌後繼續確保該地？抑或將其放
棄，而重回原態勢的問題？[28]

25　同上注，頁 145、253。
26　同上注，頁 253。
27　同上注，頁 253~254。
28　同上注，頁 207。

　　何以如此？根據第 11 軍的說法是，該軍一方面要確保原來的占據地域，一方面又要實施進攻作戰，已經「痛感兵力之不足」；雖然「中國派遣軍」鼓勵並支持本作戰，因而渴望上級給予「二個師團程度的兵力增強」，但在陸軍中央部決定削減在華兵力的狀況下，增加兵力的要求「自然希望渺茫」。[29] 但是，不占領與確保宜昌，又如何探索「直通重慶」之路？筆者認為，這就是「中國派遣軍」考慮在「宜昌作戰」中，將是否「占據確保」宜昌，作為最大論題的原因。

　　1940 年 4 月 22 日，第 11 軍根據大本營之訓令，正式下達「宜昌作戰」之攻勢發動命令，為本次會戰揭開序幕。[30] 會戰開始於 1940 年 5 月 1 日，結束於 7 月 4 日，作戰地區為圖 3-3 所示範圍。因會戰之主戰場在棗陽與宜昌，故國軍稱為「棗宜會戰」；日軍則因最後目標為宜昌，故稱「宜昌作戰」。

　　本次會戰的國軍指揮官為第 5 戰區司令長官李宗仁，參戰部隊為 40 個步兵師、1 個騎兵師、2 個獨立步兵旅，無空軍支援，兵力約 24 萬人。[31] 日軍指揮官為第 11 軍司令官圓部和一郎，當時該軍轄第 3、13、33、34、39、40、46 等 7 個師團，及步兵第 14、18 旅團，與重砲第 6 旅團，其中第 3、13、39 師團、2 個旅團及重砲旅團在江北，為主要參戰部隊；會戰中增援部隊有：第 40 師團一部、臨時混成第 101 旅團、第 34 師團

29　同上注，頁 207~208。
30　同上注，頁 256。
31　同上注；及史政編譯局編印，《國民革命軍戰役使第四部・抗日》，冊 3，〈中期戰役・棗軒會戰〉，頁 216 後，插表 8「棗宜會戰初期國軍指揮系統表〔民國二十九年四月三十日〕」。

小川支隊、吉田支隊、獨立混成第 14 旅團、田中大隊等。總計投入會戰之兵力，約 12 萬人。[32]1940 年 4 月下旬，「棗宜會戰」直前，中、日兩軍態勢如圖 3-3 示意。[33]

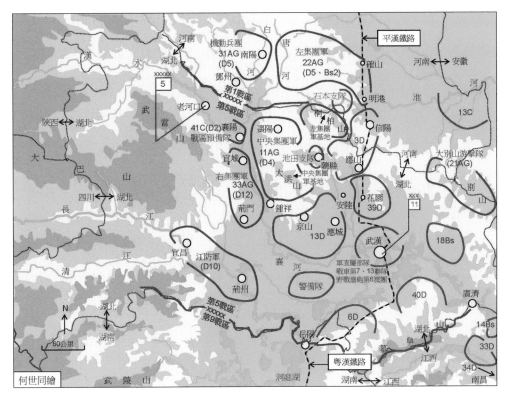

圖 3-3：1940 年 4 月下旬，「棗宜會戰」直前中、日兩軍態勢示意

---

32 同上注，插表 9「棗宜會戰日軍指揮系統表〔民國二十九年四月三十日〕」；及史政編譯局編印，《八年抗戰戰史回顧》，頁 105。日軍作戰序列及兵力位置，見：《歐戰爆發前後對中國之和戰》，頁 258~260。郭汝瑰・黃玉章，《中國抗日戰爭正面戰場作戰記》（下冊），頁 994 則載：日軍「參戰兵力近 20 萬人」。

33 本圖參考：《歐戰爆發前後對中國之和戰》，頁 255，插圖 14「武漢方面敵我態勢要圖〔昭和十五年四月下旬〕」。

　　日軍第 11 軍之會戰計畫，是以襄陽與宜昌為目標，區分兩個階段進行。[34] 為達「欺敵」目的，第 11 軍自 1940 年 4 月 13 日開始，先以混成第 14 旅團，對九江以西地區實施掃蕩；20 日起，海軍艦艇在洞庭、鄱陽湖「佯動」；再於 26 日，令各部隊對各自正面之國軍，發動攻擊；航空部隊也對江南的第 9 戰區要點，進行轟炸。[35]

　　4 月 28 日正午，第 11 軍在應山（位置見圖 3-3）開設「戰鬥指揮所」，完成會戰準備。[36] 其實根據日方資料，中國似乎早已「諜知」日軍進攻企圖，只是尚無法確知攻擊方向是放在襄陽、或是宜昌而已。[37] 惟由後文所述的狀況看來，國軍根本沒有在宜昌與日軍進行會戰的準備。

第一階段：棗陽、襄陽方面之作戰：

　　1940 年 5 月 1 日，日軍第 11 軍以右翼之第 3 師團，附戰車百餘輛，配屬石本支隊（屬第 40 師團，以步兵第 40 旅團為基幹，轄步兵大隊 3、山砲大隊 1），從信陽及其以北地區，沿桐柏山北麓西進；5 月 2 日，以左翼之第 13 師團，由鍾祥沿襄河東岸北上；5 月 4 日，以中央之第 39 師團及池田支隊（屬第 6 師團，以第 11 步兵旅團為基幹，轄步兵大隊 3、山砲大隊 1），在戰車百餘輛前導下，向西進攻。[38] 這是「中央突

34　《歐戰爆發前後對中國之和戰》，頁 257。

35　同上注，頁 263。

36　同上注。同頁又載：本作戰第 11 軍以「一號作戰」與「鄂西作戰」為代名；但不是其後國軍所稱的「鄂西會戰」，與 1994 年日軍大本營所主導的「一號作戰」。

37　同上注，頁 256。

38　史政編譯局編印，《國民革命軍戰役史第四部・抗日》，冊 3，〈中期戰役・棗宜會戰〉，頁 110；郭汝瑰・黃玉章，《中國抗日戰爭正面戰場作戰記》（下冊），頁 997，所載概同。

穿」後「兩翼席捲」的「外線作戰」戰法，其兵力位置與運用方式，與一年前的「隨棗會戰」如出一轍。

日軍以戰車領導步兵攻擊，進展迅速，以每天30至50公里的速度，向前推進；概於5月7日，已對棗陽附近形成合圍態勢。第5戰區除以一部兵力留置桐柏山、大洪山以牽制日軍外，主力向西轉進；過程中，第84軍173師師長鍾毅掩護主力撤退，在蒼苔鎮（位置見3-4）陣亡。5月8日，日軍占領棗陽，宣稱漢水東岸之作戰已完成，準備進行第二階段作戰；5月10日以後，日軍第3師團在樊城東北集結；第13、39師團則從棗陽南撤，準備進入宜城附近集結。[39]

第5戰區乃乘日軍分離之際，以第31集團軍由南陽急速南下，於5月12日，與中央集團軍、左集團軍合圍日軍第3師團於樊城，並予重創；5月15日，該師團才在第11軍戰車團救援下，於16日夜撤至棗陽附近集結。與此同時，第33集團軍（右集團軍）總司令張自忠於5月14日，親率特務營及第74師，東渡襄河，進至南瓜店（位置見圖3-4）附近，準備側擊日軍。但因該集團軍使用無線電「明碼」與上級連絡，行動為日軍偵知；日軍乃於5月16日，以第39師團主力，在飛機支援下，圍攻南瓜店。激戰至17時，張自忠將軍所部傷亡殆盡，自己亦壯烈殉國

---

39 史政編譯局編印，《國民革命軍戰役史第四部‧抗日》，冊3，〈中期戰役‧棗宜會戰〉，頁110~111；郭汝瑰‧黃玉章，《中國抗日戰爭正面戰場作戰記》（下冊），頁997~998，所載概同。蒼苔鎮位置見圖，鍾毅師長被追晉中將。

（追晉上將）。[40]1940 年 5 月 1 日至 16 日，「棗宜會戰」棗陽、襄陽附近作戰狀況，如圖 3-4 示意。[41]

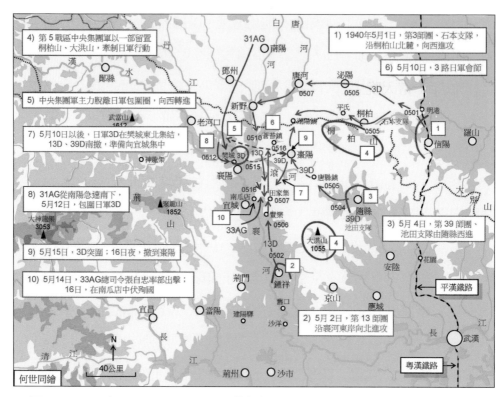

圖 3-4：1940 年 5 月 1 日至 16 日，「棗宜會戰」棗陽、襄陽附近作戰狀況示意

5 月 16 日，日軍於南瓜店襲擊國軍第 33 集團軍奏功後，第 13、39 師團乘機再度北上，與退卻至棗陽附近的第 3 師團會合，對正在追擊第

---

40 史政編譯局編印，《國民革命軍戰役史第四部・抗日》，冊 3，〈中期戰役・棗宜會戰〉，頁 111~112；郭汝瑰・黃玉章，《中國抗日戰爭正面戰場作戰記》（下冊），頁 998~1000，所載概同。

41 本圖參考依據上注資料繪製。另參考：史政編譯局編印，《國民革命軍戰役史第四部・抗日》，冊 3，〈中期戰役・棗宜會戰〉，頁 116 後，插圖 19「棗宜會戰經過要圖〔一〕〔民國 29 年 5 月 1 日至 30 日〕」；郭汝瑰・黃玉章，《中國抗日戰爭正面戰場作戰記》（下冊），頁 999，圖 6-8-1「棗宜會戰・棗陽地區戰鬥經過要圖〔1940 年 5 月 1 日~21 日〕」。

3 師團之國軍中央集團軍與右集團軍展開反擊；後者猝不及防，向白河以西地區轉進，前者跟進追擊。5 月 21 日，日軍第 3 師團進至鄧縣，第 13 師團進至老河口以東；但同一天凌晨，第 39 師團偷渡白河時，遭西岸國軍猛烈襲擊，其步兵第 233 聯隊聯隊長神崎哲次郎大佐以下 3 百餘人被擊斃；當天晚上，日軍第 11 軍下令停止追擊，第一階段作戰至此結束。[42] 作戰經過狀況，如圖 3-5 示意。

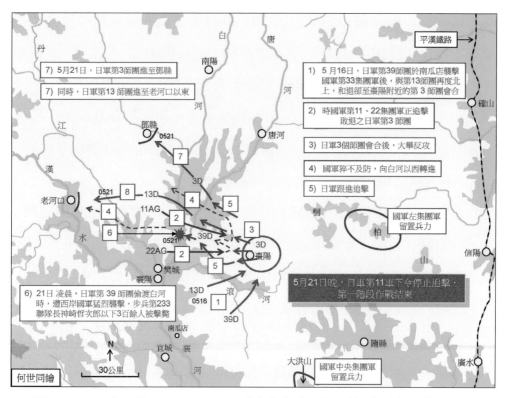

圖 3-5：1940 年 5 月 16 日至 21 日，「棗宜會戰」白河附近作戰經過狀況示意

42　史政編譯局編印，《國民革命軍戰役史第四部‧抗日》，冊 3，〈中期戰役‧棗宜會戰〉，頁 112~113；郭汝瑰‧黃玉章，《中國抗日戰爭正面戰場作戰記》（下冊），頁 1000，所載略同。按，「白河渡河戰」被日軍視為第 39 師團「最大悲劇戰」；見：《歐戰爆發前後對中國之和戰》，頁 271~272。

第二階段：宜昌方面之作戰：

由於日軍在第一階段的棗陽、襄陽附近作戰中損失嚴重，作戰時間超出預定計畫一倍以上，部隊十分疲憊，故於停止追擊後，迅速撤至棗陽附近休整，但並未返回原陣線，而是就是否按原計畫繼續執行第二階段的「宜昌作戰」進行討論。最後第11軍以「統帥權威」與「天皇信任」為由，決定不必顧慮部隊的疲勞與減員，而於5月25日下達了西渡襄河、進攻宜昌的作戰命令；並於5月30日前，以6個汽車中隊緊急調運軍需物資（糧秣1,044噸、其他540噸）至作戰地區。另以第40師團在大洪山實施掃蕩；以小川支隊（以第34師團第216聯隊為基幹，轄2個步兵大隊）、倉橋支隊（以第15師團4個步兵大隊為基幹），擔任流動兵站警戒。「中國派遣軍」又從第13軍第22師團抽調3個步兵大隊、1個山砲大隊，編成松井支隊，配屬第11軍。[43]

5月31日1930時，日軍第39師團經1個半小時的「攻擊準備射擊」後，在宜城以北的王家集強渡襄河，未遭強烈抵抗，迅速占領宜城，並繼續向荊門、當陽方面推進。同日24時，第3師團於襄陽東南渡河，亦未遭強烈抵抗，於次日占領襄陽，並沿南漳、遠安、當陽方向攻擊前進。6月4日夜，第13師團、池田支隊從鍾祥以南舊口、沙洋附近渡襄河，與第3、39師團對荊門、當陽造成包圍態勢。日軍之最後目標，則

---

43 《歐戰爆發前後對中國之和戰》，頁273~274；郭汝瑰‧黃玉章，《中國抗日戰爭正面戰場作戰記》（下冊），頁1000~1001，所載略同。

指向宜昌。[44]

先是，針對日軍渡襄河攻擊之狀況，國府軍委會於 6 月 1 日召開緊急會議，決定將第 5 戰區兵力區分為左、右兵團。左兵團由司令長官李宗仁指揮（轄第 2、22、31 集團軍與第 68 軍），負責襄河以東之作戰，攻擊日軍側背；右兵團由軍委會政治部部長陳誠指揮（轄第 29、33 集團軍及江防軍），以確保宜昌為主要任務。同時，又決定在襄河以東的第 75、94 軍，火速返回襄河以西，歸建江防軍；正在四川整訓的第 18 軍，緊急船運到宜昌，擔任地區守備。[45] 但日軍在戰車前導與上百架飛機支援下，攻勢猛烈，國軍無法行有組織之抵擋；6 月 12 日，日軍占領宜昌，國軍第 18 軍向西退入山區。[46]

日軍第 11 軍占領宜昌後，本擬恢復原態勢，並於 6 月 15 日下達撤退命令。但巧合的是，6 月 14 日，也就是日軍占領宜昌的第 3 天，德軍占領了巴黎；日軍大本營受到鼓勵，乃於 6 月 16 日，對 11 軍發出「暫時確保宜昌」之命令。時最後撤出宜昌之第 3 師團，已退至宜昌東 10 公里的土門埡，遂立即調頭，於 17 日重新占據宜昌。會戰至 7 月 4 日

---

44 《歐戰爆發前後對中國之和戰》，頁 274~276；郭汝瑰・黃玉章，《中國抗日戰爭正面戰場作戰記》（下冊），頁 1000~1001，所載略同。

45 史政編譯局編印，《國民革命軍戰役史第四部・抗日》，冊 3，〈中期戰役・棗宜會戰〉，頁 113~114。郭汝瑰・黃玉章，《中國抗日戰爭正面戰場作戰記》（下冊），頁 1001，所載略同。後來奉命「堅守」石牌的第 11 師，即隸屬第 18 軍。

46 國軍作戰狀況；見：史政編譯局編印，《國民革命軍戰役史第四部・抗日》，冊 3，〈中期戰役・棗宜會戰〉，頁 114~115。日軍作戰狀況；見：《歐戰爆發前後對中國之和戰》，頁 276~279。郭汝瑰・黃玉章，《中國抗日戰爭正面戰場作戰記》（下冊），頁 1001~1002，所載略同。

結束；此後，國軍即概沿宜昌、當陽、江陵（荊州）、荊門、鍾祥、隨縣、信陽外圍之線，與日軍對峙。[47] 其經過狀況，如圖 3-6 示意。[48]

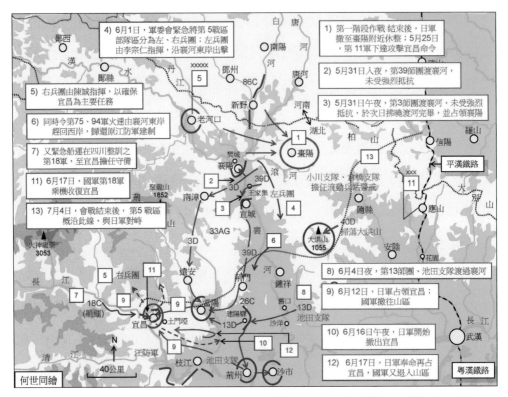

圖 3-6：1940 年 5 月 31 日至 7 月 4 日，「隨棗會戰」宜昌附近作戰狀況示意

47　史政編譯局編印，《國民革命軍戰役史第四部·抗日》，冊 3，〈中期戰役·棗宜會戰〉，頁 115。日軍大本營重新占領宜昌之決策過程，及作戰經過；見：《歐戰爆發前後對中國之和戰》，頁 280~290。

48　本圖依據上述資料，及參考：郭汝瑰·黃玉章，《中國抗日戰爭正面戰場作戰記》（下冊），頁 1003，圖 6-8-2「棗宜會戰·宜昌地區戰鬥經過要圖（1940 年 5 月 31 日~6 月 17 日）」。

本次會戰，國軍傷亡 110,610 人，[49] 日軍則自稱傷亡 6,042 人；[50] 國軍戰敗，宜昌的失守，對當時的民心士氣影響很大，但這也是日軍攻勢到達的極限。其後日軍雖欲攻入三峽天險，直取重慶，而發動「鄂西會戰」，但被阻於石牌要塞前（見後文）；自此之後，日軍就無法再越此雷池一步。

第三節｜宜昌不守是國軍最大戰略錯誤

「棗宜會戰」開始前，日軍雖然先期在長江以南的第 9 戰區實施「佯攻」與「佯動」，然而軍委會及第 5 戰區還是正確判斷日軍將對棗陽方面採取會戰行動，而預作了相應措施，堪稱允當。

因此，第 5 戰區部隊能在日軍優勢戰力「中央突穿」與「兩翼包圍」雙管齊下、近乎「閃電戰」的攻勢中，利用日軍兵力不足造成的空隙，不但成功向西轉進，還能掌握戰機適時反擊，保持著若干程度的「戰場主動權」。尤其在 5 月 12 日，能乘日軍後撤，各師團前後分離之際，迅速「反包圍」日軍第 3 師團於樊城 3 天 3 夜，給予該師團重大打擊，

---

49 本數據係根據：史政編譯局編印，《抗日戰史》（黃皮），冊 51，〈棗宜會戰・會戰一般經過〉，頁 86 後，插表 7「棗宜會戰我軍人馬傷亡統一表（民國二十九年四月二十八日至七月十日）」所載，死、傷、生死不明者相加所得。

50 《歐戰爆發前後對中國之和戰》，頁 292。

相當難得；若非第 11 軍緊急出動飛機 100 多架次、戰車 200 餘輛掩護其突圍，第 3 師團極有被全殲的可能。[51] 但是，這些戰果，都不能彌補棄守宜昌所造成的戰略損失。

至於 5 月 14 日，第 33 集團軍渡襄河攔截後撤之日軍，決心與指導都正確；但因兵力過少，及通信連絡失密，反遭日軍集中優勢兵力圍攻，損失很大，令人惋惜，並足以為野戰用兵者鑒。而集團軍總司令張自忠將軍的犧牲，則是自「七七事變」以來，國軍在戰場陣亡的第一位集團軍總司令，也是階層最高的戰場指揮官，尤令國人震驚。

《孫子兵法・虛實第六》曰：「戰勝不復，而應形於無窮。」意思是：打勝仗的方法難能適用於第二次，為將者須隨時掌握敵人之部署及行動變化，而不失先機，採取前瞻作為。但軍委會與第 5 戰區在會戰未開始前，就判斷日軍戰略行動應概同於一年以前的「隨棗會戰」，國軍只要按照上次的打法，就能守住原來態勢，立於不敗之地，完全沒有考慮到襄河西岸的防禦。但殊不知日軍第一階段作戰雖與「隨棗會戰」模式概同，但第二階段作戰則完全超出國軍「狀況判斷」之外，等到日軍西渡襄河，開闢新戰場時，國軍才倉促調兵遣將應戰，完全陷於被動，其敗也必然。

「統一指揮」是大軍作戰要件；5 月 31 日夜，日軍由宜城、襄陽方面強渡襄河，會攻宜昌，軍委會於 6 月 1 日即召開緊急應變會議，堪稱

51　作戰經過，見：郭汝瑰・黃玉章，《中國抗日戰爭正面戰場作戰記》（下冊），頁 1004~1005。

積極。但值此日軍分進合擊、戰況危急之際，軍委會將第 5 戰區兵力一分為二，顯已違反「統一指揮」的戰爭原則。況且新任右兵團指揮官陳誠，6 月 4 日始到達宜昌就任；[52] 並無與部隊磨合之時間，如何立即掌握部隊？初來乍到，對當前敵情又不甚瞭解，如何馬上指揮正在進行中之戰鬥？至於右兵團由北向南，沿襄河東岸側擊日軍後方地區之構想，立意甚佳，但戰機已失，效果有限；若國軍能洞燭日軍渡河企圖，早期預置兵力於適當地點，擊其於半渡，後果必不一樣。因此，軍委會在處置日軍渡過襄河向西攻擊的作戰上，「決心」與「指導」都犯了極嚴重的戰略錯誤。

此外，國軍在「戰鬥情報」蒐集上，也有很大缺失。按，日軍於 5 月 21 日退出白河流域，一直到 5 月 31 日發起渡襄河之作戰，超過 10 天時間在棗陽一帶蟄伏不動；對此反常現象，國軍居然全無反應。而在此 10 天之中，日軍 6 個汽車中隊、數百輛卡車穿梭運送補給，又從其他地區連續抽調兵力增援第 11 軍，國軍也都沒有發現，更無任何因應措施；不但「情報系統」全無功能，也錯失「情報判斷」機會，以致無法針對敵情，採取「至當行動方案」，甚至連守衛宜昌的第 18 軍都是臨時從四川調來；最後陷於被動而戰敗，應不意外。

但宜昌的失守，對抗戰中的中國而言，除了三峽門戶洞開，給了日軍「直通重慶」進一步行動的機會外，還蒙受以下的重大戰略損失；

52　《歐戰爆發前後對中國之和戰》，頁 276。

概為：

一、不能再以長江作為「補給線」

從「淞滬會戰」開始，國府機關資材後運，大後方作戰補給品前送，完全靠長江水路；當時有一家「民生輪船公司」的老闆盧作孚（1893~1952），以所有船隻，全力協助政府撤退，對抗戰作出了很了起的貢獻。[53] 但盧作孚的江輪只能到宜昌，宜昌以下就要換小船，有時候還要用「拉縴」（見封面圖所示）的民船，先開到重慶，再分送到川、雲、貴、陝等大後方地區；所以宜昌自抗戰爆發以來，一直就是一個非常忙碌的「轉運中心」。但宜昌一丟，「轉運中心」沒有了，通往大後方的長江水運也跟著斷絕，軍品物質只有由陸路迂迴運輸，量小也不方便，對作戰的影響非常大。[54]

（二）長江南北「連絡線」被截斷

「棗宜會戰」之前，國軍保有襄河以西地區，可沿襄河西岸平原地帶建立長江南北兩岸之「連絡線」。「棗宜會戰」後，日軍占領宜昌，國軍陣線向西退卻 1 百多公里，原來的「連絡線」已被截斷，長江兩岸兵力之連繫與轉用，被迫改經鄂西、湘西山地，地形複雜，交通不便，機動空間受限制，且距離拉長，極不利於「統合戰力」之發揮。1940 年7 月上旬，「棗宜會戰」結束後國軍長江南北「連絡線」變動，如圖 3-7

53　有關吳作孚生平，及協助宜昌大撤退，為國家保留抗戰資本事；可參：莫玉，《吳作孚：民國一代船王》，第 1 章，〈歷史記住了這段時光— 1938 年大撤退〉。重慶市建有「盧作福紀念館」，2023 年 8 月 17 日，筆者曾入館參觀。

54　郝柏村口述・何世同編校，《血淚與榮耀》，頁 244。

示意。[55]

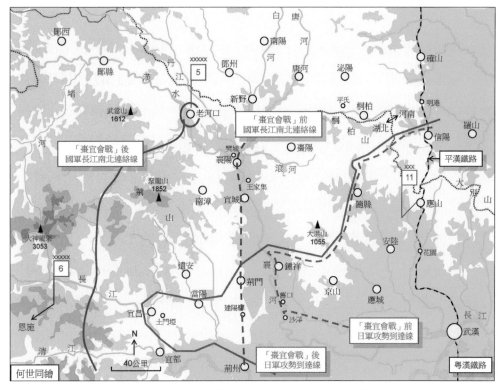

圖 3-7：1940 年 7 月上旬，「棗宜會戰」結束後國軍長江南北「連絡線」變動示意

（三）日軍能以宜昌為「前進基地」轟炸重慶

　　日本為打擊我民心士氣，自 1938 年 10 月占領武漢起，就持續對國民政府指揮中樞重慶，實施不論「軍事」或「非軍事」目標的「無差別」濫炸，企圖「以炸迫降」；這就是所謂的「重慶大轟炸」。原先轟炸重慶的日機，是從武漢起飛，但在日軍佔領宜昌以後，就將「出發機場」

55　本圖依據前述狀況繪製。

推進到宜昌，航程少了一半，約只 3、4 百公里，轟炸重慶的次數也就增多了。[56]

我們當時的對空監視哨，不像現在有雷達，僅能靠一路打電話通報；在宜昌未失守前，從武漢起飛的日機，一過宜昌，我們就發放空襲警報，還有約 1 個小時的時間，大家可以躲進防空洞。但宜昌陷落後，日機從宜昌起飛，很快可以飛到重慶，所以重慶幾乎每天都在拉警報。又因為航程縮短，留空時間拉長，敵機第一批去了，第二批又來，雖然只有 2、3 架在上空盤旋，警報還是無法解除。通常警報一拉就是連續幾天幾夜，躲警報與利用警報空隙活動，成了重慶居民生活的常態。[57]

根據統計，自 1938 年 2 月 18 日至 1943 年 8 月 23 日，日機對國民政府陪都重慶進行了長達 5 年半的戰略轟炸；據不完整之統計，日機一共出動 9 千多架次，對重慶轟炸 218 次，投彈 11,500 枚以上，死於轟炸的重慶市民在萬人以上，另有超過 1 萬 7 千幢房屋被毀。[58] 其中，1941 年 6 月 5 日晚，因日機對重慶持續 5 小時多「疲勞轟炸」，造成市區「十八梯、演武廳和石灰市防空隧道」，發生了避難者踐踏傷亡慘案，遇難者

56　郝柏村口述·何世同編校，《血淚與榮耀》，頁 246。
57　同上註。
58　日機轟炸造成之人員傷亡與財產損失狀況，見：潘洵，《抗日戰爭重慶大轟炸研究》（北京：商務印書館，2013 年 3 月，1 版 1 刷），頁 192。

約 2,500 人。[59] 但重慶人民並沒有屈服，反而愈炸愈勇，更堅定地作抗戰的後盾。

　　直到 1944 年以後，重慶才不再有空襲，那是因為陳納德的「飛虎隊」為我們爭取到「局部空優」的關係。

第四節｜以「劫掠」為目的的「豫南會戰」

　　日軍侵華，雖於「棗宜會戰」占領宜昌，但亦攻勢衰竭，既不能「速戰速決」擊滅的 5 戰區的中國野戰軍，更無「進窺重慶」條件；而其「以戰養戰」策略，復因我軍不斷輪番之局部攻擊，以及後方我游擊部隊之不斷襲擊，使其難收預期之效果。故而隨時企圖打擊我野戰軍，掠取物質，以鞏固其已占領之地域，並維持其「持續戰力」。此時豫南方面，猶為我軍所守；而該地山脈縱橫，河流交錯，並連貫廣大平原，物產豐富，民性強悍，自古為兵家必爭之地。且係保持豫、皖兩省連絡，以及收復武漢之一好根據地。日軍第 11 軍為攻破此一戰略地區，乃於 1941

59　1987 年 7 月 6 日，重慶市於渝中區八一路與磁器街交口西北，原「演武廳」隧道出口，設立「重慶大轟炸慘案遺址」紀念館，以上資料為館中碑文所示。2014 年 4 月 11 日，郝柏村先生率領「重返抗日戰場小組」曾到此參訪；2023 年 8 月 18 日，筆者二次造訪。何應欽，《八年抗戰之經過》，頁 337，亦載：「六月五日因敵機之疲勞轟炸，致重慶市大隧道發生慘案，人民死傷非常嚴重」。

年 1 月下旬，向豫南地區發動攻勢。[60]

先是，自 1939 年 4 月「隨棗會戰」以來，第 5 戰區湯恩伯所部之第 31 集團軍，一直在江北與第一線日軍作戰，成為第 11 軍的「宿敵」；1940 年 5 月第 11 軍占領宜昌後，湯恩伯部依舊配置於宜昌—當陽—荊門—安陸之間，與日軍最前線有所接觸；但在是年 10 月以後，即查無湯部行蹤。次（1942）年 1 月 2 日，第 11 軍獲得湯恩伯部刻正信陽以北的遂平—項城一帶的消息，遂決定由鄂北概沿平漢鐵路北上，進攻豫南，欲捕捉殲滅湯恩伯部；日軍稱此次行動為「豫南作戰」，代號為「和號作戰」；[61] 亦即國軍所稱的「豫南會戰」。

本會戰時間，是從 1941 年 1 月 22 日至 2 月 11 日；作戰範圍，概在信陽、駐馬店以西，至南陽、唐河之間地區。[62]

國軍指揮官為第 5 戰區司令長官李宗仁，投入 47 個步兵師、3 個騎兵師、1 個砲兵團，無空軍支援，總兵力約 25 萬人。日軍指揮官為第 11 軍司令官園部和一郎，投入 6 個半師團、1 個旅團、2 個戰車聯隊，

60　史政編譯局編印，《抗日戰史》（黃皮），冊 64，〈豫南會戰・會戰前狀況〉，頁 1。

61　日本防衛廳防衛研修所戰史室編撰・廖運潘譯，《歐戰爆發前後對中國之和戰》，日軍對華作戰紀要叢書 -3，（台北：國防部史編局，1987 年 7 月），頁 482~483。

62　史政編譯局編印，《國民革命軍戰役史第四部・抗日》，冊 3，〈中期戰役・豫南會戰〉，頁 121。

飛機百餘架，總兵力 15 萬餘人。[63]戰前態勢，如圖 3-8 示意。[64]

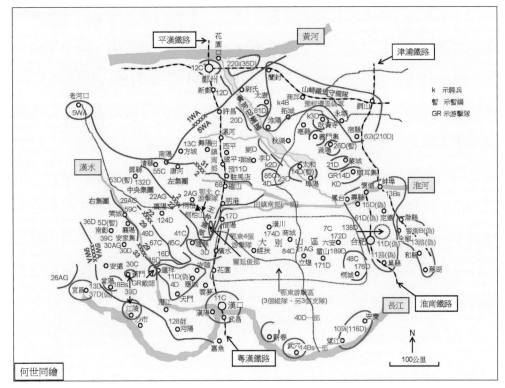

圖 3-8：1941 年 1 月「豫南會戰」前，中日兩軍態勢示意

63 國軍作戰序列，見：同上注，頁 128 後，插表 11「豫南作戰國軍指揮系統表（民國三十年
　　元月）」；日軍作戰序列，見：插表 12「豫南作戰日軍指揮系統表（民國三十年元月）」。
　　惟，史政編譯局編印，《抗日戰史》（黃皮），冊 64，〈豫南會戰‧會戰前狀況〉，頁 8 後，
　　插表 4「豫南會戰敵我兵力比較表（民國三十年元月二十三日至二十四日）」，載國軍兵
　　力為 216,910 人。
64 本圖參考：史政編譯局編印，《抗日戰史》（黃皮），冊 64，〈豫南會戰‧會戰前狀況〉，
　　頁 8 後，插圖 1「豫南會戰前態勢要圖（民國三十年元月）」；及史政編譯局編印，《國
　　民革命軍戰役史第四部‧抗日》，冊 3，〈中期戰役‧豫南會戰〉，頁 122~123，所載之
　　兩軍兵力與兵力位置。

　　1941 年 1 月 20 日，日軍第 11 軍為達「欺敵」目的，先以駐當陽、荊門、安陸部隊，在各該地區實施「佯動」。24 日夜，令以第 3 師團與第 4 師團第 8 聯隊為基幹的「左兵團」（主力），由應山、廣水集結地區，經小林店，向高邑、春水、舞陽方向攻擊。[65]25 日晨，令以第 17 師團與第 15 師團一部為基幹的「中央兵團」，由信陽集結區，沿平漢路向西平方向進攻。[66]

　　同時，又令以第 17 師團與第 15 師團一部為基幹的「右兵團」，由羅山集結地區，經正陽，向汝南、上蔡方向進攻。[67]企圖「利用湯恩伯集團軍等推進至信陽北方之良機」，予以捕捉殲滅之。[68]國軍第 5 戰區之作戰指導，則為避免決戰，節節抵抗，一部向敵後切斷其交通；主力置於敵進攻之兩側，保持機動，相機實施兩翼側擊。[69]1941 年 1 月下旬「豫南會戰」日軍初動位置、兵力部署及作戰方針，如圖 3-9 示意。[70]

65　《歐戰爆發前後對中國之和戰》，頁 483；及史政編譯局編印，《國民革命軍戰役史第四部‧抗日》，冊 3，〈中期戰役‧豫南會戰〉，頁 121。日軍左兵團作戰序列為：指揮官第 3 師團師團長豐島房太郎，轄第 3 師團、第 4 師團第 8 聯隊、砲兵第 3 聯隊、獨立山砲第 3 聯隊、重砲第 3 旅團（一部）、水野戰車聯隊、獨立工兵第 8 聯隊（主力）、騎兵第 3 聯隊；出處見：同上注「豫南作戰日軍指揮系統表（民國三十年元月）」。

66　同上注。日軍中央兵團作戰序列為：指揮官第 17 師團師團長平林盛人，轄第 17 師團、第 15 師團步兵第 67 聯隊、戰車第 3 聯隊（主力）、騎兵第 21 聯隊、佐藤重砲聯隊（一部）、第 3 戰車聯隊（主力）、村上輜重聯隊、吉松自動車聯隊；出處見：同上注「豫南作戰日軍指揮系統表（民國三十年元月）」。

67　同上注。日軍右兵團作戰序列為：指揮官第 40 師團師團長天谷直次郎，轄第 40 師團、佐伯騎兵聯隊、戰車第 3 聯隊〔一部〕、山砲第 40 聯隊、佐藤重砲聯隊〔一部〕、角和輜重騎兵聯隊、鴨沢工兵聯隊；出處見：前注「豫南作戰日軍指揮系統表（民國三十年元月）」。

68　此為 1941 年 1 月 9 日，日軍第 11 軍所擬定之作戰方針；見：同上注，頁 483。

69　史政編譯局編印，《抗日戰史》（藍皮），冊 2（1992 年 12 月 31 日），〈全面抗戰經過‧豫南會戰〉，頁 296。

70　本圖係筆者根據前述狀況繪製。

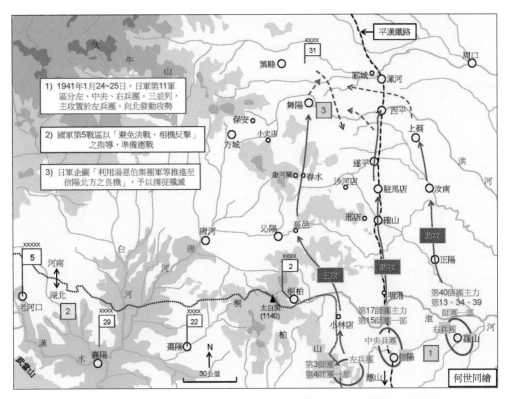

圖 3-9：1941 年 1 月下旬「豫南會戰」日軍初動位置、兵力部署及作戰方針示意

另一方面，從 1941 年 1 月 26 日開始，日軍「華北方面軍」以駐開封之第 35 軍及騎兵第 4 旅團，連續 20 天在黃河氾濫區之線，對國軍行牽制作戰；[71] 但效果並不顯著。

1 月 27 日，日軍各路兵團概略到達汝南、駐馬店、沙河店、春水之線，第 5 戰區各部隊亦向前推進。1 月 29 日，日軍中央兵團以一部右旋，欲與右兵團包圍殲滅國軍第 85 軍，惟後者向北脫離戰場；右兵團也因

71　《歐戰爆發前後對中國之和戰》，頁 484。

後方受國軍第 84 軍威脅，退回正陽。同時，日軍中央與左兵團，欲捕捉國軍第 13 軍於舞陽，但落空；國軍第 2 集團軍各軍，也適時向東挺進，威脅日軍翼側。此時，日軍 11 軍乃令第 3 師團改攻鎮平、南陽，第 17 師團轉回沁陽，以包圍國軍第 2 集團軍部隊。但日軍第 17 師團在象河關遭國軍第 68 軍攔截，未到達沁陽；於 2 月 7 日，退回信陽。2 月 4 日，日軍第 3 師團占領南陽；2 月 5 日，又占領唐河。2 月 6 日，國軍第 59 軍反擊，收復南陽。2 月 7 日起，日軍陸續退回原陣線；11 日會戰結束，兩軍恢復原態勢。[72]

本次會戰，根據我方資料，國軍傷亡 13,970 人，日軍傷亡 9,000 餘人；[73] 但日方的說法是：「據說其（按，指國軍）傷亡約 1.6 萬，但日軍損傷極其輕微。」[74]「豫南會戰」作戰經過狀況，見圖 3-10 示意。[75]

觀察所見：本次會戰，日軍第 11 軍在信陽一線「戰略集中」的 3 個兵團，除步兵與騎兵外，還擁有 1 個砲兵旅團、6 個砲兵聯隊、2 個戰車聯隊、1 個飛行戰隊的配屬與支援部隊，戰力遠遠超過沒有戰車與飛機的第 5 戰區。但第 11 軍不但無法達成擊滅國軍湯恩伯兵團的目的，反而被戰力劣勢的國軍第 5 戰區逐回原陣線；客觀地說，「豫南會戰」是日軍戰敗。

72　史政編譯局編印，《國民革命軍戰役史第四部・抗日》，冊 3，〈中期戰役・豫南會戰〉，頁 125~127。

73　同上注，頁 127。

74　《歐戰爆發前後對中國之和戰》，頁 484。

75　本圖根據前述資料；並參考：同上注，頁 128 後，插圖 22「豫南作戰經過要圖（民國 30 年 1 月 22 日至 2 月 11 日）」。

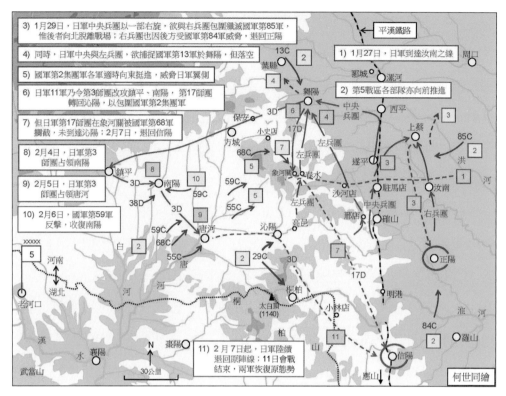

圖 3-10：1941 年 1 月 27 日至 2 月 11 日，「豫南會戰」作戰經過示意

　　會戰一開始，日軍 3 路兵團沿平漢路兩側「正面平推」前進，雖進展迅速；但這種進攻方式，僅能「壓迫」並「擊退」國軍，卻無法造成「攔截」而「殲滅」之效果，故國軍第 5 戰區才得以貫徹李宗仁司令長官「正面節節抵抗」，「側背相機攻擊」的作戰指導。若日軍主攻（左兵團）能向西行「大迂迴」運動，由桐柏、泌陽，甚至唐河、南陽而右旋趨舞陽，則必能挾極優勢戰力，與中央及右兵團「合圍」地區內國軍而殲滅之，迅速結束會戰。

　　會戰期間，日軍先因上蔡圍殲國軍第 85 軍不成，右兵團後方又受

國軍第 84 軍攻擊，而讓右兵團先行返回原陣線，戰場兵力頓減 3 分之 1。其後復因舞陽捕捉國軍第 13 軍落空，臨時更改決心，除留置武陽守備兵力外，以第 3 師團向西進攻南陽，第 17 師團回攻泌陽，主力一分為二；後者又中途為國軍攔截而退回信陽，不但造成指揮混亂，也使戰場兵力只剩第 3 師團，已無攻勢能力。因此，日軍在本次會戰中，不論構想、決心、指導與狀況處置，都犯嚴重錯誤。

其實日軍占領舞陽後，第 11 軍司令部於 1 月 30 日下午，就認為「擊破湯集團軍之目的已經達成」；[76] 照說會戰應即結束才對，但第 11 軍卻於 31 日下午，以「依有線電竊聽，獲知中國軍以南陽作為通信中樞」為由，令第 3 師團進攻南陽；[77] 這個派遣 1 個師團，孤軍深入國軍後方地區作戰的理由，非常牽強。筆者認為，日軍發動會戰的原因，表面上是圍殲「長期宿敵」湯恩伯部，但真正著眼，當是在富庶的白河、唐河流域，居民「秋收冬藏」之時，「劫掠」民間糧食，以達「以戰養戰」目的；這也是本次會戰戰場範圍並不大，日軍卻編配 1 個自動車聯隊與 2 個輜重聯隊，顯然是要用來運輸劫掠自民間糧食與物資的緣故。當然，這種盜匪行為，日本人不會承認，日方戰史也沒有記載。

1941 年 2 月中旬「豫南會戰」結束後，平漢鐵路以西的鄂省地區，約 15 個月的時間，日軍第 11 軍幾無進一步行動；其原因，一方面是從贛北「上高會戰」（1941 年 3 月 ~4 月）、晉南「中條山會戰」（1941

76　《歐戰爆發前後對中國之和戰》，頁 484。
77　同上注。

年 5 月至 6 月）、湘東「第二次長沙會戰」（1941 年 9 月至 10 月）、「第三次長沙會戰」（1941 年 12 月至 1942 年 1 月）、到浙江與江西間「浙贛會戰」（1942 年 5 月至 8 月），日軍第 11 軍不是負會戰之全責，就是擔任「支作戰」或提供支援兵力角色，故其注意力暫不在此。

另一方面，日軍自攻占宜昌，雖圖乘勢西攻巴、恩，進迫陪都重慶，惟南慮沔（指沔陽，今仙桃）監（即監利）地區國軍之牽制，北顧漢水上游國軍之截擊，躊躇再三，未敢輕舉妄動。迨 1942 年 5 月之後，鑑於其在中國戰區所發動之攻勢屢受頓挫（按，指上高與兩次長沙之會戰），且在「太平洋戰爭」中迭遭慘敗，其本土又遭美機空襲，民心、士氣頹喪尤甚。為圖振作戰勢，俾克貫徹「以戰養戰」方針，乃於 1943 年 2 月開始，向我洞庭湖糧庫地區發動攻勢；[78] 其後隨戰況之發展，逐漸形成「鄂西會戰」。

---

78 史政編譯局編印，《抗日戰史》（黃皮），冊 70，〈鄂西會戰〔一〕・概述〉，頁 1。按，巴，應指鄂西巴東縣，濱長江，位於宜昌與恩施間；恩，指恩施（兩地位置見圖 5-2）。

第四章

日軍進攻重慶
之計畫與準備

1941 年東京時間 12 月 8 日，當日本海軍「聯合艦隊」偷襲珍珠港美國太平洋艦隊基地之時，其陸軍「南方軍」[1] 亦「同步」發動攻略菲律賓、泰國及馬來半島等西方帝國主義在遠東殖民地之作戰；[2] 是謂「南方作戰」。[3] 另外，英屬香港之攻略，則不屬「南方軍」，係交由在中國廣東省境內的第 23 軍（司令官酒井隆中將）第 58 師團（師團長佐野忠義中將）負責。[4]

當時日本統稱「南方作戰」及因「偷襲珍珠港」所引起的「太平洋戰爭」，為「大東亞戰爭」。1942 年 12 月 3 日，大本營對「中國派遣軍」下達「大陸令第五七五號」命令，律定後者在「大東亞戰爭」中的基本任務，其第 1 條即是「大本營為達成帝國之自存自衛，並建立東亞之新秩序，在此企圖攻占南方要地之同時，迅速處理中日戰爭。」[5]

---

1   1941 年 11 月 6 日，陸軍大本營參謀總長杉山元大將下達「南方作戰」部隊戰鬥序列訓令，因而編成「軍團級」之「南方軍」，任命首任「華北方面軍」司令官寺內壽一大將為「南方軍」司令官；見日本防衛廳研修所戰史室撰‧曾清貴譯《緬甸攻略作戰》，日軍對華作戰紀要叢書 -44（台北：國防部史編局，1987 年 6 月），頁 47。「南方軍」轄第 14 軍（負責菲律賓之作戰、第 15 軍（負責泰國與緬甸方面之作戰）、第 16 軍（負責荷屬東印度群島之作戰）、第 25 軍（負責馬來半島及蘇門答臘北部之作戰）等 4 個師團，及 2 個飛行集團；見：《開戰前期陸戰指導》，頁 110；及《緬甸攻略作戰》，頁 36~37、99~100。

2   李德哈特（Liddell Hart）原著‧鈕先鍾譯，《第二次世界大戰戰史》，冊 1（全 3 冊）（台北：軍事譯粹社，1992 年 4 月），頁 317。以下翻譯著作第 2 次出現時，省略譯者。

3   按，日皇裕仁於 1941 年 11 月 5 日，批可日本陸軍「南方作戰」計畫，作戰目的在「摧毀美國、英國和荷蘭的主要根據地，並占領確保南方要域。」見：《開戰前期陸戰指導》，頁 44。

4   1941 年 11 月 25 日，日軍大本營先以「秘密指示」方式，向中國派遣軍總司令官畑俊六大將，下達攻占香港之預備命令。12 月 1 日，再頒「大陸令第 572 號令」，要旨為：「帝國決定對美國、英國、荷蘭開戰，中國派遣軍應聯合海軍，以第 23 軍第 38 師團為基幹之部隊，攻占香港；作戰開始應在確認南方軍在馬來亞登陸或空襲後實施。」見：同上注，頁 83。

5   日本防衛廳防衛研修所戰史室編撰‧吳文星譯，《華中方面軍作戰》，日軍對華作戰紀要叢書—5（台北：史編局，1987 年 7 月），頁 6。

　　而為「迅速處理中日戰爭」，最直接有效的方法，無非就是採取積極的作戰，攻取中國「抗戰司令台」[6]重慶，瓦解中國指揮中樞，迫使中國屈服，遂有企圖進攻中國四川省，占領重慶、成都等要地，名為「五號作戰」計畫之產生；惟其適切之名稱乃是「四川作戰」，一般稱之為「重慶作戰」。[7]

　　然而，最後「四川作戰」因太平洋戰場失利而中止，但總部設在南京的「中國派遣軍」卻對進攻四川一直「念念不忘」；日軍第 11 軍 1942 年 2 至 3 月的「江北殲滅作戰」，及同年 5 至 6 月的「江北殲滅作戰」，也莫不稟承此一概念。

第一節｜日軍的「四川作戰」計畫

　　日軍在所謂「大東亞戰爭」爆發初期，雖然作戰順利進行，可是對重慶國民政府的所謂「和平工作」，卻無成果；加以重慶國民政府非但一無動搖，而且若僅對其採取「謀略」及「姑息」政策，顯然難收實效。

6　自 2014 年 4 月開始，全程參加過八年抗戰的郝柏村先生，曾自費親率一群退役將校、抗戰史研究者及黃埔後代，作了 6 次定名為「重返抗日戰場」的「參謀旅行」，「抗戰司令台」是郝先生對抗戰時期重慶的稱呼；見：郝柏村口述‧何世同繪圖綜合‧傅應川、何世同、胡筑生、黃炳麟筆記，《郝柏村重返抗日戰場》（台北：天下文化，2017 年 2 月 10 日，第三版），頁 97。本書第二次出現時，僅列口述者及書名。

7　《華中方面軍作戰》，頁 11。

其大本營作戰〔第一〕部認為，以間接利用對英、美、荷的作戰成果，並以現狀強化對中國之壓力，畢竟難期重慶國民政府之屈服；職是之故，為迫使後者屈服，非更改為採取「武力方針」的構想不可。[8] 其具體之手段，即是「進攻四川」。

　　然而，當時日本陸軍因「南方作戰」方才展開，無力兼顧其他方面之作戰，雖有「進攻四川」的概念，但並未提出具體構想；直到 1942年 12 月 2 日，大本營作戰部長田中興一中將才「聯絡」（意指「協調」與「徵詢」）「中國派遣軍」總部參謀長（日軍資料稱「參謀總長」）後宮淳中將，謂於「南方作戰」告一段落後，可增兵至中國，在毋須顧慮北方時（按，指蘇聯），遂行對中國之「積極作戰」。田中興一並強調，大本營正在研究對華作戰問題中，「中國派遣軍」亦宜逐次對之進行研究。[9]

　　此時「華北方面軍」早就開始研究在「南方作戰」告一段落後，向大本營申請增加若干兵力時之作戰問題；1942 年初，概已擬定了向西進攻的「作戰構想」，其要旨為：「站在改善華北治安，及對敵壓迫之觀點，概於六月或九月之際，攻擊西安附近，以消滅胡宗南將軍的重慶直系第八戰區中國軍隊。接著，摧毀延安的中共軍根據地。」[10]

　　關於「毀滅延安」乙節，由於當時第 8 戰區國軍除對付日軍之外，

8　同上注，頁 15。
9　同上注，頁 16。
10　同上注。

同時也與延安的中共軍對峙；因此若僅攻擊西安，反有利華北的主敵中共軍，故於攻占西安之後，實有必要摧毀延安。而作戰時間選擇「六月或九月之際」的理由，在於攻擊西安之時，必須重視黃河的「渡河作戰」；因此，宜選擇黃河水量減少時期，亦即是「冰融解而水漲期結束的六月」，或是「雨季結束的九月下旬」。[11]

「華北方面軍」之此一「作戰構想」，載於「昭和十七年（1942年）度整飭建設計畫」中，並於2月上旬經「中國派遣軍」總部，提報中央陸軍大本營，同時亦與相關友軍（按，此應指關東軍、朝鮮軍、南方軍與海軍）聯繫；當時「華北方面軍」稱此「進攻西安」之作戰，為「五號作戰」。[12]

但是，「中國派遣軍」總部並非全然贊同「華北方面軍」的「西安作戰」構想，而毋庸認為應利用「國共相剋」，不去接觸與延安對峙的第8戰區，另以採取「政略」的手段，離間重慶與英、美兩國關係。而且亦認為，若打擊重慶，不若攻擊常德、長沙方面的第6、9戰區，而占領「糧倉地區」更為有利。惟「中國派遣軍」總部亦考慮到「華北方面軍」對「西安作戰」的熱衷，於呈報統帥部計畫時，刪除同時發動「延安作戰」部分，而將上述「華北方面軍」之「西安作戰」構想，納入「中國派遣軍」之「昭和十七年中國派遣軍作戰構想」中。[13]

11　同上注，頁17。
12　同上注。昭和17年，即1942年。
13　同上注。

另一方面，日本在「大東亞戰爭」爆發前後，不少上層人物認為若不使用武力，將無法迫使重慶國民政府屈服；故為解決中日戰爭問題，應儘速認真考慮發動「重慶作戰」。在大本營中，最熱衷此問題者，為參謀總長杉山元大將、參謀次長田邊盛武中將及第一部長田中興一中將等人。在「大東亞戰爭」爆發之初，大本營即「聯絡」稱：「由於南方作戰告一段落後，將增兵中國以積極進行對華作戰，改宜逐次著手於對此方面之研究。」顯示其將進攻中國之積極企圖。[14] 杉山參謀總長且於1942 年元月，即已要求大本營第 2 課（作戰）課長服部卓四郎大佐，提出「作戰部應研討重慶作戰事宜。」[15]

至於在「中國派遣軍」中，最認真考慮「重慶作戰」者，除畑俊六總司令外，尚有「華北方面軍」司令官岡村寧次大將、第 11 軍司令官阿南惟幾中將、「中國派遣軍」參謀副長野田謙吾中將等人；但總部參謀長後宮淳，則由一開始的熱烈支持，反而轉趨消極。[16]1942 年 3 月 19日，即杉山參謀總長於赴南方戰場視察的前 3 天，在呈其天皇的「關於今後之作戰指導」奏文中，即提及對「重慶作戰」問題，云：「隨著大東亞戰爭之進展，對重慶之施策，亦與全盤情勢一起考量，目前正在研究中，若有成案，即時立作呈報。」[17]

1942 年 4 月 15 日至 16 日，大本營舉行「軍司令官會議」，「中國

14　同上注，頁 18。
15　同上注，頁 19。
16　同上注。
17　同上注。

派遣軍」總部參謀長後宮淳（第 1 課高級參謀宮野正年隨行），及「華北方面軍」參謀長安達二十三（作戰主任參謀島貫隨行）由中國返回東京與會。[18] 會議前 1 日（即 14 日），島貫提出了關於華北情勢的書面報告，述及「西安作戰」之發動。[19] 會議進行中，宮野正年對在華須武力解決之作戰，作了即席報告，置重點於長沙、常德方面之攻略；渠認為，宜都、常德、長沙沿線極為富饒，常德民船運輸極為頻繁，此路線「比滇緬路價值大」。[20]

4 月 16 日，大本營知會後宮：「對華處理方針，宜堅持積極的精神，用盡一切手段，迫使重慶屈服；關於具體方策，目前中央正衡量各種情勢—尤其是北方情勢（按，指蘇聯），而作研究中，不久〔至五月底〕大概即可明示。」[21]

5 月 16 日，參謀次長田邊盛武中將抵達南京「中國派遣軍」總部，聯繫下達相關之「對華作戰指導」及「今後作戰準備事項」。[22] 田邊認為，設若情勢許可，宜於今（1942 年）秋在西安及寶雞方面實施作戰，以消滅中國軍在西北根據地，致力切斷西北路線，同時強化對重慶的壓迫態勢；「中國派遣軍」須根據此指導，進行必要之研究與情報蒐集。[23] 隨此進攻作戰計畫作為之進展，「五號作戰」又區分成了兩個相關聯的

---

18 同上注，頁 24。
19 同上注，頁 24~25。
20 同上注，頁 25~26。
21 同上注，頁 26。
22 同上注，頁 32。
23 同上注，頁 33。按，此「西北路線」，應指中國與蘇聯之「連絡線」。

作戰：

一、西安作戰：

又稱「五十號作戰」，概於本（1942）年 9 月以後，以急襲渡過黃河展開作戰，突破沿岸的第一線國軍陣地，同時以主力進攻渭河以北地區，以一部攻擊渭河南岸地區，擊滅西安平原之國軍，並攻占西安與寶雞附近之要地。預定約使用 5 個師團，其大部分以「中國派遣軍」之兵力擔任，不足之數宜因應需要，研究由中央增派。此外，由第 11 軍調派 2 個師團，行牽制作戰。作戰結束後，約以 4 個師團，確保西安、寶雞等要地；「中國派遣軍」須於本年 6 月底前完成計畫，向參謀本部提出報告。[24]

本作戰涵蓋範圍，概為古稱「關中」或「關隴」的潼關以西地區，包括渭水、涇河平原、秦嶺、及漢水上游的漢中盆地；作戰地區地形狀況，見圖 4-1。[25]

本作戰**「攻擊軍」**之指揮官為「華北方面軍」司令官岡村寧次大將，計畫使用之戰鬥兵力計有：**駐蒙軍**（司令官七田一郎中將，轄 26、41、戰車第 3 師團）、**第 1 軍**（司令官岩松一雄中將，轄第 27、26、37 師團）、**第 12 軍**（司令官土橋一次中將，轄第 35 師團、混成第 32 旅團、騎兵第 4 旅團）。另留置第 32、59、69、110 師團，及第 1、2、3、4、5、7、

24　同上注，頁 34。
25　本圖依據：蔡正倫、桂陶、蔡顯鎧、張潔民編纂，《最心實用中華地理區地圖》（內政部審定）（台北：育光書局，1968 年 8 月，再版），頁 12，四川。

8、9、15混成旅團為**「防衛軍」**，以維持占領區之「治安」。[26]「攻擊軍」
與「防衛軍」之兵力，各約15萬人。[27]

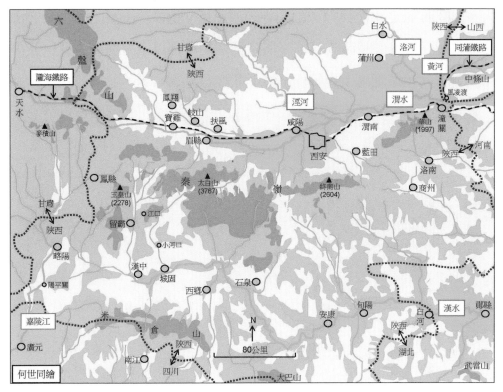

圖 4-1：日軍「五十號作戰」計畫作戰地區地形

二、四川作戰：

又稱「五十一號作戰」，以約8個師團為主力，由西安、漢中進攻；

---

26 《華中方面軍作戰》，頁 11~12。

27 同上注，頁 45。按，當時日軍步兵師團之兵力約為 16,000 人、戰車師團為 15,000 人、步
　兵聯隊為 3,500 人、砲兵聯隊為 3,000 人、工兵聯隊為 500 人、輜重兵聯隊為 1,500 人；見：
　同上注，頁 44~45。

以約 3 個師團為一部，由宜昌進攻，以企擊滅重慶中央軍主力，攻占重慶、成都及其他四川省要地。若整個情勢許可時，則自 1943 年春季以降實施；作戰之主體兵力，由「中國派遣軍」提供，不足之數亦研究由中央調派。[28] 本作戰涵蓋範圍，概包括四川成都以東、重慶以北，及陝西南部漢水流域地區；作戰地區地形狀況，見圖 4-2。[29]

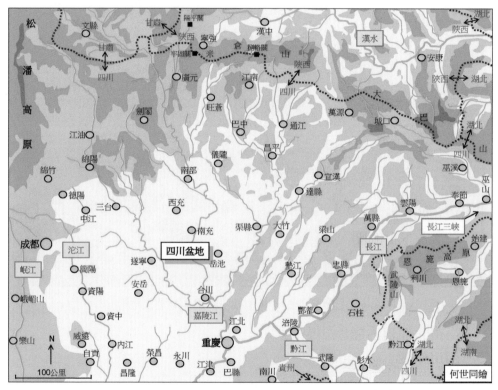

圖 4-2：日軍「五十一號作戰」計畫作戰地區地形

西安與四川之兩作戰，大體以「連續實施」為原則，亦即「五十一

28　同上注，頁 35。
29　本圖依據：蔡正倫、桂陶、蔡顯鎧、張潔民編纂，《最心實用中華地理區地圖》，頁 14、山西陝西。

號作戰」實為「五十號作戰」的延續，故態勢上仍區分「進攻作戰軍」與「現占領地區守備軍」兩部分；亦由「中國派遣軍」指揮，但兵力編配有所調整與增加。「現占領地區守備軍」因與本文無關，不予贅述；「進攻作戰軍」包括：

駐蒙軍，轄第 17 師團（丙，野砲）、第 26 師團（丙，野砲）、第 27 師團（丙，山砲）。**第 1 軍**，轄第 20 師團（甲，野砲）、第 29 師團（甲，山砲）、第 36 師團（丙，山砲）、第 37 師團（丙，山砲）、第 41 師團（丙，山砲）、混成第 62 旅團。**第 7 軍**，轄第 2 師團（甲，野砲）、第 14 師團（甲，野砲）、及混成第 63 旅團。（以上兵力由「華北方面軍」派出）。**第 11 軍**（直屬「中國派遣軍」），轄第 3 師團（甲，野砲）、第 6 師團（甲，野砲）、第 13 師團（乙，山砲）、第 34 師團（丙，野砲）、第 40 師團（丙，山砲）。另有「華北方面軍」直屬的第 16 師團（甲，野砲），及飛行師團 2。[30]

如上，進攻部隊合計 16 個步兵師團、2 個混成旅團，以及 2 個航空師團，其規模凌駕於「南方作戰」之上，亦可見日軍大本營對本作戰之勢在必得。而現占領地區之守備，則由留置的 16 個師團、14 個混成旅團擔任；其在華陸軍兵力，總計達到 40 個師團。[31] 本作戰之方針為：「中國派遣軍以主力自西安方面，另以一部自武漢方面進攻，消滅敵中央軍

30　《華中方面軍作戰》，頁 60。按，「甲」為「常設師團」，「乙」為由「常設師團」產生之「特設師團」，「丙」為「臨時編成」師團，「丁」為特別編成、適於警備之「治安師團」；見：同上註，頁 59~60。

31　同上註，頁 63。

主力，攻占重慶，同時占領四川省。」作戰所需時間，約5個月。[32]

當時日軍「陸上兵力」（即「地面部隊」）為218萬人，為了實施「五號作戰」，增為227萬人；此外，再加上「航空軍」10萬人，「船舶部隊」4萬人，合計241萬人（其中士兵195萬人）。隨著「五號作戰」的進行，各地兵力亦作調整，其狀況為：滿洲，由70萬人降為49萬人，其中18萬人調至中國內地，3萬人調回日本本土。中國（不含東北），由61萬人增為79萬人，係由日本本土調來12萬人，南方軍調來6萬人。日本本土由53萬人降為50萬人。南方軍由34萬，減為28萬。[33]

不過，自1942年9月以迄決心實施本作戰為止，日軍大本營在準備階段，又對投入兵力作了調整；概為：一、「華北方面軍」、「駐蒙軍」及第12軍等各司令部，留駐於各占領區，與新設於第1軍地區之第18軍，共同作為「守備軍」。二、攻擊部隊原以第1軍，及新設之第7軍，編成「第五方面軍」，依狀況適時將新設之第28軍，配屬於該方面軍。三、原指揮作戰之「華北方面軍」，於確保新占領的西安以東地區後，將進攻四川作戰之任務，交由「第五方面軍」負責。四、「第五方面軍」司令官，預定由「朝鮮軍」司令官板垣征四郎大將出任。五、原先雖以16個師團、2個混成旅團發動進攻，預定由印尼轉用於本作戰之第16軍第2師團，更改使用於新幾內亞、所羅門群島方面的第17軍方面，使得師團數減為15個。六、原擬調用之的第33師團，仍留在緬甸，

32　同上注，頁59。
33　同上注，頁80~81。

改由「滿洲軍」第 9 師團遞補。**七、**原先預定使用 2 個飛行師團，惟因第 9 飛行師團必須轉用於南方，故在整個兵力分配上，僅限於在華的第 3 飛行師團兵力。[34]

上述「五號作戰」之兵力區分，可以說是由「中國派遣軍」總司令畑俊六大將，統領 2 個方面軍、10 個軍、30 個師團、16 個混成旅團、及 1 個飛行師團所編成的陸軍主力。然而，若與 5、6 月間，企圖以 34 個師團、2 個飛行師團為基幹的進攻構想相比較，則規模已大為縮小。[35]1942 年 9 月，日軍「五號作戰」構想，如圖 4-3 示意。[36]

在圖 4-3 所示的「五號作戰」構想中，由「中國派遣軍」畑俊六總司令親自指揮的「四川作戰」，兵力概區分兩大部分；一為華北地區新組成的「**第五方面軍**」，編配有**第 1 軍**（轄第 20 師團〔甲，野砲〕、第 26 師團〔丙，山砲〕、第 29 師團〔甲，山砲〕、第 37 師團〔丙，山砲〕、第 41 師團〔丙，山砲〕、及第 62 混成旅團）、**第 7 軍**（轄第 17 師團〔丙，野砲〕、第 26 師團〔丙，野砲〕、第 27 師團〔丙，山砲〕）、**第 18 軍**（轄第 9 師團〔甲，山砲〕、第 16 師團〔甲，野砲〕、及第 63 混成旅團）。二為華中地區的**第 11 軍**，轄第 3 師團〔甲，野砲〕、第 6 師團〔甲，野砲〕、第 13 師團〔乙，山砲〕、第 34 師團〔丙，野砲〕、第 40 師團〔丙，野砲〕。[37]

34　同上注，頁 75~77。
35　同上注，頁 77。
36　本圖參考：同上注，頁 82，插圖 2「五號作戰構想圖」。
37　同上注，頁 78。

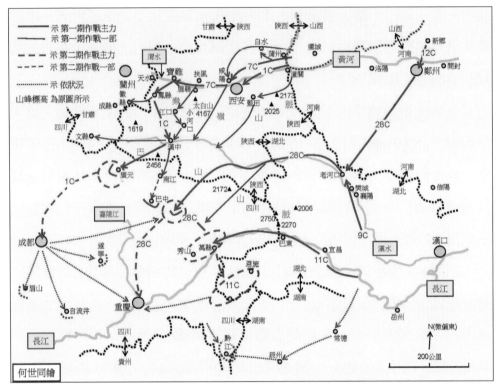

圖 4-3：1942 年 9 月，日軍「五號作戰」構想示意

　　其中，第 1 軍又編配戰車聯隊 2、獨立山砲聯隊 1、野戰重砲聯隊 1、獨立工兵聯隊 5（歸配屬於該軍之工兵隊司令部指揮），成為「第五方面軍」之骨幹。第 7 軍配屬 1 個戰車聯隊，於攻占西安後，再轉配屬於第 28 軍。第 11 軍除戰車外，大致比照第 1 軍編組。[38]

　　由此看來，日軍「五號作戰」攻勢的重心，顯然置於第 1 軍及第 11 軍方面；初期前者指向西安，後者指向三峽，然後再以「鉗形」態勢「分進合擊」，一舉攻略四川，迫使中國屈服，結束對中國之戰爭。

38　同上注。

第二節｜日軍「四川作戰」的中止

有關進攻四川作戰之名稱，日軍大本營與在華部隊並不同調。本來「華北方面軍」將「西安作戰」稱為「五號作戰」，以進行計畫。但中央卻將「西安作戰」，謂之「五十號作戰」；而預定嗣後實施「進攻四川」的作戰，稱之「五十一號作戰」。後來又從一開始，便將一舉指向四川之作戰，定名「五號作戰」。[39]

1942 年 6 月中旬，「華北方面軍」依大本營田邊參謀次長之示意，進行「西安作戰」之研究；惟此時，參謀本部員井本熊男中佐正受作戰部服部卓四郎課長命令，研究「四川作戰」。[40]6 月 15 日，員井本熊男提出其研究報告，要點概為：一、為遂行「四川作戰」，可轉用之兵力為，滿洲、朝鮮軍 3 個師團，本土軍 5 個師團；滿洲軍航空兵之 900 架飛機中，轉用 150 架，使在華飛機數量由 200 架增為 350 架。二、但轉用滿洲兵力，將弱化國境守備與攻勢作戰能力；故除非能預測對北方（按指蘇聯）「絕對安全」，否則「四川作戰」頗有「危險性」。三、對「四川作戰」，從準備迄至終結，將亙於 2 年之久，考慮其將涉及對北方作戰預期時期時，難免感到有微妙的難點。[41]員井道出了問題的關鍵。

至 1942 年 6 月下旬，日軍大本營作戰課擬將「五十號作戰」、「五十一號作戰」連續實施，而策定成一案；其作戰方針定為：「中國

39　日本防衛廳防衛研修所戰史室編撰・廖建潘譯，《瓜島攻防戰與海運力量之調整》，日軍對華作戰紀要叢書—31，（台北：國防部史政編譯局，1990 年 6 月），頁 93。
40　同上注。
41　同上注，頁 95。

派遣軍以主力從西安方面，以一部由武漢方面進攻，殲滅敵中央軍主力而攻略重慶，並占領四川省。」而當時將此一作戰，一括稱呼「五十一號作戰」。使用兵力，以地面 16 個師團、2 個混成旅團，及空中 2 個飛行師團為基幹，全作戰約費時 5 個月。至於發動作戰的時間，則未取得一致見解。[42]

1941 年 12 月 8 日，「大東亞戰爭」（即「太平洋戰爭」加「南方戰爭」）爆發，日軍迅速征服整個西太平洋，和西南太平洋地區—包括其中所有的島嶼，以及東南亞的濱海國家（主要指西方列強殖民地）。接著，日本人企圖把他們的控制地區，擴展到夏威夷群島和澳洲的美、英兩國基地；但卻在 1942 年 6 月 4 日至 7 日的「中途島（Midway Atoll）海戰」，及 1942 年 8 月 7 日至 1943 年 2 月 9 日的「瓜達康納爾（Guadalcanal）之戰」中，受到「決定性」的挫敗。[43]

瓜達康納爾為原英國殖民地所羅門群島之主島，面積 5,302 平方公里，日軍建有機場，為日軍進窺澳洲之「前進基地」；1978 年所羅門群島獨立後，首都荷里阿拉（（Honiaral）即位於瓜達康納爾北部。新幾內亞、所羅門群島及瓜達康納爾位置，見圖 4-4 所示。

42　同上注，頁 96。
43　李德哈特，《第二次世界大戰戰史》（冊 2），頁 375。

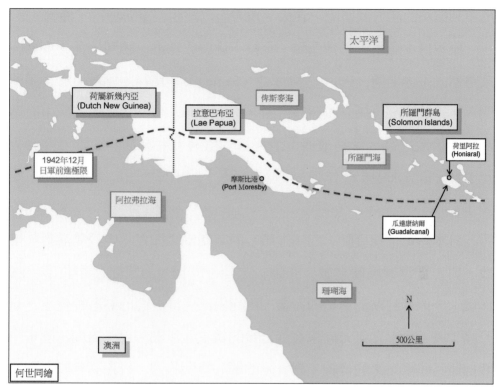

圖 4-4：新幾內亞、所羅門群島及瓜達康納爾位置圖

　　其後，日本在西南太平洋地區開始採取守勢，給予地區各指揮官的命令，都在強調「保持所羅門和新幾內亞的一切陣地」。日本人在中途島損失 4 艘航空母艦，在瓜達康納爾損失兩艘戰鬥艦和許多較小的軍艦；而在這兩場重要的作戰中，又損失了 6 百多架飛機，2 萬 5 千多人喪生。如此重大的戰損，遂打消了日本人採取有效行動的可能性；此時原本居

於不利態勢的西方同盟國，在太平洋方面已經明顯重新獲得了優勢。[44]

原本日本海軍「聯合艦隊」企挾「偷襲珍珠港」勝利，進一步實施攻略南太平洋斐濟（Fiji）、薩摩亞（Samoa）等島群，遮斷美國與澳洲間「連絡線」，以孤立澳洲為目的之「F.S 作戰」；[45] 也因經歷「中途島海戰」慘敗之後，受到飛機「消耗量」超過「生產量」影響，於 1942 年 7 月 1 日宣佈中止該作戰。[46] 日本海軍「F.S 作戰計畫」攻略目標，如圖 4-5 示意[47]。

日本陸軍企圖發動「四川之戰」的時間點，即在「中途島海戰」慘敗，與「瓜達康納爾之戰」正進行之際。不過，海軍雖然中止了「F.S 作戰」，但受到歐洲情勢的影響，因而對印度洋方面的關心程度也逐漸升高，成了海軍在無力向東發展之後的新注目焦點。另一方面，陸軍一直按照其建軍以來的傳統，對大陸的關心特別強烈，故在對蘇聯作戰應變的同時，為解決「中國問題」而研討的「四川攻略」，此期間已大致獲得成案。在這樣的背景下，海軍於 7 月 9 日舉行的「陸海軍部局長會議」中，表態贊成陸軍的「重慶作戰」。[48]

44　同上注。有關「中途島海戰」經過狀況，可參同書，頁 161~169；有關「瓜達康納爾之戰」經過狀況，可參同書，頁 171~181。按，所羅門群島（Solomon Islands）約由 1,000 個島嶼與島礁組成，距澳洲東北約 1,800 公里，其西為巴布亞新幾內亞（Papua New Guinea），瓜達康納爾為其中最大島嶼（見圖 4-4）。

45　《瓜島攻防戰與海運力量之調整》，頁 4。

46　同上注，頁 27。

47　本圖根據：同上注，頁 22，插圖 1「F.S 作戰關係主要地名圖」。

48　同上注，頁 100~101。

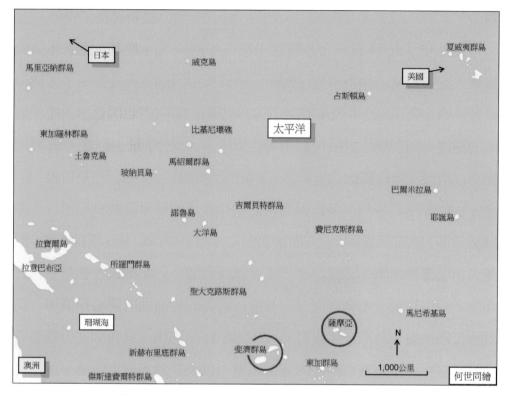

圖 4-5：日本海軍「F.S 作戰計畫」攻略目標示意

　　至於海軍何以能拋開一向的本位立場，突然表明支持陸軍「重慶作戰」的態度？對陸軍而言，這項並未經過軍種間充分研討協調的問題，頗有「突如其來」的「予以同意」之感。海軍過去一貫反對「對中國腹地投入戰力」，然而這次為何突然支持「重慶作戰」？陸軍大本營第一部田中部長在其 7 月 11 日的「業務日誌」中，給了答案；他認為：「諒其對太平洋正面之積極冀望，因中途島敗戰而支離破碎，才是其根本的

理由。」[49]

　　1942 年 7 月 14 日，大本營第一部田中部長，向陸軍大臣東條英機提報「五十一號」作戰事宜。對此，東條提出質疑，充分指出了「四川作戰」的「問題點」；此和前述井本中佐報告案中的「懸念」一樣，最大的關鍵，即在於「對俄作戰生起的掛慮」。此外，在陸、海軍部間接衝突之階段，對物質動員之關連，亦將成為焦點。[50]

　　1942 年 9 月 9 日，基於接到裕仁詔令及大本營參謀總長指示，「中國派遣軍」總部召開「華北方面軍」及第 11、13、23 軍、第 3 飛行師團（師團長中蘭盛孝中將）等部隊之「軍參謀長會議」，由畑俊六總司令親自下達「四川作戰」準備之命令，並進行所需的會商；「中國派遣軍」稱此「作戰準備」為「五號演習」。[51] 在第 11 軍方面，會後即進行各參謀之沿長江兩岸預定進攻路線的空中偵察，以及在武昌附近山地，進行道路構築的演習與訓練。[52]

　　惟「中國派遣軍」雖有其天皇詔令及大本營訓令在身，正積極準備「五號作戰」各項事宜；但與其同時，由於以瓜達康納爾島為中心的南太平戰況日益激烈，另一方面德、義兩國在北非方面的戰事也一無進展，局勢開始對「軸心國」呈現逆轉之兆，「中國派遣軍」遂日感「五

49　同上注，頁 103。
50　同上注，頁 96~97。按，海軍在 7 月 9 日舉行的「陸海軍部局長會議」中，曾一口允諾援助陸軍「重慶作戰」，包括航空揮發油由海軍提供，其他資材不分陸、海軍供應；見：同上注，101~102。
51　同上注，頁 101。
52　同上注，頁 108。

號作戰」準備之前途黯淡。[53]

在這樣的低潮氛圍下，日軍大本營田邊參謀次長，遂於 9 月 11 日下令負責「戰爭指導」的「第十五課」代理課長甲谷悅雄，進行研究「若不能實施五號作戰時之代理案」。而大本營於 9 月 15 日，確認「山口支隊」所發動的「瓜達康納爾攻擊戰」落得慘敗後；次（16）日，杉山參謀總長即令「第一部」田中部長就「關於五號作戰準備之控制」，進行具體的研究，並當即於 17 日決定，自「南方軍」抽調原為錫蘭（今斯里蘭卡）作戰而控置於蘇門答臘中部的第 38 師團，同時也自「中國派遣軍」與「關東軍」抽調兵力，一併加強在所羅門群島及其附近作戰的第 17 軍。杉田總長更於 22 日，以「大陸指第 1285 號」後令壓前令方式，宣布「據大陸指 1269 號所辦理之五號作戰用軍需補給，暫予停止。」[54]

職是之故，大本營要向中國輸出補給後勤的準備，亦優先轉向於南太平洋方面；原本在中國方面意欲增強兵力的狀況，反而出乎意料地，變為向「中國派遣軍」要求抽出有力的戰略兵團；事態之發展，與「五號作戰」之初始構想，可以說完全背道而馳。[55]

不過，狀況儘管如此，「中國派遣軍」仍然根據「五號作戰」準備

53　同上注，頁 109。

54　同上注。按，川口支隊，支隊長步兵為第 35 旅團旅團長川口清健，以步兵的 214 聯隊為基幹；見：《瓜島攻防戰與海運力量之調整》，頁 206。另，有關川口支隊在瓜達康納爾島作戰慘敗之狀況，見：同上注，頁 413~417。

55　《華中方面作戰》，頁 109、123。

要綱，正逐次進行相關作戰之準備；同時，其參謀部之作戰研究亦日有進展，已進行了沿作戰路線的幕僚空中偵察（前文已述）、兵站集運設施之增強改善、交通運輸能力之增進等。尤其擔任進攻兵團的「華北方面軍」與第11軍等部隊，其作戰之準備極為認真，夜以繼日地積極進行作戰計畫與後勤計畫之推進、大規模兵棋演習之實施、假想作戰訓練之促進等作戰整備工作。[56]

9月下旬，「中國派遣軍」正銳意進行「五號作戰」準備，並向大本營提出報告謂：10月8、9兩日將召集「華北方面軍」、第11軍之作戰參謀，在南京的總部進行「最後的作戰研究」。同時，10月3日上午，總部第1課也向畑俊六總司令及總部河邊參謀長（新任）說明作戰準備的情況。河邊聽取說明後，在其當天日記上記載云：「其說明以地形的一般觀察為主，畢竟第十一軍沿長江，第二十八軍之前進路線，均為地形及輸送力限制。」[57]

大本營方面，在明瞭「中國派遣軍」作戰準備狀況之同時，預期「五號作戰」有「延期」乃至「中止」的可能，為了「委婉地打聽總司令以下幹部之意向」，乃派遣作戰參謀瀨島龍三前往南京「聯絡」。畑俊六總司令在其10月5日日記中載云：「大本營瀨島少佐為聯絡而來寧（按，南京古稱江寧），雖稱之為聯絡，實則因先前召總參謀長（按，即總部參謀長）上東京，命其加速進行五號作戰準備；惟其後由於所羅門之作

56　同上注，頁110~111。
57　同上注，頁111。按，第28軍係沿漢水前進，見圖4-3。

戰不順利，且以物質動員之關係，其實行之可能性也頗為微小，故而派其前來說明才是本意。」[58]

10月8、9日，「中國派遣軍」總部舉辦作戰參謀之「五號作戰」準備會議，河邊總參謀長全程參與，得悉與會諸軍之報告，均極其周密熱心地進行準備，感到「有責任將此一事實向東京反映」。[59]10月9日下午，河邊召來瀨島，將其本人之意見，托其返回東京後轉告大本營次長及第一部長；其中也「表示了若干之牢騷」，但河邊「不知能否傳達至中央」？10月12日，瀨島回到東京，在他的報告中，將一旦中止「五號作戰」之準備，「如何控制屬下的情緒？」列為河邊「正在操心之事」。[60]

瀨島的報告內容，尚包括屬下的熱衷、作戰準備的現況、第28軍的使用方面與第11軍的作戰方面、會戰問題、兵團移動、訓練現況、兵站交通與航空基地之整備、需要中央作處置者等事項。[61]其中最重要者，就是提出了「五號作戰」的「縮小案」；也建議一旦「五號作戰」中止，而「五十號作戰」亦不可行時，則應對第11軍正面之中國中央軍、尤其是宜昌正面之「敵」實施殲滅作戰；也因此，對第3、6師團返回其本土事宜，瀨島認為應加以研究。[62]

58　同上注。按，「寧」，指江寧，為南京之古名。
59　同上注，頁113。
60　同上注，頁114。
61　同上注，頁114~118。
62　同上注，頁118。

關於對第 11 軍之運用，瀨島綜合所見，認為：沿著長江或常德繞回南方的問題，決定採取前者。若繞回南方，則其側背將始終受到「敵」第 9 戰區的威脅，而可使其攻入重慶之兵力可能只剩 1 個師團左右。由此可見，第 11 軍的作戰目的，「與其說擊滅敵人，毋寧說是主在向重慶推進」。[63]

1942 年 11 月 2 日，日軍統帥部決以盡全力，重新打開南太平洋方面戰局；為了將在中國廣東之的 23 軍司令部「轉作他用」，及「未來之對華作戰」問題，要求「中國派遣軍」派遣主管人員到東京「聯絡」。4 日，「中國派遣軍」第 1 課高級參謀宮野銜命前往；除第 23 軍問題外，也就「五號作戰」之準備，與大本營進行會商和研究。[64]

在該會商和研究中，大本營雖未正式下達「中止五號作戰準備」之指示；但吾人由討論「中止五號作戰準備之影響」[65]之問題，可以了解大本營實已婉轉、間接地表達了「中止五號作戰準備」之態度。宮野高級參謀對大本營就「五號作戰」中止時的「對華作戰」，作了以下說明：儘管暫時中止「五號作戰」，但屈敵的一般方針並未改變；因此，究竟進行必要之進攻作戰？或實施和平工作？端視狀況而定。鑑於 1942 年夏季以來，美國空軍之進駐中國，阻遏其反攻將成對華作戰之新要件。[66]

基此考慮，宮野也說明了在「中國派遣軍」統制下所構想的爾後作

---

63 同上注，頁 115。第 9 戰區位置，見圖 2-8。
64 同上注，頁 123。
65 同上注。
66 同上注，頁 124。

戰；包括「打通粵漢路作戰」、「打通平漢路作戰」（即爾後之「一號作戰」）及「五十號作戰」（即「西安作戰」）等。至於各軍之各別作戰，則包括「武漢地區」、「華中三角地帶」〔概指南京、上海、杭州等地區〕及「華南地區」之作戰。[67] 與本文有關者，為第 11 軍在武漢地區之作戰；宮野作了如下之說明：第 11 軍宜對宜昌正面之敵中央軍發動攻擊，同時打開宜昌—岳陽間的長江水路，使宜昌的船隻可以下航。若能占領沙市下游的長江兩岸地區，則武漢地區的自力維持，大為容易。〔這些構想在昭和十八年（按，即 1943 年）的「江北殲滅作戰」及「江南殲滅作戰」上可以看得出〕。[68]

1942 年 12 月 9 日，「中國派遣軍」總部唐川副參謀長與隨行之草地貞吾作戰主任參謀由南京出發，10 日到達東京，受領大本營參謀總長頒布之「大陸指第 1367 號」命令，內容為「依大陸指令第 1252 號所指示之五號作戰準備予以中止之」；[69] 至此，醞釀已久的「五號作戰」準備，乃正式叫停。不過，與其同時，「中國派遣軍」也接到大本營田邊參謀次長如下之「聯絡」：

> 本作戰雖然突然被中止，惟因應將來情勢的改變，可能
> 仍有必須遂行本作戰之狀況發生，故今後亦請不斷進行各種
> 偵察與研究，對本作戰計畫作必要的修正，並經常保持整備

---

67 同上注，頁 125~126。
68 同上注，頁 125。
69 同上注，頁 137。

狀態。[70]

因此，就「中國派遣軍」而言，其實「四川作戰」的構想，並不因大本營參謀總長發布「中止」的指示而完全消滅。對本作戰最熱衷的「華北方面軍」而言，雖於昭和 18 年（1943）年初，第 41 師團被轉用於東南方面，而本作戰實施時預定增加的第 20 師團亦將轉用於該方面，然而迄至是年夏季，仍未喪失其熱情，努力於蒐集秦嶺、巴山山脈之敵情、地形及氣象等情報，以期計畫之精到。第 1 軍也為了研究，有關突破上述地形障礙，以利兵站之推進事宜，於 1943 年 8 月在風陵渡（位置見圖 4-1）實施架橋及兵站演習，並進行兵棋研究及訓練。[71]

然而，至 10 月，日軍大本營又將擔任進攻骨幹的第 36 師團，抽調至其他方面，遂使得「華北方面軍」對四川的作戰，不得不完全放棄；其後，「五號作戰」的構想，也完全消失了。不過，已進行的訓練和準備事項，在 1944 年的「一號作戰」〔俗稱「大陸打通作戰」〕中，發揮了相當的作用。[72]

另一方面，自稱「攻略重慶總先鋒」的第 11 軍，於 1943 年接連不斷地實施其江北、江南及常德「擊滅作戰」，也含有其「以擊滅包圍第

70　同上註，頁 137~138、143。
71　同上註，頁 143~144。
72　同上註，頁 144。按，1944 年 4 月起，日軍發動的「一號作戰」，包括了兩大部分：第一部分為「己號作戰」，旨在打通平漢鐵路南段，這就是國軍所稱「豫中會戰」，日軍謂之「河南會戰」或「平漢作戰」；第二部分為「止號作戰」，旨在打通粵漢鐵路、湘桂鐵路及連接越南北部的交通線，這就是「長衡會戰」與「桂柳會戰」。當時「華北方面軍」即負責「己號作戰」任務。有關「豫中會戰」之經過與結果，可參：何世同，《堅苦卓絕》，頁 310~319。

十一軍而阻礙其向四川突進的第六、九戰區之敵軍，來取得足以實現進攻四川態勢之意圖。」[73] 這也可以看出，第 11 軍始終念念不忘進攻重慶，也為接下來的「江北殲滅作戰」及「江南殲滅作戰」（即「宜南會戰」），型塑了指導概念。

第三節｜日軍的「江北殲滅作戰」

日軍所謂的「江北殲滅作戰」，係指 1943 年 2 月至 3 月，第 11 軍擊滅連接漢口、岳州（岳陽）、沙市等長江北岸「三角地帶」（見圖 4-6）之中國軍，俘虜第 128 師師長王頸哉；接著，以一部占領沙市對岸及石首、華容附近要地的作戰。此一作戰，因係 1943 年第 11 軍之首次作戰，故該軍自計畫與準備階段起，即暫稱其為「一號作戰」；雖有一部稱其為「湖北作戰」，但該作戰結束後，第 11 軍決定正式稱為「江北殲滅作戰」，而大本營以下亦均予承認此名。[74] 日軍之「江北殲滅作戰」，可說是接下來「江南殲滅作戰」、即國軍所稱「鄂西會戰」之序戰；國軍戰史對此戰發生之原因，有如下之概述：

> 自敵攻占宜昌，雖圖乘勢西攻巴、恩，進迫陪都重慶，

73　《華中方面軍作戰》，頁 144。
74　同上注，頁 477。

惟慮我南有沔、監地區之牽制，北顧漢水上游之截擊，躊躇再三，未敢輕率妄舉，迫民國三十一年（1942）五月之後，鑑於其在我國所發動之各次攻勢屢受頓挫，且太平洋與英、美之海上作戰亦迭遭慘敗，三島本土時在盟機空襲之下，民心、士氣頹廢尤甚，敵閥為圖振作戰勢，俾克貫徹「以戰養戰」方針，乃於民國三十二年（1943）向我洞庭湖糧倉地區發動此次會戰。[75]

本次作戰，日軍指揮官為指揮所位於漢口的第 11 軍司令官橫山勇，參戰部隊計有 4 個師團、2 個支隊、1 個獨立混成旅團、及包括飛行戰隊在內的軍直屬部隊，其兵力編組如下：[76]

第 13 師團（師團長赤鹿理，司令部在荊門），轄旅團司令 1、步兵第 65 聯隊（大隊 3）、步兵第 104 聯隊（大隊 2）、步兵第 116 聯隊第 3 大隊、山砲第 19 聯隊、工兵第 13 聯隊、輜重兵第 13 聯隊、師團騎兵隊、師團通信隊。

第 40 師團（師團長青木成一，司令部在咸寧），轄旅團司令 1、步兵第 234 聯隊（大隊 3）、步兵第 235 聯隊（大隊 2）、步兵第 236 聯隊第 3 大隊、山砲第 40 聯隊、工兵第 40 聯隊、輜重兵第 40 聯隊、師團騎兵隊、師團通信隊。

第 58 師團（師團長下野一霍，司令部在應城），轄步兵第 51 旅團

75　史政編譯局編印，《抗日戰史》（黃皮），冊 70，《鄂西會戰（一）》，〈概述〉，頁 1。
76　《華中方面軍作戰》，頁 477~485。

（約大隊 2）、步兵第 52 旅團（約大隊 2）、師團工兵隊、師團通信隊、師團輜重隊。

第 34 師團（師團長奉彥三郎，司令部在南昌）主力，在南昌西方地區行動。

塘支隊（支隊長步兵第 3 旅團長塘真策，司令部在應山〔今廣水〕），轄步兵第 6 聯隊（大隊 2）、步兵第 68 聯隊第 3 大隊、工兵第 3 聯隊第 1 中隊。

兩角支隊（調自第 39 師團，支隊長步兵第 39 旅團長兩角業作，司令部在當陽），轄步兵第 233 聯隊（主力）步兵的 231 聯隊第 1 大隊、工兵的 39 聯隊，在百里洲附近活動。

獨立混成第 17 旅團（旅團長高品彪，司令部在岳陽），以調自第 68 師團（司令部在九江）之步兵第 61 大隊（大隊長梅木留助）、及另 1 在岳陽南部活動之步兵大隊為基幹。

軍直屬部隊：山砲第 2 聯隊、野戰重砲第 14 聯隊（15 榴）一部、獨立工兵第二聯隊第 55 大隊、飛行第 44 戰隊。

日方資料並無兵力數量之記述，筆者概估約 15 餘萬人左右；其對長江北岸「三角地帶」，造成之「戰略包圍」態勢，如圖 4-6 示意。[77]

77　本圖依據上述狀況繪製。

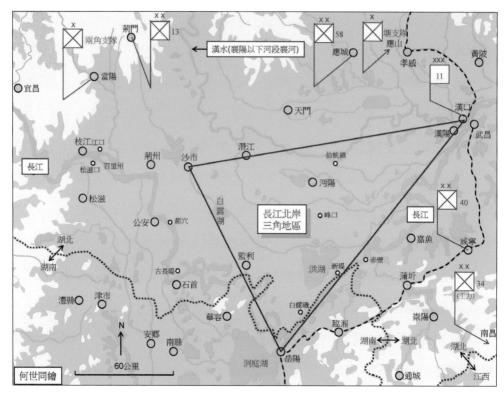

圖4-6：1943年2月上旬，日軍「戰略包圍」長江北岸「三角地帶」態勢示意

　　先是，自「大東亞戰爭」爆發以來，因盟軍的潛艇攻擊，致日軍船隻損失逐漸增加，而且隨著太平洋方面戰況之日益激烈，其用於運輸兵力、軍需品、生產原料之運輸船隻需要量也日益增加，導致在中國方面的船隻分配量不足，尤其用於中國內地河川的船隻雖逐年減少，卻無法「隨心所欲」地予以補充。另一方面，在宜昌附近的長江中，停泊著11艘航行於內河的輪船，總噸位達1萬數千噸〔最大者為2千~3千噸〕。由於宜昌至岳州的長江右〔西南〕岸，仍大部為中國軍控制，故無法下

航。[78]

「中國派遣軍」早先即認為，使上述船隻下航作為軍事之用，實為彌補目前船隻不足的最佳手段；因此，有必要擊滅宜昌至岳州間長江右岸之中國野戰軍，開啟長江水道，此作戰構想並獲得大本營許可。但根據第 11 軍高級參謀島貫回憶：第 11 軍真正的作戰目的，在於擊滅江南地區的敵野戰軍。然而，由於當時「中國派遣軍」的進攻作戰，深受大本營之限制，若單以擊滅敵野戰軍為目標，不單是大本營，恐怕連「中國派遣軍」總司令部的許可都無法獲得；故表面上第 11 軍之作戰，仍以取得船隻為目的，而同時擊滅敵野戰軍。[79]

先是，第 11 軍在 1940 年的「宜昌作戰」結束後，因有必要保持作戰軍的「彈性調撥力」（即「兵力運用彈性」），故極力縮小「戰場面」；因此，對突出在日軍占領地區內，連接漢口、岳州、沙市等長江北岸的「三角地帶」（見圖 4-6），並未特別感到該地中國軍之威脅，於是亦未作任何處置。[80]

然而，中國軍以沔陽（今仙桃）為中心逐次加強陣地，故第 11 軍於 1942 年 5 月，將步、砲兵若干，配屬於第 58 師團，命其摧毀沔陽附近之中國軍陣地；日軍稱此為「沔陽作戰」。[81] 但是，此時正值「浙贛會戰」前夕，第 11 軍負責南昌方面之助攻，致使用於沔陽方面之兵力

78　《華中方面軍作戰》，頁 563。
79　同上註，頁 563~564。
80　同上註，頁 485~486。
81　同上註，頁 486。

受到限制，作戰時間也不得不縮短，故第 58 師團雖發起攻擊，但未能徹底消滅地區之中國軍；第 11 軍乃考慮於 1943 年 2 月，重新發起對沔陽地區之作戰。[82]

　　根據日方說法，在 1942 年的「沔陽作戰」期間，中國軍主要將領、第 128 師師長王頸哉宣稱「已擊退日軍」，而以此一作戰為契機，更加擴充實力，增強堡壘，以鞏固該地區之防備，並多所策動局部攻擊作戰；因此，第 11 軍軍部痛感若不即時加以擊滅，恐將貽為後患。不過，當時可能受到「第二次長沙會戰」戰敗的「痛苦體驗」影響，第 11 軍總部一般人員對「敵之評估過高，而士氣沉滯」；因此，意欲藉再度進攻沔陽之機會「充分集結戰力」，使兵團體會「殺雞用牛刀」的必勝作戰，以一新目前的沉滯氣氛，而謀士氣之提高。於是，認為若實施該「三角地帶」之作戰，以戰場之大小、敵之狀況等觀之，實頗為適當，正與「前述之氣運趨於一致」，而決定實施此戰，並獲「中國派遣軍」總部批准。[83]

　　國軍在長江北岸的「三角地帶」陣地，以峰口為中心，有第 128 師；

82　同上注。按，「浙贛會戰」發生於 1943 年 5 月 15 日，日軍以第 13 軍為主攻，由杭州方面沿浙贛鐵路西進，目的在摧毀美軍駐華機場；5 月 31 日，以第 11 軍由南昌方面投入為助攻，沿浙贛鐵路東進。7 月 1 日，兩軍會合於鷹潭、上饒之間的橫峰。會戰經過，可參：何世同，《堅苦卓絕》，頁 282~288。

83　《華中方面軍作戰》，頁 486~487。按，「第二次長沙會戰」發生於 1941 年 9 月 17 日至 10 月 12 日，投入會戰的第 11 軍最後以「主動反轉」而結束會戰；其關鍵在於，國軍實施「圍魏救趙」之策，第 6 戰區調集 15 個師的兵力，包圍日軍駐宜昌的第 13 師團，若非進攻長沙之日軍第 11 軍主力及時回軍救援，第 13 師團恐遭全殲。當時第 13 師團的狀況是：彈盡糧絕，無路可退；師團司令部已焚軍旗、秘密文件，師團長內山英太郎以下各幕僚、部隊長，正就「自刎」位置，並對軍司令官發出「訣別電文」。相關狀況，見：何世同，《堅苦卓絕》，頁 260~267。

在郝穴、白露湖附近，由西向東，依序為第 6 戰區之挺進軍第 3 縱隊（司令侯思明）、第 1 縱隊（司令王道）、第 2 縱隊（司令金亦吾），在其南方以新廠為中心，有第 118 師（師長王嚴）。挺進軍 1 個縱隊轄 3 個支隊，1 個支隊有 3 個大隊，1 個大隊之兵力，日軍判斷約為 100~150 名。這支挺進軍的 3 個縱隊，為集合 1931、1932 年之際，在江西活動之中共雜軍而編成；亦即，中共在 1934、1935 年向西退走時，進入「三角地帶」的部隊。[84]

根據日方資料：第 128 師為特別離開重慶而孤立的部隊，與重慶素不融洽，時相排擠對立，其編制、訓練、戰法、對民眾工作等，深具共軍色彩，武器、彈藥也係自製；該師在裝備品質上雖略遜國軍，但其數量則不容忽視，以師長王頸哉為首將，統率 6 個餘旅，每個旅號稱 2 千~3 千人。因前述「沔陽作戰」，該師在沔陽附近陣地被摧毀，致第一線稍微後撤，而改以峰口為中樞。挺進軍的 3 個縱隊，兵質與裝備與第 128 師相同，介於「正規軍與土匪之間」（日方用語）。1942 年 10 月，第 6 戰區命榮譽第 1 師由江南進抵新廠、普濟觀地區，以後援督勵以上縱隊。然而，因榮譽第 1 師所屬的第 8 軍將轉用於緬甸，故該師亦於 1943 年 2 月上旬退回江南，而代之以第 87 軍第 118 師接替其任務。[85]

根據國軍戰史的記載：自 1941 年秋，國軍第 6 戰區為達成鞏固陪都，及待機收復宜昌、沙市之原有任務，乃積極備戰。1942 年 1 月，戰區原

84　《華中方面軍作戰》，頁 487。
85　同上注，頁 488。

控制於長江右（南）岸之第 20 集團軍奉命調往雲南（筆按，後納編「中國遠征軍」），於是江右防務頓覺空虛；戰區乃令原屬第 29 集團軍第 87 軍之第 118 師，改配第 44 軍，進駐新廠、古長堤地區。[86] 有關國軍在江北之兵力數量，國軍戰史未載；根據日軍之判斷，約為 2 萬 7 千人至 3 萬人。[87] 1943 年 2 月「江北殲滅作戰」直前，中、日兩軍之兵力與兵力位置示意，如圖 4-7 示意。[88]

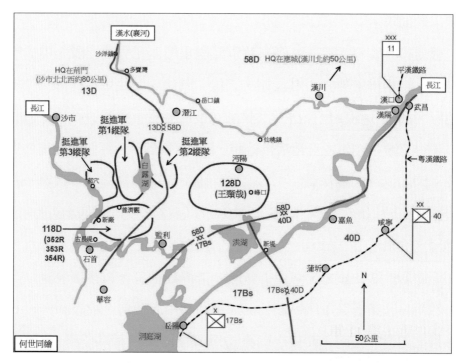

圖 4-7：1943 年 2 月「江北殲滅作戰」直前，中、日兩軍之兵力與兵力位置示意

86　史政編譯局編印，《抗日戰史》（黃皮），冊 70，《鄂西會戰（一）》，〈概述‧會戰前狀況〉，頁 6。又，同頁載古長堤在華容之北，範圍過大；應為石首北面大垸鎮的古長堤村；新廠、普濟觀、古長堤之位置，見：同上注，頁 46，插圖 6「鄂西會戰第六戰區沿江作戰一般經過要圖（民國三十三年月十日至三月九日）」；按，「三十三年月」，應作「三十二年二月」。

87　《華中方面軍作戰》，頁 549。

88　本圖繪製係根據：同上注，頁 489，插圖 27「三角地帶概況」。

　　國軍戰史將日軍之「江北殲滅作戰」，視為「鄂西會戰」的先期作戰；1943 年 2 月中旬，會戰直前，中、日兩軍態勢如圖 4-8 示意。[89]

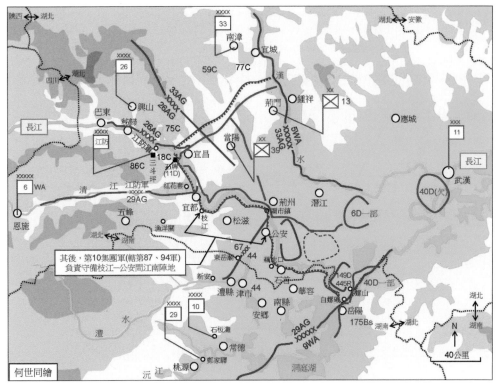

圖 4-8：1943 年 2 月中旬，「鄂西會戰」直前，中、日兩軍態勢示意

　　本作戰，第 11 軍以「消滅三角地帶之敵，並占領長江南岸之要地，以改進並強化軍之戰略態勢」為目的，以「一面佯裝向第九戰區進攻，一面先擊滅駐守長江左岸〔東、北岸〕之敵，並封鎖該地之敵向長江對岸逃走；繼而，矛頭東轉，消滅鋒口附近之敵根據地；接著，以一部

89　史政編譯局編印，《抗日戰史》（黃皮），冊 70，《鄂西會戰（一）》，〈概述·會戰前狀況〉，頁 12 後「鄂西會戰前敵我態勢要圖（民國三十二年二月十四日」）。

占領沙市對岸及石首、華容附近的江南要地，使其能完全戡定並確保江北，並形成爾後作戰有利的態勢」為方針。[90]

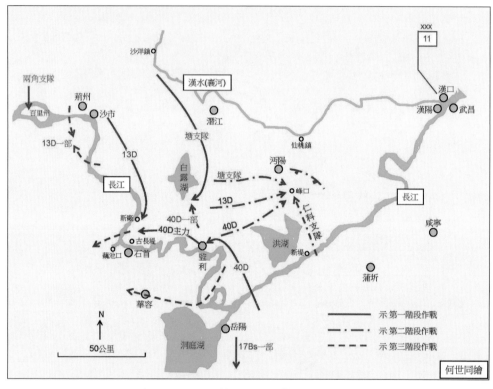

圖 4-9：1943 年 2 月，日軍第 11 軍，「江北殲滅作戰」構想示意

除一部在第 9 戰區之佯動與佯攻外，軍主力在「三角地帶」之作戰，劃分 3 期。第 1 期：捕捉殲滅長江左（北）岸地區之第 6 戰區挺進隊及第 118 師，需時約 1 周；第 2 期：擊滅峰口附近之第 128 師根據地，需

90　《華中方面軍作戰》，頁 491。

時約 1 周；第 3 期：以一部占領江南要地，需時約 2 周。[91] 其「作戰構想」，
如圖 4-9 示意。[92]

是戰，日軍挾絕對優勢之兵力與武器裝備，以「外線作戰」態勢，
「包圍殲滅」地區內所有國軍，其構想與行動，頗符「殲滅戰」之神髓；
本次作戰，開始於 1943 年 2 月上旬，結束於 3 月中旬。有關作戰之過程，
詳載於日方戰史，本文不欲贅述。[93]

關於位於「三角地帶」之第 128 師相關狀況，《抗日戰史 · 鄂西
會戰》，僅有數則簡單記述；例如：「（二月）十六日，我轉移之（一四九
師）四四五團，於四時許到達汴河逗（位置不詳），正配備陣地間，突
遭第一二八師王頸哉部隊的襲擊」[94]，出現「自己人打自己人狀況」。
又如：「監利、潛江方面之敵，自（二月）二十一日起，向沔陽附近我
第一二八師攻擊中…第二十九集團軍應以恢復江左原態勢，並協力第
一二八師戰鬥…云云。」[95]

2 月 21 日，第 6 戰區先後接到第 5 戰區司令長官李宗仁，及沔陽第
128 師王頸哉師長電，謂：「沔陽第一二八師，連日被敵圍攻，請派隊
策應，並接濟彈藥」；第 6 戰區當即覆電「自應照辦」，惟「通路已斷，

91　同上注，頁 492。
92　本圖繪製係根據：同上注，頁 489，插圖 28「江北殲滅作戰構想要圖」。
93　有關日軍「江北殲滅作戰」之全過程，見：同上注，頁 497~547。
94　史政編譯局編印，《抗日戰史》（黃皮），冊 70，《鄂西會戰（一）》，〈會戰一般經過 ·
　　沿江作戰時期〉，頁 15。
95　同上注，頁 19。

彈藥無法濟運」。[96] 就在第 128 師苦守待援時，第 6 戰區又奉蔣委員長丑宥（按，「宥」為 26 日之去聲韻母代字）辰令一元電，謂：「據李長官永丑梗（按，「梗」為 23 日之去聲韻母代字）未年電，略稱：『敵分十二路向我第一二八師圍攻…希第六戰區酌派部隊策應該師作戰…云云』；惟王頸哉師長已於 2 月 25 日為日軍第 40 師團騎兵分隊安藝武伍長所俘。[97] 對此，《抗日戰史・鄂西會戰》的記載為：

> …是時，第一二八師師長侷處孤城，面對強敵，劇戰中轉移不易，繼王師長被炸負傷，除獨立第三旅及獨立第五旅繼續與敵搏戰外，餘眾鑑於大勢已去，乃散處於洪湖附近，沔陽戰鬥於是結束，師長王頸哉亦負傷被俘。[98]

根據日方資料，本戰日軍陣亡 254（含軍官 12）人，負傷 890（含軍官 41）；國軍棄屍加被俘（含日軍所稱之「歸順」），合計約 2 萬 8 千人。在作戰之前，日軍判斷國軍之兵力為 2 萬 7 千至 3 萬人，因此對此戰果之數字十分吃驚；此可能當時「挺進軍」正改編成「旅」，故實際兵力應較先前判斷為多的關係。總之，在日軍「殺雞用牛刀」的攻勢下，當時在江北的中國軍幾乎完全被殲滅或被俘（包括第 128 師師長王頸哉），成了名實相符的「殲滅戰」；因此，第 11 軍稱此戰為「江北

96　同上註，頁 20。
97　有關王頸哉師長為日軍所俘狀況，見：同上註，頁 519~523。李長官，指李宗仁。
98　冊 71，頁 292。另，郭汝瑰・黃玉章，《中國抗日戰爭正面戰場作戰記》，上冊，頁 1196，載：「2 月 25 日晚，日軍再次與第 128 師這一部分部隊遭遇，日軍騎兵緊追不捨，第 128 師師長被俘。由於內奸策應，主將被俘，部分官兵思想混亂，白露湖東南余家埠（位置見圖 6-1）以東約有 1,000 餘人繳械投降，但更多的官兵則轉入敵後。」可參。

殲滅作戰」。[99]

　　先是，日軍於占領峰口後，一面實施該地周圍地區之掃蕩，一面準備下一（第 3）期作戰；2 月 24 日，第 11 軍「戰鬥指揮所」由蒲圻推進至監利，至 3 月 13 日作戰結束。[100] 第 11 軍對各部隊分配新占領地警備之狀況，如圖 4-10 示意。[101]

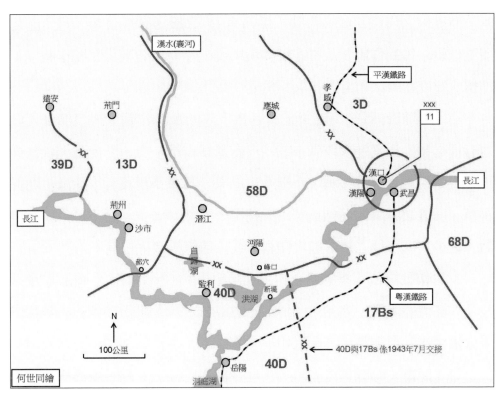

圖 4-10：1943 年 2 月下旬，日軍第 11 軍對各部隊分配新占領地警備狀況示意

99　《華中方面軍作戰》，頁 549。
100　同上注，頁 523；本戰之結束，見：同上注，頁 544。
101　本圖繪製係根據：同上注，頁 522，插圖 31「新占領地警備分配圖」。

第四節｜日軍「江南殲滅作戰」的構想

日軍第 11 軍於 1943 年 5 月上旬至 6 月中旬，所實施的「江南殲滅作戰」，乃是該軍為強化長江運輸力，使宜昌附近 1 萬數千噸之船隻得以下航；同時，以擊滅洞庭湖以迄宜昌長江南岸山地之中國野戰軍為目的，而實施之作戰。此一作戰，係因第 11 軍繼 1943 年 2 至 3 月「江北殲滅作戰」後的作戰，故其在計畫與準備階段時，暫稱「二號作戰」，亦稱「宜南作戰」者。[102]

第 11 軍於作戰後，正式定其名為「江南殲滅作戰」，但部分人員也有稱之為「江南進攻作戰」或「江南進擊作戰」者。[103] 此戰，就是國軍戰史所稱的「鄂西會戰」；但會戰結果，日軍不但沒有「殲滅」地區國軍，反遭後者擊敗而創造了「大捷」，顯然「虛美」而不符「殲滅作戰」之名，或應稱之為「進攻作戰」或「進擊作戰」方是。

本次作戰之日軍指揮官仍是第 11 軍司令官橫山勇，參戰部隊除原投入「江北殲滅戰」之第 13 師團及獨立混成第 17 旅仍在列外，其餘作了大幅度的兵力調整，其編組如下：[104]

第 3 師團（師團長三本三男、司令部在應山），轄：步兵第 6 聯隊（缺第 2 大隊）、步兵第 34 聯隊（缺第 3 大隊）、步兵第 68 聯隊（缺

102　同上注，頁 553。
103　同上注。
104　同上注，頁 553~563。

第 3 聯隊）、騎兵第 3 聯隊、野砲第 3 聯隊、工兵第 3 聯隊、輜重兵第 3 聯隊、師團通信隊。並增配：獨立步兵第 62 及 64 大隊、獨立山砲第 51 及 52 大隊（後期加入）、第 58 師團工兵中隊 1、兵站輜重中隊 1。

第 13 師團（師團長赤鹿理，司令部在沙市），轄：步兵第 65 聯隊、步兵第 104 聯隊（缺第 1 大隊）、步兵第 116 聯隊（缺第 1 大隊）、山砲第 19 聯隊、工兵第 13 聯隊、輜重兵第 13 聯隊。

第 39 師團（師團長澄田睞四郎，司令部在當陽），轄：步兵第 232、233 聯隊、工兵第 39 聯隊。

獨立混成第 17 旅團（旅團長高品彪，司令部在岳州），轄：獨立步兵第 87 大隊、第 88 大隊、第 89 大隊、第 90 大隊、第 91 大隊、旅團砲兵隊、旅團工兵隊、旅團通信隊。

野溝支隊（調自第 58 師團，支隊長步兵第 51 旅團長溝野武彥，司令部在應城），轄：獨立步兵第 94 大隊、第 96 大隊、第 118 大隊。

野地支隊（支隊長步兵第 39 旅團長），轄：步兵第 68 聯隊（調自第 3 師團，缺第 3 大隊）、步兵第 231 聯隊（調自第 39 師團，以步兵第 1 大隊為基幹）。

長野部隊（調自第 34 師團，部隊長步兵第 217 聯隊大佐聯隊員長野榮二，司令部在南昌），轄：步兵第 118 聯隊第 1 大隊、山砲大隊 1、獨立步兵第 96 隊（西島大隊—調自野溝支隊）。

小柴支隊（調自第 40 師團，支隊長步兵第 236 聯隊聯隊長小柴俊南，司令部在咸寧），轄：步兵第 236 聯隊、步兵第 136 聯隊（缺第 1、3 大隊）、步兵第 234 聯隊第 3 大隊、獨立山砲第 2 聯隊第 2 大隊、工

兵第 40 聯隊（缺第 3 中隊）。

戶田支隊（調自第 40 師團，支隊長步兵第 234 聯隊長戶田義直，司令部在咸寧），轄：步兵第 234 聯隊（缺第 3 大隊）、工兵中隊 1。

針谷支隊（調自第 34 師團，支隊長步兵第 218 聯隊長針谷逸郎，司令部在南昌），轄：步兵第 218 聯隊（以第 3 大隊為基幹）、步兵第 216 聯隊第 3 大隊、工兵中隊 1。

其他（軍直屬或配屬），轄：獨立步兵第 63 大隊、第 115 大隊（均調自第 68 師團，司令部在九江）、野戰重砲第 14 聯隊（15 榴）、第 15 聯隊（10 加）、飛行第 44 戰隊（偵察、支援）。

根據國軍戰史所載，除了將提供兵力之師團整個列入外，又多了高射砲第 22 聯隊、戰車第 7 聯隊、自動車第 3 聯隊、偽軍第 11、24、29 師；空中兵力則沒有第 44 戰隊，而卻出現獨立第 18 中隊、第 45、59、62、90 戰隊，另有兩個番號不明的戰隊；投入總兵力，約 10 萬餘人，[105] 飛機 200 餘架，[106] 日方資料則未載其兵力數量。

「江南殲滅作戰」可以說是「江北殲滅作戰」的延續，其作戰目的與指導方針，一脈相承。[107]根據〈步兵第 65 聯隊江南殲滅作戰戰鬥詳報〉所載，日軍將作戰地區的地形，區分為 3 大部分：松滋、津市以東地區

---

105 史政編譯局編印，《抗日戰史》（黃皮），冊 70，《鄂西會戰（一）》，〈會戰前之狀況〉，頁 22，插圖 1「鄂西會戰敵軍指揮系統判斷表（民國三十二年二月）」。
106 史政編譯局編印，《國民革命軍戰役史第四部・抗日》，冊 4，〈後期戰役・鄂西會戰〉，頁 87；同頁又載，日軍參戰兵力為 7 個飛行戰隊、1 個獨立飛行中隊。
107 《華中方面軍作戰》，頁 564 所載第 11 軍高級參謀島貫之回憶。

為「河川、湖沼地帶」，宜都、茶元寺、新安以西地區為「山岳地帶」，

兩者之間為「丘陵地帶」；[108] 概如圖 4-11 所示。

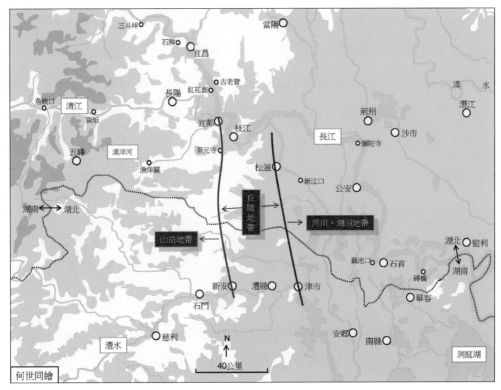

圖 4-11：1943 年 5 月，日軍「江南殲滅作戰」對戰場地形劃分示意

　　根據日方戰史的描述：「河川湖泊地帶」大多以洞庭湖作為中心的

網狀河川與湖沼，和「江北殲滅作戰」時的戰場相似。地質為黏土，河

川大多位於江北地區，以由北向南流為主，注入洞庭湖；除小河之外，

幾無橋樑，河床一般為泥土，故連乾季亦難以涉渡。因此，船的價值較

108　同上注，頁 566~567。

「江北殲滅作戰」時為大。此一地帶，有許多稱為「垸」之地，意指冬天乾季時將乾涸，故該時候部隊行動容易。[109]

「山岳地帶」係高 1,000~2,000 餘公尺的崇山峻嶺；尤其是漢洋河以北，係雄渾的山嶽地區。所到之處，奇觀絕景，有高達 1 百公尺的大絕壁，險峻的群山，由兩側逼近眼前，宛如南畫一般的地形。所謂「進路」，幾乎盡是只可讓士兵辛苦行走的溪谷羊腸式的石砌道，偶而設有階梯，其下為名實相符的千仞之谷、因此幾無一匹馬之蹄未受傷者。而且，每一下雨，這些小徑即悉數變成水溪，含石流砂成為奔流，至沿谷地之斷崖，即形成瀑布，誠可說是「一夫當關，萬夫莫敵」的地形。[110]

此一地帶，經常濃霧彌漫，影響視線，有助於隱匿攻者之企圖而有突襲之機；但相反的，因搜索敵情困難，故常與守者「不期而遇」（按，此即所謂的「遭遇戰」）。河川東流入長江，因其水源甚遠，故大多成為較大之河，水量大，流速急，河床通常為岩石或碎石，故涉渡危險，或大多完全無法涉渡；地質為由石灰岩構成的水成岩。而此一地帶甚少聚落，部隊之宿營與食物之取得等均煞費苦心；唯一的好處，為所到之處清水泉湧，大多數可直接飲用。[111]

「丘陵地帶」為「比高」（按，即「相對高度」）30~100 公尺之

---

109 同上注，頁 567。
110 同上注。漢洋河，源出五峰，經漁洋關、聶家河，注入清江（見圖：4-11）；見：史政編譯局編印，《抗日戰史》（黃皮），冊 70，《鄂西會戰（一）》，〈會戰前之狀況〉，頁 11。
111 《華中方面軍作戰》，頁 567。

波狀地帶，土質為沙礫石，樹木散布，適於大部隊行動。河床為沙質而水淺，可以徒涉，但一旦下雨就立即漲水。[112]

本次作戰，第 11 軍亦依上述地形特性，將作戰地域概區分為 3 部分，計畫在各部分以優勢之兵力，「各個且逐次地擊滅中國軍」；此一期間，將使宜昌的船隻，下航至漢口。[113] 作戰分成 4 期進行，參加**第 1 期作戰**的部隊為第 3 師團、獨立混成第 17 旅團、小柴支隊、戶田支隊、針谷支隊，自 4 月 16 日起開始集結，5 月 5 日展開攻擊，擊滅安鄉、南線附近之中國軍。軍之「戰鬥指揮所」，亦於 5 月 3 日，推進至沙市。[114]

第 2 期作戰，投入兵力為第 3 師團、第 13 師團、野溝支隊，於 5 月 12 日發起攻擊，南北夾擊枝江、公安間之中國軍，並予擊滅之。**第 3 期作戰**，投入兵力為第 3 師團、第 13 師團、第 39 師團、野地支隊，於 5 月 19 日發起攻擊，擊滅宜昌西方地區之中國軍。**第 4 期作戰**，為「反轉作戰」（即「退卻」），計畫於 5 月 31 日實施，以一部留置於長江南岸地區，軍主力向長江北岸地區撤退。[115]1943 年 5 月，日軍第 11 軍「江南殲滅作戰構想」，如圖 4-12 示意。[116]

---

112 同上注，頁 568。

113 同上注。

114 同上注，頁 570~571。

115 《華中方面軍作戰》，頁 570。

116 本圖繪製係根據：同上注，頁 572，插圖 33「江南殲滅作戰構想圖」。

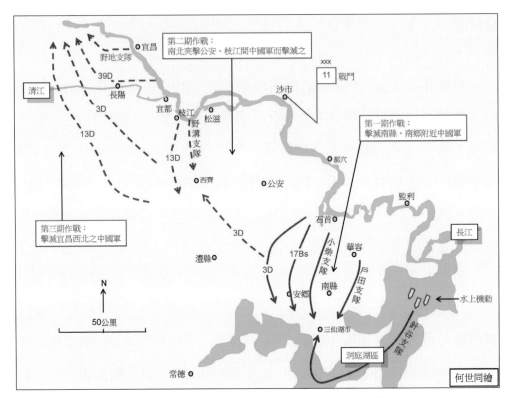

圖 4-12：1943 年 5 月，日軍第 11 軍「江南殲滅作戰構想」示意

　　在原來「四川作戰」的構想中，第 11 軍的考案有二：一是沿長江推進，二是由常德、辰州（湖南懷化）、秀山（今重慶市轄下南面自治縣）推進。第一案，係「擊滅第 6 戰區〔宜昌以西地區〕之敵，接著以主力沿長江沿岸，並以一部兵力由巴東附近經恩施，進入萬縣、黔江之線」；第二案，係「擊滅第六戰區，若可能擊滅第九戰區〔常德東南地區〕之敵，接著以主力由常德、辰州，並以一部沿長江地區〔再以其一

部經恩施而至黔江附近〕，進入萬縣、秀山之線」。[117]

　　由第 11 軍「江南殲滅作戰」構想看來，其實藏有躍躍欲試「進攻重慶作戰」的伏筆；其「第四時期」的「反轉作戰」，明顯只是寫給嚴格限制第 11 軍行動之大本營看的，目的在讓大本營「批准」此次作戰。若其「第三時期」作戰能如其計畫，擊滅宜昌西面中國野戰軍，也就意味著其「江南殲滅作戰」一口氣已經打進了三峽，甚至兵臨恩施，讓重慶面臨門戶洞開的困境。幸而，日軍的侵略狂燄，在石牌被胡璉的第 11 師擋了下來，否則後果真不堪設想。

117　同上注，頁 84。

第五章

國軍第 6 戰區的
會戰整備

1940 年 7 月結束的「棗宜會戰」，國軍戰敗，日軍占領宜昌；國軍統帥部（即軍委會）有鑑於日軍已進抵長江三峽門戶，有乘勢西攻重慶之企圖，乃著令第 6 戰區積極從事鞏固陪都安全之作戰整備。

當時日軍正進行「重慶作戰」的計畫作為與相關準備事宜，其後雖因南太平洋戰事挫敗而「中止」該作戰，但擔任武漢方面作戰任務的第 11 軍，卻對「進攻重慶」念念不忘；於是乃於 1943 年 2 月起，發動表面上看是「打通長江水道」與「殲滅中國野戰軍」的「江北殲滅作戰」與「江南殲滅作戰」，實際上則是「劍指重慶」的進入三峽作戰，已如前述。國軍面對日軍在武漢以西長江兩岸發動的一系列攻勢，乃與日軍進行會戰，是謂「鄂西會戰」；復因擊退日軍，守住原陣線，故國軍戰史又稱此戰為「鄂西大捷」。本章概述會戰前國軍之戰場經營。

第一節｜國軍第 6 戰區之防禦工事設施

本次會戰，雖有第 5、9 戰區「策應作戰」之配合，但主戰場在武漢以西至宜昌的長江南北兩岸，是第 6 戰區的責任地區。該戰區為因應可能之狀況，自 1938 年 10 月「武漢會戰」結束、日軍占領武漢後，即在統帥部的指導策劃下，開始陸續整建地區的國防工事，以鞏固陪都重慶安全。

第 6 戰區工事設施概分為三：一曰阻塞，二曰要塞與野戰工事，三

曰江防封鎖。戰區為防止日軍「閃擊」與「滲透」戰術，劃定興山、秭歸、野三關、招徠河、五峰、慈利、鄭家驛之線以東為「阻塞區」，並加強交通破壞，使與既設工事相配合，阻敵西進。其「阻塞」實施，概分為兩種；一為「澈底破壞區」，二為「準備破壞區」。[1]

「澈底破壞區」，概為第一線「軍級司令部」以前地區，除酌留「補給線」及「橫方向」必要之「連絡線」外〔仍須作破壞準備〕；其餘道路，一律澈底破壞。「準備破壞區」，概為「集團軍級司令部」以前地區，也是「補給線」及「橫方向」必要之「連絡線」外，其餘在要點附近，完成破壞準備；並視當時情形，亦得提前實施破壞。[2]1943 年 5 月「鄂西會戰」直前，第 6 戰區設立「阻塞區」位置，如圖 5-1 示意。[3]

自 1938 年 10 月武漢棄守之後，第 6 戰區即興構要塞及野戰工事；1941 年，該戰區司令長官部根據歷年作戰之經驗，復策定計畫予以增強。[4]其項目概可區分為三類：一為「野戰工事」，包含「野戰陣地」與「據點工事」。二為「城防核心工事」，為防禦敵空降兵力之襲擊，先後於秭歸、萬縣、恩施、常德等處，構築「反空降」工事。[5]

1　史政編譯局編印，《抗日戰史》（黃皮），冊 70，《鄂西會戰（一）》，〈會戰前之狀況〉，頁 8。
2　同上注，頁 8~9。
3　本圖係依據上述狀況調製。
4　工事位置，見：同上注，頁 9；及頁 12 後，插圖 2「鄂西第六戰區工事位置、江防封鎖、阻塞概況要圖〔民國三十一年六月至十二月〕」。
5　同上注，頁 9。

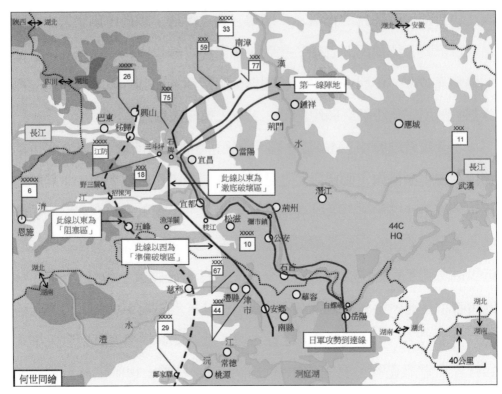

圖 5-1：1943 年 5 月「鄂西會戰」直前，第 6 戰區設立「阻塞區」位置示意

　　三為「要塞」，是「國防工事」的重心。國軍統帥部在「三峽地區」，以萬流為界，其東（不含萬流）為「宜巴要塞區」，其西（含萬流）為「巴萬要塞區」。至1943年5月「鄂西會戰」直前，「宜巴區」一共建有牛口、洩灘（均在秭歸西）、廟河（三抖坪西北）、石牌（宜昌西）、沙套子（宜昌東南）、安春瑙（宜都西南）、高山廟（宜都東南）等 7 座要塞。要塞之「核心陣地」與「掩護陣地」，先後於1939年完成；後又於各要塞間，增築口徑 15 公分重迫擊砲及 7.62 公分游動砲兵陣地，以補足艦砲（按，係拆自海軍自沉艦隻）之不足。餘如已完成之掩護陣地，亦積極修補增

強；基於需要，復於廟河、石牌兩要塞間，設置探照燈及煙霧坑。[6] 最後各要塞又作以下之增補：

一、各要塞除艦砲外，均配置 15 公分重迫擊砲，7.62 公分游動砲，3.7 或 4.7 公分戰防砲，2 公分高射砲。石牌要塞另配 7.62 公分山野砲各 3 門，置於平善壩。二、根據經驗（按，此應指江陰、馬當要塞失守之經驗），為防制敵攻擊要塞所常使用之迂迴、鑽隙戰法，故國軍對掩護陣地之增強，特別注意；其已完成之掩護陣地，其兵力計：高山廟 10 排，安春瑙（按，「瑙」應作「堖」）1 營，沙套子 2 營，石牌 20 營，廟河、洩灘各 16 營，牛口 10 營。另外，石牌、廟河兩處之「石洞工事」，於 1941 年秋先後完成，後更加強之。[7] 第 6 戰區要塞位置與兵力配置，見圖 5-2 示意。[8]

至於交通破壞及近戰設備，則早已完成，後又繼續增強；通信方面，有線電之「架空線」，一律改為「地底線」（按，即線路掩埋於地下）；各要塞屯積糧彈。又，「巴萬要塞區」轄萬流、青石、白岩、金銀河、廟台子、小江等六處要塞；因與本會戰關係甚微，故《抗日戰史‧鄂西會戰》中從略。[9]

6　同上注。
7　同上注。
8　本圖之調製，係根據：同上注，頁 12 後，差圖 3「鄂西第六戰區要塞位置要圖（民國三十一年九月）」。
9　同上注，頁 10。

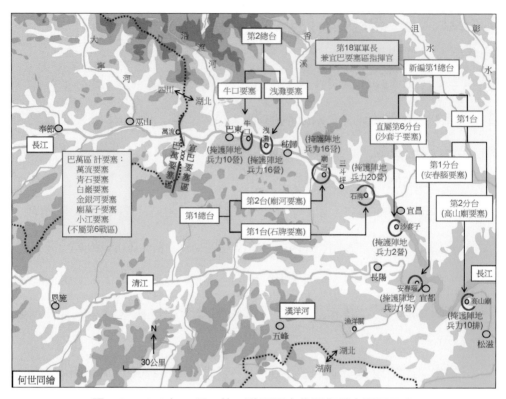

圖 5-2：1942 年 9 月，第 6 戰區要塞位置與兵力配置示意

　　在「江防封鎖」上，為第 6 戰區主要防務；其封鎖方法有三：一是「佈雷封鎖」，二為「沉船封鎖」，三為「補助封鎖」。因前二、三兩法，消耗大而成效少，故戰區以「佈雷封鎖」為主。[10] 其「佈雷區」，由東向西，一共有磚橋、藕池口、郝穴、江口與松滋間〔百里洲南北〕、宜都〔含清江、漢洋江〕、紅花套與古老背間等 6 區；[11] 其位置，見圖 5-3。[12]

10　同上注。
11　同上注。
12　本圖係根據上述資料繪製。

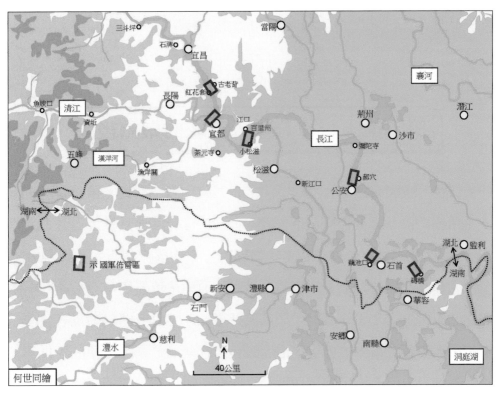

圖 5-3：1943 年 5 月「鄂西會戰」直前，第 6 戰區「佈雷區位置」示意

　　根據國軍戰史記載：1940 年以前所佈「定雷」，不下 2,800 餘具，但久受洪流衝蕩，多已斷纜，或因流線變遷，間為積沙淹沒；故自宜昌失陷後，「正式佈雷」極多顧慮，因而常用「游擊佈雷」，並隨時檢查雷區，撈修舊雷。關於已佈之「漂」、「定」各雷，為防敵掃除，除加強民哨組織，輔助沿江監視外，每一雷區，並指定部隊專責掩護；又沿江各雷區及要塞，常控制大批「漂雷」（見照片 8），如確知敵有進攻

之企圖時，即適時佈放。[13]

第二節 | 日軍若攻入三峽的嚴重後果

日本「中國派遣軍」進攻四川之「五號作戰」準備，雖受海軍在南太平所羅門群島方面作戰失敗影響，而於 1942 年 12 月依大本營「大陸指令第 1367 號」宣告「中止」；但同時，「中國派遣軍」也接到大本營田邊參謀次長傳達之「因應將來情勢的改變，可能仍有必須遂行本作戰之狀況發生」訊息。因此，「中國派遣軍」的「四川作戰」構想與準備，並未因大本營發布「中止」的指示而完全放棄；尤其在武漢的第 11 軍，更是對進攻重慶充滿了熱情與期待，而自以「攻略重慶總先鋒」自許，已如前述。

由於當時「中國派遣軍」的進攻作戰，深受大本營之限制，若第 11 軍的「江南殲滅作戰」（宜南作戰），僅以「擊滅敵野戰軍」為目標，恐無法獲得大本營批准，甚至連「中國派遣軍」也不敢轉呈其計畫；因此，表面上第 11 軍之作戰，是以「取得船隻下航」為目的，而同時也將「擊滅敵野戰軍」列為「夾帶」目標，亦見述於前文。然而，第 11 軍既能擊滅中國野戰軍，等於排除了通向四川的障礙，為何不立即向重

13　同上注。

慶方面「擴張戰果」，完成「四川作戰」未盡之功，卻選擇了與「撤退」等義的「反轉」？邏輯上似乎不通。職是之故，「江南殲滅作戰」第4期的「反轉作戰」，應是第11軍為了得到上級批准，而巧立的作戰名目而已；不過，後來實戰中的「反轉」，則是第11軍之攻勢為石牌要塞所阻，無力前進，國軍乘機「反擊」時，被迫下的「不得不」行動。

「造勢用勢」，是「野戰戰略」藝術之神髓。而一旦第11軍在「江南殲滅作戰」第3期的作戰中，能順利達成「擊滅中國野戰軍」的「預期目標」，就極可能順勢攻入四川，怎麼甘心「見好就收」，「反轉」而去呢？而日軍大本營面對第11軍此一有利狀況下，順勢攻入四川的「獨斷專行」作為，想也不會反對。

其實，日軍大本營或各方面軍級司令部，對很多事情的決策，都出現過「先反對」或「未考慮」，後又「突然同意」或「突然考慮到」，而更改「決心」的狀況，使作戰朝向新的方向進行。

例如：1937年9月中旬，日軍「華北方面軍」於結束「平綏鐵路」（當時地名，北平至綏遠省包頭）方面之「察哈爾作戰」後，即著手規劃是年10月上旬第1軍（司令官香月清司）在「平漢鐵路」（當時地名，北平至漢口）方面之會戰。[14] 命令參加「察哈爾作戰」的第5師團（師團長坂垣征四郎），立即轉用於保定方面，以支援第1軍之作戰，並擴大作戰成果。因此，爾後由第5師團與「蒙疆兵團」（由「關東軍」派出，

14　有關「察哈爾作戰」經過狀況，可參：何世同，《瞄準平型關》，頁55~66。

首長為「關東軍」參謀長東條英機）共同發動的「忻口會戰」（又稱「太原會戰」），並不在「華北方面軍」的「初動構想」之內。其後，坂垣師團長以掃除第1軍「保定會戰」時的「翼側威脅」為藉口，說服了「華北方面軍」司令官，使其改變決心，才讓第5師團「節外生枝」的進入山西，與「蒙疆兵團」共同進行了「忻口會戰」。[15]

又如：1941年12月，與日本海軍「偷襲珍珠港」，「同步」進行的陸軍「南方軍」攻略西方列強在遠東殖民地之「南方作戰」，原來並無進攻緬甸計畫；但後來其所轄第15軍成功通過泰國、緬甸邊境大山，正攻向緬甸南方大港摩爾門（Moulmein）時，其大本營經過評估，覺得時機成熟，突於1942年1月22日，以「大陸令第590號」，下達「提早發動緬甸作戰」命令；標示「攻略緬甸」之作戰，正式展開。[16]

其中最經典的例子就是，當1937年8月13日「淞滬戰事」爆發，日本陸軍參謀本部迅速編成「上海派遣軍」（司令官松井石根），由長江口方面進攻上海，形成雙方百萬軍隊的大戰，是謂「淞滬會戰」。[17]10月9日，日軍參謀本部新成立「華中方面軍」，司令官由松井石根兼任，統一指揮「上海派遣軍」，與杭州灣乍浦方面登陸的第10軍（司令官柳川平助）。[18]當時，陸軍參謀本部曾明示「華中派遣軍」須以「上海

15　岡部直三郎，《岡部直三郎大將の日記》（東京：芙蓉書房，1982年3月），頁89。按，日軍「華北方面軍」原計畫之「保定會戰」，因臨時進行「忻口會戰」，而未實施。
16　《緬甸攻略作戰》，頁12~13、20、110。
17　其狀況，可參：何世同，《堅苦卓絕》，119~120。
18　《從盧溝橋事變至南京戰役》，頁570。

附近決戰為目的」，並未考慮「擴大戰線到西方遠處」，遂以「蘇州—嘉興之線」為「統制線」，律定日軍不得越界作戰。[19] 但日軍第 10 軍 11 月 4 日在杭州灣登陸後，不聽命令，逕自向西越界追擊，於 11 月 26 日突破南京外圍屏障的「吳福」與「錫澄」兩道「國防工事線」，與部分「上海派遣軍」對南京造成「戰略包圍」態勢；狀況發展至此，陸軍參謀本部只得取消「統制線」，並於 12 月 1 日對南京下達總攻命令。[20]1937 年 11 月下旬至 12 月中旬，日軍通過「統制線」進攻南京狀況，如圖 5-4 示意。[21]

不過，在二戰的日本軍隊中，這種「下級牽著上級鼻子走」的狀況，並不是特例，似乎常見。例如：擔任「緬甸攻略」作戰任務的日軍第 15 軍，於 1942 年 1 月 31 日占領摩爾門後，基於南方軍 2 月 9 日「繼續攻擊」之指令，於泰國通往緬甸山區之簡易道路大致完成，及軍後續作戰所需之彈藥與資材補給問題解決後，於 2 月 17 日下達軍繼續向西唐河（Sittang River）畔攻擊之命令。[22]

19　《從盧溝橋事變至南京戰役》，頁 571。
20　同上注，598~605。
21　本圖參考：《從盧溝橋事變至南京戰役》，頁 600，「南京作戰經過要圖（昭和十二年十一月下旬～十二月上旬）」。及史政編譯局編印，《國民革命軍戰役史第四部・抗日》，冊 2，〈初期戰役（上）・華東地區作戰・會戰經過〉，頁 236 後，插圖 4「淞滬會戰全般經過要圖〔民國 26 年 8 月 13 日至 11 月 26 日〕」。
22　《緬甸攻略作戰》，頁 197。

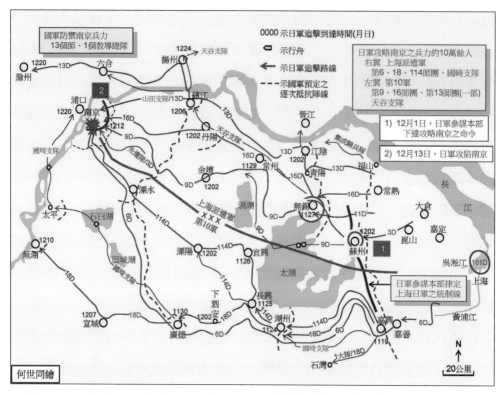

圖 5-4：1937 年 11 月下旬至 12 月中旬，日軍通過「統制線」進攻南京狀況示意

　　但是，軍所轄之第 55 與第 33 兩個師團，並未等待軍之命令，而分別於 2 月 8 日及 10 日深夜，各自以徵用之民船，梯次渡過薩爾溫江（Salween River），自行向西「擴張戰果」；而當第 15 軍飯田司令官於 2 月 17 日下達攻擊命令時，這兩個師團早已通過該軍預定之「攻擊發起線」，正競相向西唐河發動追擊中，並於 23 日入夜前，掃蕩了所有西唐河以東未及脫逃之英軍。[23]

23　同上注，頁 197~198、202~208。

　　二次大戰結束後，第 15 軍飯田司令官在回憶錄中，曾就此對這兩個師團「不待命令」（即「不聽指揮」）而「自行發起攻擊」一事，作出嚴屬批評：[24] 但是，當時飯田面對被兩師團「牽著鼻子走」的狀況，也只有無可奈何地接受。1942 年 2 月 8 日、10 日，日軍第 33、55 師團不待軍之命令，向西唐河之攻擊狀況，如圖 5-5 示意。[25]

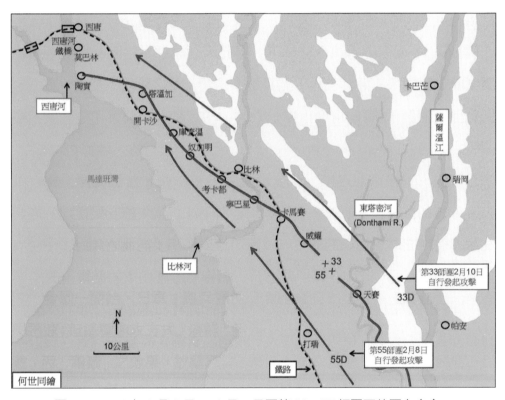

圖 5-5：1942 年 2 月 8 日、10 日，日軍第 33、55 師團不待軍之命令，
向西唐河之攻擊狀況示意

24　同上注，頁 209~210。
25　本圖之調製，係根據：同上注，頁 199，插圖 14「向西唐河畔之第十五軍攻擊部署概圖」。

　　吾人又由前述「四川作戰」計畫所載：「以約 3 個師團為一部，由宜昌進攻，以企擊滅重慶軍主力，攻占重慶、成都及其他四川省要地」的初始構想看來，其實「江南殲滅（宜南）作戰」就等於是在執行「戛然而止」的「四川作戰」。

　　由此觀之，設若第 11 軍果能於「江南殲滅作戰」第 3 期，擊滅宜昌以西地區「中國野戰軍」，其下一步行動，必然就是經由三峽，攻入四川。第 11 軍橫山勇司令官以下，際此大功誘惑，當因勢握機，料不應考慮「反轉」。而其上級，尤其是大本營，利之所趨，也必定會迅速同意並支持第 11 軍向重慶「擴張戰果」的行動。狀況果如是發展，中國將立即陷入巨大危機之中。

　　首先，長江南北之國軍第 6 戰區兵力被分割，無法發揮「統合戰力」，有利日軍「各個擊滅」作戰；其次，江防軍失掉立足之地，亦將瓦解。而也立即壓迫恩施的第 6 戰區司令長官部及湖北省政府，使兩者無路可退，除了「就地解散」之外，恐已無其他選擇。更嚴重的影響是，抗戰指揮中樞、陪都重慶的門戶，因而洞開，遭受「立即的危機」。1943 年「鄂西會戰」假想日軍攻入三峽地區對第 6 戰區之影響，如圖 5-6 示意。

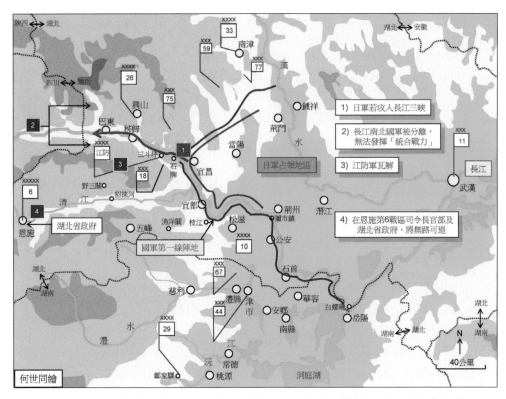

圖 5-6：1943 年「鄂西會戰」假想日軍攻入三峽地區對第 6 戰區之影響示意

　　三峽地區之「地形特性」，一般山地的海拔高度，多在 1,500 至 2,400 公尺之間，沿江叢嶺僅有一二人行走寬度的小道，又屬亂石羊腸，交通、連絡、運輸在在均感困難；又山深林密，雲霧雲聚，不但機械化部隊不易活動，即空中偵察及地面觀測與射界，亦受限制。[26]

　　這些狀況看起來對攻者不利，實際上也限制了守者指揮、觀測、連

26　史政編譯局編印，《抗日戰史》（黃皮），冊 70，《鄂西會戰（一）》，〈會戰前之狀況〉，頁 11。

絡、射界、警戒、掩護等「戰場要務」之遂行。尤其是第 11 軍在「五號作戰」準備期間，曾進行各參謀沿長江沿岸「預定進攻路線」的空中偵察，以及在武昌附近山地進行道路構築之演習和訓練（見前文）；因此，三峽地區的「地形特性」，應對日軍進攻時的行動限制，降至最低。

論及重慶「安全」的問題，且以 1944 年 8 月中旬至 12 月中旬，日軍發動的「桂柳會戰」為例：11 月上旬，第 11 軍（司令官仍為橫山勇）以主力進攻桂林，另以一部南下，會同第 23 軍（司令官田中九一）圍攻柳州。11 月 10 日，柳州陷落；第 4 戰區（司令長官張發奎）以柳州既陷，桂林已無固守之必要，遂於 11 月 11 日放棄桂林，主力向西轉移。[27] 日軍第 11 軍於占領柳州後，繼續以第 3、13 師團，沿湘桂鐵路向西「擴張戰果」；12 月 2 日，攻至貴州獨山。[28]

先是，國府軍委會為因應此狀況，緊急從各戰區抽調 7 個軍的兵力，馳援第 4 戰區；[29] 當日軍攻抵獨山時，第 8 戰區所屬的第 29 軍（軍長孫元良，影星秦漢之父）第 91 師及第 98 軍（軍長劉希程）第 169 師及時趕到，擊退日軍，於 12 月 6 日收復獨山，日軍向東退去。[30] 1944 年 8 月

---

27 史政編譯局編印，《國民革命軍戰役史第四部・抗日》，冊 4，〈後期戰役・桂柳作戰〉，489~508。

28 日軍由柳州至獨山之戰鬥過程，見：日本防衛廳防衛研修所戰史室編撰・曾清貴譯，《廣西會戰・一號作戰（三）》，日軍對華作戰紀要叢書— 10（台北：國防部史政編譯局，1987 年 7 月），頁 737~788。按，原先第 11 軍在擬定計畫階段，「桂柳攻略作戰」係以消滅兩地中、美空軍基地為目地，對占領兩地後向宜山方向之追擊，並無指導，事先也未進行研究，方面軍亦沒有指示，完全是第 11 軍為了擊滅中國軍主力的「獨斷」行為；同上注，頁 699~670。

29 抽調各戰區之兵力為：第 1 戰區 3 個軍、第 6 戰區 2 個軍、第 8 戰區 2 個軍；見：史政編譯局編印，《國民革命軍戰役史第四部・抗日》，冊 4，〈後期戰役・桂柳作戰〉，頁 510。

30 同上注。

至12月，「桂柳會戰」經過狀況，如圖5-7示意。[31]

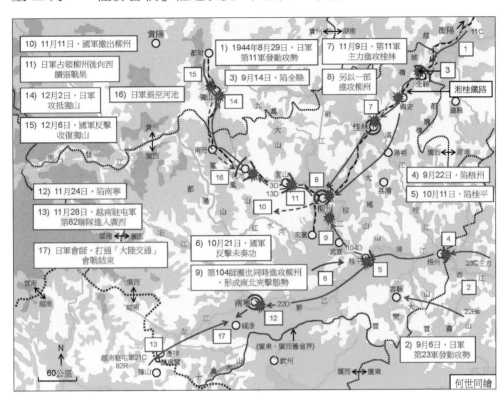

圖 5-7：1944 年 8 月至 12 月，「桂柳會戰」經過狀況示意

當 1944 年 12 月 2 日，日軍攻抵貴州獨山之際，重慶震動，「中國戰區」參謀長魏德邁（Albert Coady Wedemeyer；按，當時史迪威〔 Joseph Warren Stilwell 〕已去職）以貴陽一旦失守，力促戰區統帥蔣介石委員長應有遷都昆明之準備，為蔣拒絕。[32]4 日，魏再次向蔣提出同樣建議，蔣還是堅拒；蔣在當天日記中寫道：「此為中華歷史與民族志節關係，

---

31 本圖繪製，係綜合上述資料，並參考：同上注，頁 492 後，插圖 5「桂柳作戰全般經過概要圖（民國 33 年 9 月 8 日至 12 月 14 日）」。

32 抗戰歷史文獻研究會編，《蔣中正日記—民國三十三年·1944》（台北：抗戰歷史研究會，未出版），12 月 2 日條，頁 175。

不能討論，余雖被敵在渝包圍，亦絕不能離渝也。」[33] 魏於了解蔣之決心後，亦堅定表示絕不離渝，願與蔣共患難。[34]

　　獨山距貴陽約 170 公里，貴陽距重慶約 370 公里，總計約 540 公里；宜昌西面（西陵峽入口）至奉節（瞿塘峽出口）約 200 公里，奉節至重慶約 380 公里，總計約 580 公里；兩者距離概等。前者有長江與清江兩岸谷地，勉可作與進攻方向「垂直」之「接近路線」；後者則須穿越「雲貴高原」北部之大婁山，經過烏江等數道與進攻方向「平行」之河流作「接近路線」，雖當時築有「川黔公路」，但在崎嶇研蜿蜒的地形中，大軍機動極受限制。獨山、貴陽、重慶間地形與交通，如圖 5-8 所示。[35]

33　同上注，12 月 4 日條，頁 176。
34　同上注。
35　本圖參考：蔡正倫、桂陶、葉顯鎧、張潔民等編，《最新實用中華地理區地圖》，頁 8。

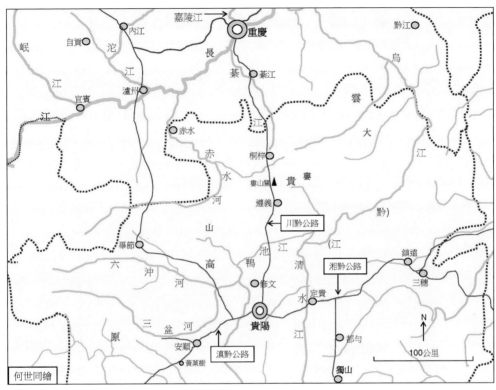

圖 5-8：抗戰時期，獨山、貴陽、重慶間交通狀況示意

　　兩相比較，三峽道顯較貴陽道對進攻兵團有利。而日軍打到獨山即
造成重慶大震動，並連美國籍之中國戰區參謀長都有遷都之建議；可想
設若日軍攻入三峽，再溯江而上，造成進窺巴蜀，直驅重慶之態勢，國
府該會如何緊張？因此，守住三峽入口，遂成屏障重慶安全的頭等大事。

第三節｜石牌要塞之戰略地位

自 1940 年 6 月 12 日，日軍占領宜昌後，國軍第 6 戰區即概於宜昌以西山地南北之線，建立「抵抗陣地」，並沿長江設置要塞、工事與阻絕（已如前述）以鞏衛陪都重慶之安全；石牌要塞居第 6 戰區陣線之中央，又扼三峽門戶，戰略地位無比重要，如圖 5-9 所示。

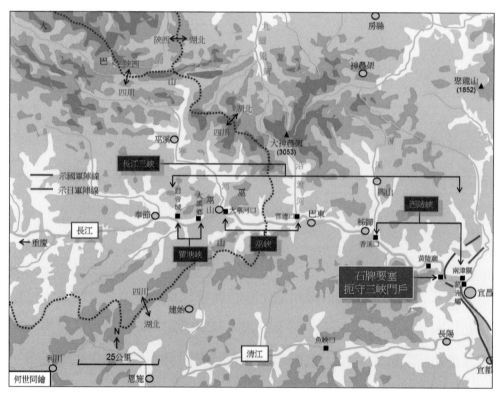

圖 5-9：1943 年 5 月上旬「鄂西會戰」直前，石牌要塞扼守三峽門戶示意

自 1937 年 11 月上旬，國軍在「淞滬會戰」戰敗，棄守上海以來，為阻止日軍利用長江水道西進，歷經兩次「要塞保衛戰」；一次是「江

陰要塞保衛戰」，另一次是「馬當要塞保衛戰」，兩次都是國軍戰敗而放棄要塞。

　　先論「江陰之戰」：江陰、晉江之間，是長江下游最窄處；國軍統帥部令由海防撤退下來的海軍第 1 艦隊，在長江南岸的江陰設立要塞，是謂「江陰要塞」。1937 年 8 月 11 日，當淞滬局勢緊張，大戰一觸即發之際，海軍為阻止日艦進入長江，威脅南京，並維護長江南北交通，派遣甘露等艦於江陰下游開始破除各航路標誌，並堵塞港道，阻止敵艦上駛；同時抽調通濟、大同、自強、德勝、威勝、辰字、宿字各艦艇，連同國營招商局與各輪船公司徵集之嘉禾、新銘等 20 艘船隻，以「沉船封江」方式，建立「堵塞線」。8 月 16 日，復遣拱衛南京之平海、寧海、應瑞、逸仙等 4 艦，開往「堵塞線」後，協同江陰地區其他艦艇，嚴陣以待，隨時準備攻擊強行通過之敵艦。[36]

　　9 月 25 日，又徵用 3 艘商輪及抽調海圻、海容、海籌、海琛等 4 軍艦，繼續沉塞；以上計自沉軍艦 12 艘、商船 23 艘、港勤艇 8 艘，共 43 艘，共 6 萬 4 千餘噸。[37] 旋復將各地徵用之 8 艘「躉船」（無動力矩形平底船），及石子、民船、鹽船，陸續下沉，填補罅隙；並於江陰一帶，佈放水雷，增加封鎖線強度。[38]1937 年 8 月至 9 月，我海軍封鎖江陰長

36　何應欽，《八年抗戰之經過》，頁 278；及國防部海軍司令部，《紀念抗戰 70 週年：海軍抗戰期間作戰經過彙編》（台北：海軍司令部，1015 年 5 月，再版），附圖 3。
37　同上注。
38　同上注。

江水道軍艦自沉位置，如圖 5-10 示意。[39]

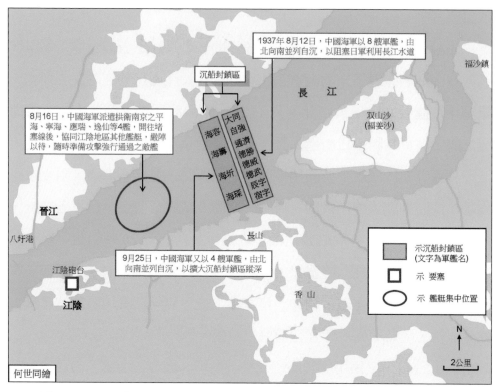

圖 5-10：1937 年 8 月至 9 月，我海軍封鎖江陰長江水道軍艦自沉位置示意

日機自 8 月 16 日起，不斷對我各艦實施空襲；22 日，遭我防空砲火擊落 1 架。9 月 22 日，敵機大隊來襲，我平海、應瑞兩艦受傷，官兵傷亡慘烈，敵機亦 5 架受創。23 日，日機 6、70 架分批向我艦隊四面圍攻，平海、寧海艦被炸沉，我擊落日機 4 架。9 月 25 日至 10 月 1 日，我逸仙、建康、楚有等 3 艦被炸沉，艦上官兵全部犧牲，日機亦有 2 架

39　本圖參考上述資料繪製。

被擊落。至 10 月 13 日，又有青天、湖鵬、湖鷹、江寧等艦被炸毀，我軍犧牲甚鉅；10 月 25 日，海軍開始在采石磯（南京東南約 50 公里之長江東岸）拆卸燬壞艦隻上的重砲、彈藥與裝備，移至岸上，擔任江防任務。12 月 1 日，日軍地面部隊進抵江陰城，我岸砲陣地後路被截斷，支持至 3 日晚 10 時，奉江防總部命令，毀砲西移，繼續抗戰。[40]

觀察所見，溯江而上的日軍，雖受國軍之「沉船封鎖航道」之阻，但由於江陰要塞地面防禦力量薄弱，日軍改由地面進攻，輕易占領江陰城；地面基地既失，要塞即不具功能。日軍於占領江陰後，立即清理航道，以長江作為「補給線」，繼續向西進攻。

再論「馬當之戰」：江陰失陷後，我海軍即撤至馬當東西之線，於 1937 年 12 月開始從事新防線之部署。至 1938 年 6 月，先後在官洲（筆按，應作新洲）、東流、馬當一帶敷設水雷 8 百餘枚，沉船 17 艘，湖口方面也加佈雷區。並於馬當至湖口一帶，編成要塞陣地，配以砲隊及海軍第 2 艦隊與陸戰隊改編之警備部隊防守；同時以寧字、勝字號砲艇在阻塞線附近輪流梭巡。[41]1937 年 12 月至 1938 年 6 月，海軍在馬當部署「阻塞陣線」狀況，如圖 5-11 示意。[42]

---

40 何應欽，《八年抗戰之經過》，頁 279~280；及史政編譯局編印，《抗日戰史》（黃皮），冊 8，〈全戰爭經過概要‧海軍之作戰〉，頁 282。

41 何應欽，《八年抗戰之經過》，頁 280；史政編譯局編印，《抗日戰史》（黃皮），冊 9，〈全戰爭經過概要‧海軍之作戰〉，頁 315；國防部海軍司令部，《紀念抗戰 70 週年：海軍抗戰期間作戰經過彙編》，附圖 13。

42 本圖參考上述資料繪製。

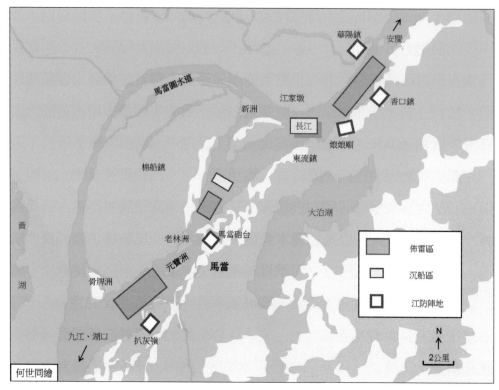

圖 5-11：1937 年 12 月至 1938 年 6 月，海軍在馬當部署「阻塞陣線」狀況示意

　　1938 年 3 月 27 日，日機 3 架突向巡邏防線之義勝號砲艇投彈，該艇爆炸焚燬。4 月上旬，日艦進入大通（安慶東 70 公里）以西江面活動，並駛至貴池（安慶東 40 公里）附近；14 日，其中 2 艘遭我順流佈放之輕型水雷炸沉。6 月 22 日，敵汽艇 10 餘艘，在飛機掩護下，逼近馬當「阻塞線」，被我海軍砲隊擊沉 3 艘；24 日，日機 9 架在馬當附近向咸寧號砲艇投彈 40 餘枚，該艇受傷，船底漏水。25 日，日軍以輕巡洋艦 1 艘，率驅逐艦多艘，再逼近馬當，與我砲台展開激烈砲戰；戰鬥中，其巡洋艦為我擊中起火，由其驅逐艦挾拖而逃，餘艦也紛紛退去。26 日，

日軍第 11 軍以波田旅團從陸路進攻馬當，由於戰區守備部隊作戰不力，當天午時砲台外圍即為日軍所占；我海軍砲隊遂奉要塞司令部之命，將砲閂拆卸掩埋後，突圍而出。[43]

當時，馬當方面由守備第 2 總隊第 1、2 大隊（欠 1 個中隊），及第 3 總隊第 3 大隊，與陸戰隊所屬之野砲 1 個中隊防守。[44]6 月 22 日，日軍乘黃昏大雨之際，偷襲我馬當要塞前哨香山（按，應作香口）陣地，激戰終宵，我守備總隊官兵 3 百餘人，幾乎全部壯烈犧牲，突圍者「十不及一」。23 日黎明，日軍以分隊（排）為單位之小股，在其飛機、艦砲及地面砲兵掩護下，繼續向我香山以西陣地攻擊，我警備總隊第 1、5 中隊僅憑少數工事及高昂士氣，堅守陣地，與日軍白刃戰鬥；原本 24 日前來接替防務的陸軍第 167 師，並未到達（按，事後師長薛蔚英被軍法槍決），官兵浴血苦戰。江北華陽鎮之守軍，因隔江為敵遮斷，失去連絡，乃於當夜先撤走。[45]

26 日晨，日軍復以陸、海、空軍協力來犯，滿山敵旗飄搖，衝殺之聲此起彼落，戰鬥之慘死事之烈，以此時為最甚；我警備總隊第 1、5 中隊，在彈盡援絕下，苦撐 72 小時後突圍而退，馬當要塞也同時陷敵。

43　何應欽，《八年抗戰之經過》，頁 280~281；史政編譯局編印，《抗日戰史》（黃皮），冊 9，〈全戰爭經過概要・海軍之作戰〉，頁 315。

44　何應欽，《八年抗戰之經過》，頁 282；惟將第 3 艦隊，誤植為第 2 艦隊。另，史政編譯局編印，《抗日戰史》（黃皮），冊 9，〈全戰爭經過概要・海軍之作戰〉，頁 316，所載同。

45　何應欽，《八年抗戰之經過》，，頁 283。

此戰，我警備總隊官兵陣亡犧牲者約 7 百人，負傷殉國者約 3 百人。[46]

「要塞」的一般概念，是設在關隘或要點處的大範圍堅固工事，可容納相當兵力，火砲涵蓋附近若干距離，不但能遂行防禦戰鬥，還能依狀況出擊，可視為一種「人為地障」。也就是說，「要塞」必須具有「兵力」、「火力」與「工事」條件，才能收到「攻守兼備」的所望效果。

在上述兩場「要塞保衛戰」中，日軍無法從江上而來，改從陸上進攻，結果一下子就突破了國軍防線，占領要塞；而後者在長江所設之「阻絕」，失去要塞的火力掩護，就變成只能「遲滯」敵軍行動於一時的「障礙物」而已。簡單地說，上述兩要塞之失守，就是「地形不利」、「兵力不足」、「火力不夠」與「工事薄弱」所造成。

根據《抗日戰史・鄂西會戰》對「作戰地區地形特性」之描述：宜昌以西地區，概為岩石山地，斷崖絕壁，隨處可見，道路傾斜陡峻，部隊運動極受限制，機械化部隊之使用則「絕無可能」。山中喬木砍伐殆盡，灌木叢生，通視有限；攻者如利用輕裝之小部隊活動，頗易達成「奇襲」之目的。又搜索困難，防者若巧為設伏，收效亦大。因地屬岩質，構工困難，雖在射擊方面可增加砲彈破片之威力，然死角甚大，平射武器效力極微。[47]

長江由北南下，至石牌折向東流，抵南津關，出三峽，復南折直趨

46　同上注，頁 283~284；及史政編譯局編印，《抗日戰史》（黃皮），冊 9，〈全戰爭經過概要・海軍之作戰〉，頁 316。

47　史政編譯局編印，《抗日戰史》（黃皮），冊 71，《鄂西會戰（二）》，〈重要戰鬥・石牌附近之戰鬥〉，頁 241。

宜昌，江面逐漸寬闊；水勢自石牌以下，亦遠不如上流之湍急。惟航路仍窄，軍艦進出尚受限制，兩岸交通，僅舟楫是賴。[48]

由上述「作戰地區地形特性」看來，在宜昌以西山地之線作戰，由於地形複雜，對日軍機械化大軍行動形成極大限制，故概對「陣地防禦」的國軍有利。又基於先前守不住江陰與馬當要塞，在於地形不利防禦與守備兵力不足之經驗教訓，第6戰區除了在石牌配置江防兵力與火砲外，更規劃了容納20個步兵營（約等於2個多步兵師）的「掩護陣地」。更關鍵的是，江陰與馬當要塞之戰的時間點，是國軍「持久抗戰戰略」指導下的「以空間換時間」階段，為全般「守勢持久」作戰的一環；[49]其設置目地，本在遲滯敵軍行動，故其為日軍攻占，乃意料中、並「可以忍受」之事。

石牌要塞則不然，其戰鬥時間點，是「持久抗戰戰略」指導下，固守「最後抵抗線」不再後退的「持久消耗」階段；因此，石牌要塞非守住不可，一旦守不住，日軍即進入三峽，直趨重慶，我們的抗日戰爭也就打不下去了。但是，原本在第6戰區的「會戰指導計畫」中，要「固守」的要點是巴東，而不是石牌（見圖5-13）；若非5月28日蔣委員長急令「固守」石牌，石牌就會像江陰、馬當要塞一樣，變成「遲滯陣地」，後果將不堪設想。1943年5月「鄂西會戰」直前，石牌要塞陣地配置，

48　同上注。

49　有關「八年全面抗戰」階段之劃分；見：何世同，《堅苦卓絕》，頁118。

如圖 5-12 示意。[50]

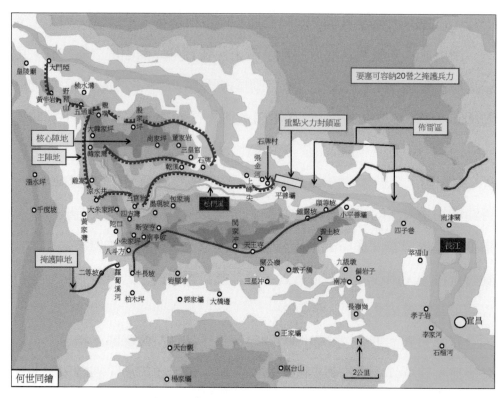

圖 5-12：1943 年 5 月「鄂西會戰」直前，石牌要塞陣地配置示意

---

50 本圖參考前述資料；及史政編譯局編印，《抗日戰史》（黃皮），冊 71，《鄂西會戰（二）》，〈重要戰鬥・石牌附近之戰鬥〉，頁 250 後，插圖 40「石牌要塞配要圖（民國三十二年五月二十八日）」。

第四節｜國軍之會戰指導

1943 年 5 月上旬，至 6 月中旬，日軍第 11 軍為打通宜昌下航之長江水道，並擊滅地區國軍第 6 戰區野戰軍，同時進窺入川之路，發動「江南殲滅作戰」，國軍稱之為「鄂西會戰」；作戰範圍，概在鄂西宜昌、昌都、漁洋關、枝江、公安，及湘北津市、澧縣、安鄉之間地區。[51]

國軍指揮官為第 6 戰區司令長官陳誠（按，當時陳誠在滇西負責指揮「中國遠征軍」作戰，由副司令長官孫連仲暫代），參戰部隊計 30 個師、2 個獨立旅、1 個陸戰旅、3 個挺進縱隊，及空軍 4 個大隊、陳納德第 14 航空隊，飛機 165 架；總兵力（含第 5、9 戰區配合作戰）331,584 人。[52] 司令部長官部駐恩施；[53] 其作戰序列如下：[54]

長江上游江防軍（以下簡稱江防軍），總司令吳其偉（兼戰區副司令長官）。編配：**第 18 軍**（軍長方天，兼「宜巴要塞區」守備司令），轄第 11 師（師長胡璉，轄第 31、32、33 團）、第 18 師（師長羅廣文，轄第 52、53、54 團）、第 34 師（師長賈西文，轄第 1、2、3 團）、宜

51　史政編譯局編印，《國民革命軍戰役史第四部・抗日》，冊 4，〈後期戰役・鄂西作戰〉，頁 87。

52　同上注。國軍作戰序列，見：同上注，頁 88 後，插表 3「鄂西作戰國軍指揮系統表（民國三十二年五月四日）」；國軍兵力數，見：史政編譯局編印，《抗日戰史》（黃皮），冊 70，〈鄂西會戰〔一〕・會戰一般經過〉，頁 224 後，插表 6「鄂西會戰我軍人馬傷亡統計表（民國三十二年 2 月 15 日至 6 月 30 日）」。

53　史政編譯局編印，《抗日戰史》（黃皮），冊 70，〈鄂西會戰〔一〕・會戰一般經過〉，頁 18。

54　同上注。又，史政編譯局編印，《國民革命軍戰役史第四部・抗日》，冊 4，〈後期戰役・鄂西作戰〉，頁 88 後，插表 3 載：暫編第 35 師第 3 團參戰，第 66 軍未參戰。

巴要塞區（指揮官滕雲，轄新第 1 總台、第 1 總台、第 2 總台）、獨立工兵第 32 營。**第 86 軍**（軍長方日英），轄第 13 師（師長曹金輪，轄第 37、38、39 師）、第 67 師（師長羅賢達〔代〕，轄第 199、200、201 團）、暫編第 32 師（師長金亦吾，第 1、2、3 團）。另轄：巴萬電塞區（指揮官韓棟材，轄第 3、4 總台）、奉節警備司令部（司令韓棟材〔代〕）、海軍第 2 艦隊（艦隊長曹以鼎）、重砲第 4 團（團長鍾懿）、砲兵第 42 團第 2 營、要塞工兵第 2 營第 3 連、工兵第 6 營第 3 營及第 4 營、石工大隊。

　　第 10 集團軍，總司令王敬九。編配：**第 87 軍**（軍長高卓東），轄第 23 師（師長盛逢堯）、第 43 師（師長李士林）、第 118 師（師長王嚴）；**第 94 軍**（軍長牟庭芳），轄第 55 師（師長吳光朝）、第 121 師（師長戴之奇）、暫編第 35 師（師長勞冠英）；工兵第 6 團第 3 營。

　　第 26 集團軍，總司令周嵒。編配：**第 75 軍**（軍長柳際明），轄第 6 師（師長沈澄年）、第 16 師（師長唐嘯）、預備第 4 師（師長王中柱）；**第 66 軍**（軍長方靖），轄第 185 師（師長石祖黃）、第 199 師（師長靳力三）、海軍陸戰隊第 1 旅（旅長林秉周）；工兵第 6 團第 1 營。

　　第 29 集團軍，總司令王瓚緒（兼戰區副司令長官）。編配：**第 44 軍**（軍長王澤濬），轄第 150 師（師長許國光）、第 161 師（師長何保恒、第 162 師（師長孫黼）；**第 73 軍**（軍長汪之斌），轄第 75 師（師長梁祇六）、第 77 師（師長韓濬）、暫編第 5 師（師長郭汝瑰）；工兵第 6 團第 2 營。

　　第 33 集團軍，總司令馮治安。編配：**第 59 軍**（軍長蔣維綱），轄

第38師（師長李九思）、第180師（師長劉振三）、海軍陸戰隊第1旅（旅長翟紫封）；**第77軍**（軍長由馮治安兼），轄第37師（師長吉星文）、第133師（師長王長海）、第179師（師長何基澄）。

司令長官部直屬部隊，計轄：工兵第6團（團長黃德馨，各營下配各部隊）、通信兵第3團（團長王燾）、特務團（團長傅錫章）、砲兵第42團（團長胡家烈）、憲兵第11團第3營等；另有挺進軍（司令彭善，轄3個縱隊、及各地方團隊）、鄂湘川黔邊區清鄉總隊（總隊長郭思演）、萬良與恩施警備隊。

第6戰區基於任務與敵情，以鞏固陪都重慶之目的，決定確保常德、恩施、巴東、興山、歇馬河、南漳等要點，置兵力重點於長江以南地區。第一線兵團依「縱深據點」，行「強韌抵抗」，消耗日軍戰力；最後於鄭家驛、慈利、五峰、招徠河、秭歸、興山之線以東，馬良坪、安家集、宜城之線以南山地，依第二線兵團之機動，與第一線兵團「適時將深入之敵而殲滅之」。[55] 1943 年 5 月上旬，「鄂西會戰」第 6 戰區作戰構想，如圖 5-13 示意。[56]

55　史政編譯局編印，《抗日戰史》（黃皮），冊 70，〈鄂西會戰〔一〕·我軍會戰指導〉，頁 13。
56　本圖根據上述狀況調製。

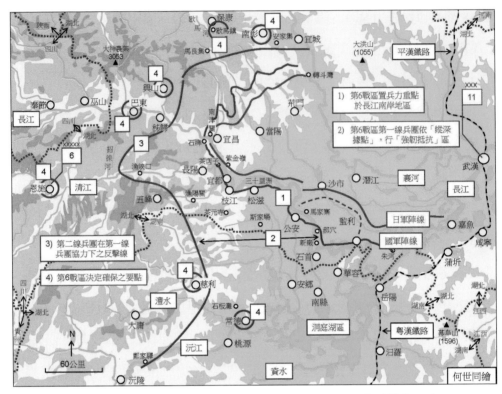

圖 5-13：1943 年 5 月上旬，「鄂西會戰」第 6 戰區作戰構想示意

　　由於當時宜昌以東的長江北岸地區已為日軍所占，因此第 6 戰區只得在宜昌以東的長江南岸之線，配置兩個集團軍之兵力，實施防禦；目的在利用地區湖沼、河川、丘陵地帶的地形特性，行「數地持久」式的「廣正面防禦」，相機協力反擊。加上編配兵力最大的江防軍，長江南岸自然成為戰區兵力部署的重心。

　　值得注意的是，戰區「決定確保」之「要點」，在三峽之中只有巴東，沒有石牌，但這並不表示石牌不須防守。按，在宜昌以西的長江三峽水道，戰區一共整建了 4 座要塞，由東向西依序是石牌、廟河、洩灘、

牛口；各要塞規劃掩護陣地之兵力，分別為 20、16、16、10 個營，一
共 52 個營（見圖 5-2），巴東剛好位於這 4 座要塞之末端。也就是說，
這 4 座要塞，是第 6 戰區鞏衛興山、巴東、恩施最後確保防線的縱深工
事；如果這 4 座要塞守得住，或形成「數地持久」之陣地，遲滯敵前進，
興山、巴東、恩施就可以獲得確保，日軍就進不了四川。

石牌是由宜昌進入三峽的門戶，第 6 戰區當然希望能守住石牌，不
讓日軍進入三峽；惟顯然對此並無把握，而將希望寄託在這 4 座縱深要
塞「持久抵抗」的成功上。但若一開始石牌這座三峽門戶上的大要塞就
丟了，其他 3 座要塞及巴東、恩施還守得住嗎？前述戰區「會戰構想」
的「確保要點」部分，未將石牌列入，顯然犯了極嚴重的「狀況判斷」
錯誤。直到 5 月 28 日戰況萬分危急之時，始由蔣介石委員長親自下令
「固守石牌」；[57] 後來第 11 師不辱使命，守住了石牌，否則狀況將不堪
設想。胡璉師長一戰成名，成了國人心目中的抗戰英雄。

先是，1943 年 2 月 14 日，在日軍第 11 軍發起「江北殲滅作戰」直
前，第 6 戰區即根據「本身任務」及「敵可能行動」，擬定了 3 個會戰「指
導方案」。[58]

第 1 案：假定「敵軍進擾江北，並由松滋或沙市渡江進攻」時；

57　抗戰歷史文憲研究會編輯，《蔣中正日記‧民國三十二年（1943 年）》（台北：抗戰歷史
文憲研究會，未出版），5 月 28 日條，頁 76，載：「晚間處理作戰要務，決定固守石碑〔牌〕
要塞，令方軍長準備獨立作戰，以待後方部隊集中後，再行反攻也。」方軍長，為第 18 軍
軍長方天；後文有詳載。

58　史政編譯局編印，《抗日戰史》（黃皮），冊 70，〈鄂西會戰〔一〕‧我軍會戰指導〉，
頁 13。

江北挺進軍及第 128 師暫歸第 118 師師長王巖統一指揮，實施「機動作戰」，不得退過江右（南岸）。第 29 軍之沿江守備部隊，限在石首、公安、枝江以東地區拒止敵人，不得退入此線以西；第 10 集團軍開始向澧水以北地區增援。敵之企圖如僅於占據（按，指江北）時，則以第 10 集團軍之第 87 軍，渡江驅逐之。江防軍及江北之第 26、33 集團軍，各以一部牽制當面之敵。[59]

對照上章所述日軍「江北殲滅作戰」的兵力、進攻方向、作戰經過與結果，第 6 戰區的「會戰指導」，不但對日軍的「情報判斷」錯誤，不知其動用的「殺雞用牛刀」兵力，而且也過分高估了自己的作戰能力；例如，江北的第 128 師、挺進隊，哪有「機動作戰」條件？戰區不准其退向江右，最後只有全部被日軍包圍殲滅在江北。又如，一旦日軍占領江北，遠來的第 87 軍，又哪有渡江驅逐日軍的能力？簡單地說，第 6 戰區的此一「會戰指導」，是一「敵情判斷」錯誤，計畫與行動完全脫節的「一廂情願」方案；其戰敗，乃必然。而戰區之會戰計畫指導如此，也反應當時國軍幕僚素質的低劣。[60]

第 2 案：假定「我軍渡江反攻」時，第 29 集團軍以第 44 軍在監利以東地區，分多數支隊渡江襲擊。第 10 集團軍以第 87 軍主力於堅利、

59　同上注。

60　抗戰歷史文憲研究會編輯，《蔣中正日記・民國三十二年（1943 年）》，頁 76，5 月 28 日條，載：蔣介石委員長在「鄂西會戰」狀況最緊急時，曾就國軍幹部素質低劣，感嘆曰：「前方將領指揮無方，平時毫無研究，臨時糊塗作戰⋯而高級幕僚之不學無術，膽怯心慌，聞之悲傷，抗戰前途不堪設想。」後文亦有論。

郝穴之間地區，亦分多數支隊渡江襲擊；其第 43 師移至公安附近，準備策應。第 94 軍之第 121 師約以 1 團兵力，分成數個支隊，由宜都附近渡江襲擊，以行策應。渡江襲擊各支隊，約以步兵 2 連或 1 營編成，由團長或營長指揮；襲擊支隊渡江時，各集團軍之第一線部隊應全面伴動，積極攻擊敵人。[61] 但因兵力過小，並未發生顯著效用。[62]

第 3 案：「敵軍渡江進攻」時，第 29 集團軍沿江守備部隊在安鄉、公安、斯家場、松滋以東地區，拒止敵人，不得退向該線以西；控制於常德附近之第 44 軍第 162 師，準備向澧縣附近推進，參加戰鬥。第 10 集團軍第 87 軍之第 118 師，暫歸第 44 軍指揮，其餘以一部固守公安，主力機動使用，以擊滅進攻之敵。挺進軍即轉入敵後作戰。江防軍及第 26 集團軍各以一部攻擊當面之敵，第 33 集團軍以主力向荊門以南地區猛攻，破壞其後方交通、通信，占領其要點，以利戰區主力之作戰。軍委會直轄駐萬縣地區之第 32 軍軍長宋肯堂，率第 139 師（師長孫定超）立即開往秭歸，集結待命。益陽、沅江附近之部隊，調 1 師以上之部隊至常德控制，準備參加作戰。第 20 集團軍之第 53 軍，開回沅陵控制。[63]

此狀況及其爾後作戰，就是日軍所謂的「江南殲滅作戰」，亦即國軍所稱的「鄂西會戰」；其經過與結果，詳論於下章。值得注意的是，基於過去江陰與馬當要塞，因地形、火力與兵力的因素，未能守住的經

---

61 史政編譯局編印，《抗日戰史》（黃皮），冊 70，〈鄂西會戰〔一〕‧我軍會戰指導〉，頁 14。
62 同上註，〈重要戰鬥〉，頁 225。
63 同上註，〈我軍會戰指導〉，頁 14。

驗與教訓；石牌要塞除地形有利、火力加強外，第 6 戰區更以第 18 軍第 11 師部署其上，另置第 18 師於其左（南），並列防禦，以強化守備力量，詳後文論述。

第六章

瀕臨崩潰的
國軍鄂西防線

　　日軍第 11 軍在 1943 年 2 月至 3 月的所謂「江北殲滅作戰」中，雖然攻占漢口、岳陽、沙市間長江北岸的「三角地帶」，並擊滅了地區內的所有國軍，但長江南岸仍在國軍控制下，宜昌 1 萬餘噸船隻還是無法下航漢口；因此，接著又發動了所謂的「江南殲滅作戰」。

　　本次作戰，日軍概分為 4 個時期，依「河川、湖沼地帶」、「丘陵地帶」、「山岳地帶」之順序，由東向西，每地區都概以「外線作戰」態勢，逐次攻略。其作戰目標，表面上看是打通長江水道，使宜昌船隻得以下航，順便擊滅地區中國野戰軍，但實則是暗中實施被「中止」的「五號作戰」；故其真正目標，是指向重慶。本章先論日軍節節進逼，一路瓦解國軍在「河川、湖沼地帶」及「丘陵地帶」陣線，並攻入「山岳地帶」前緣之作戰；下章再論國軍「反敗為勝」的「石牌保衛戰」，並述步兵第 11 師師長胡璉率領全師官兵，誓死如歸，守住石牌，擋住日寇侵略狂潮的英勇表現，及其對國家民族的偉大貢獻。

第一節｜日軍渡江發動「江南殲滅作戰」

　　1943 年 2 月 19 日，日軍第 11 軍在其所謂的「江北殲滅作戰」中，占領監利、新廠，21 日又攻陷沔陽（位置見圖 4-9）；負責地區守備的第 6 戰區第 29 集團軍，為策應沔陽附近之戰鬥，遂按照前述「會戰指導」第 2 案的「我軍渡江反攻」想定，命第 44 軍第 149 師編成 5 個支隊，由監利以東渡江。第 87 軍第 118 師編成 4 個支隊，由監利、郝穴間渡江。

挺進軍在江右之部隊，全部由第 149 師與第 118 師之間的間隙渡江。各支隊自 3 月 3 日至 6 日渡江完畢，分向朱河、高河口、新廠挺進。[1]

　　根據《抗日戰史・鄂西會戰》所載：日軍連日以來，後方軍運頻繁，戰備跡近完成，見國軍進擊各部隊兵力過小，將不致發生顯著效用，遂不予理會，而於 3 月 8 日分部渡江，攻擊華容附近之國軍。[2]1943 年 3 月 8 日，第 29 集團軍「渡江反攻」時敵我態勢，如圖 6-1 示意。[3]

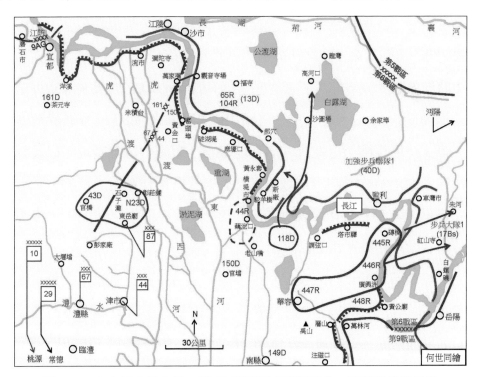

圖 6-1：1943 年 3 月 8 日，第 29 集團軍「渡江反攻」時敵我態勢示意

1　史政編譯局編印，《抗日戰史》（黃皮），冊 71，《鄂西會戰（二）》，〈重要戰鬥・華容附近之戰鬥〉，頁 225。

2　同上註。

3　本圖依據：同上註，頁 240 後，插圖 35「華容附近戰鬥前敵我態勢要圖（民國三十二年三月 8 日）」。

　　從 1943 年日軍第 11 軍「一號作戰」（即「江北殲滅作戰」）與「二號作戰」（即「江南殲滅作戰」）之「全程作戰構想」看來；「一號作戰」，是標準模式的「外線作戰」，已如前述。「二號作戰」，則是依「作戰地區地形特性」，區分時期，每時期作戰，也都以優勢兵力，從多個方面，向「中央位置」之國軍，取「向心攻勢」，以企「逐次攻略」所望目標，亦均屬於「外線作戰」性質。

　　日軍的「江南殲滅作戰」（亦即國軍所稱的「鄂西會戰」），區分 4 個時期的作戰；**第 1 時期作戰**，為占領長江南岸之「河川湖泊地帶」；**第 2 時期作戰**，為攻略「丘陵地帶」。兩時期作戰完成後，即能控制宜昌至武漢間之長江水道，宜昌之船隻就能下航至武漢，並掠奪地區物質。**第 3 時期作戰**，是進入「山岳地帶」，擊滅中國野戰軍，以及相機進行被「中止」的「四川作戰」。至於**第 4 時期作戰**的「反轉」，似乎是在日軍大本營嚴格限制第 11 軍「宜南作戰」行動之狀況下，後者呈送給前者批准作戰所用的計畫而已。

　　進一步看，就「打通長江水道」與「殲滅中國野戰軍」之雙重著眼言，第 11 軍此一「全程作戰構想」，看起來似乎沒有問題，但實際上卻有著甚大疑點。「打通長江水道」的目標，達成不難；但如果一開始，第 11 軍沒有從宜昌方面向南突入，以截斷國軍退路、或早期「迫國軍決戰」的「優勢作為」，而以一次只打一個地區的方式，欲殲滅地區國軍「有生戰力」，並不容易；因為國軍會利用有利地形，行「數地持久」，以保存「有生戰力」。尤其日軍將「殲滅中國野戰軍」之目標，不放在較易發揮戰力的「河川湖泊地帶」或「丘陵地帶」，卻選在不利大軍作

戰的「山岳地帶」上，令人不解。

更值得注意者，日軍既已達成「殲滅中國野戰軍」之目的，為何不乘機「擴張戰果」，卻選擇「見好就收」的「反轉」行動呢？這豈不違反「擊敵不可半途而廢」的「殲滅戰」最基本原則嗎？筆者認為，「反轉」所以納入第 11 軍「二號作戰」計畫，應與日軍大本營對第 11 軍行動的限制有關，已如前述。而第 11 軍的「隱藏」、或曰其上級「心照不宣」之目標，是順勢進入四川，攻略重慶，迫使中國屈服；這不正是原已「被中止」、但「並未放棄」的「四川作戰」目標嗎？只是在當時的戰略環境下，第 11 軍「只能做、不能說」罷了。這樣看起來，日軍第 11 軍「江南殲滅作戰」指導構想中，列上「反轉」，是讓大本營批准而用的障眼作法，就不難理解了。

國軍第 6 戰區方面，考量本身及日軍戰力與地區地形特性，計畫在「河川湖泊地帶」避戰轉進，在「丘陵地帶」逐次抵抗，在「山岳地帶」誘敵決戰，以達逐次消耗日軍戰力，並守住入川咽喉，進而會殲日軍於江南之戰略目的；在會戰構想與指導上，也說得通。但問題出在第 6 戰區欠缺機動條件，加上前方部署不當，各級指揮官企圖心不強，事事請示，每致行動與計畫脫節，最後陷入危險境地，若非守住了石牌，焉有「逆轉之勝」？後文將作詳論。

當 3 月 8 日，第 6 戰區第 29 集團軍部隊依計畫「渡江反攻」時，江北日軍亦「同步」渡過長江，向江南地區發動攻勢，初期目標指向華

容附近。[4] 當時在江北之日軍兵力與兵力位置，概為：

君山、白螺磯、尺八口、車灣市、朱河一帶，為獨立混成第 17 旅團之加強大隊，及偽軍一部，約 2,000 餘人，火砲 4 門，指揮官為獨立第 87 大隊大隊長西村辜三。監利至弓八丈地區，為第 40 師團之加強聯隊，約 4,000 餘人，火砲 20 門，指揮官為第 234 聯隊聯隊長戶田義直。龍灣、駝羊樹、郝穴、觀音寺場地區，為第 13 師團第 65 聯隊及第 104 聯隊之各 2 個大隊，約 5,000 人，火砲 20 門，另附偽軍 2 個大隊，指揮官為第 65 聯隊聯隊長櫻井德太郎（以上地名位置，見圖 6-2）。[5]

華容位於長江、虎渡河、洞庭湖間之「河川湖沼地帶」的中心位置，獅子山、望夫山、墨山、禹山拱衛其北、東、南三面（位置見圖 6-2）；地區湖澤交錯，舟楫便益，倘部隊缺乏水上裝備，或陸上交通一旦破壞，則機動困難。故在此地區作戰之部隊，不僅應具備江、湖作戰之特性，而且應有山地作戰之訓練。復以與虎渡河「近乎平行且交叉」之河渠甚多，對部隊之運動，又形成良好依托；若由湖沼地區轉進山地，則自成極佳之「梯次掩護地帶」（按，即「數地持久地帶」）。不過，防者之河岸，每因水枯、水漲，易失屏障，土質雖屬泥沙，構工簡易，然深不

4　史政編譯局編印，《抗日戰史》（黃皮），冊 71，《鄂西會戰（二）》，〈重要戰鬥‧華容附近之戰鬥〉，頁 225；郭汝瑰、黃玉章，《中國抗日戰爭正面戰場作戰記》上冊，頁 1197，所載同。

5　史政編譯局編印，《抗日戰史》（黃皮），冊 71，《鄂西會戰（二）》，〈重要戰鬥‧華容附近之戰鬥〉，頁 226。

及尺，間有水湧出；居民築堤圍田，攻防均可利用。[6]由此看來，地區之地形特性對攻防雙方，可謂利害互見。

日軍企圖攻國軍江左部隊，於發動攻勢前，先抽調小兵力「試渡」長江，使用擾亂襲擊方式，以掩護其部隊之集結。3月8日上午11時，日軍開始大舉渡江，其兵力、渡河點及進攻方向，概為：君山、樓西灣方面約千餘人（火砲4門），尺八口約4、5百人，堤頭市地區約3、4千人，且糾集帆船甚多；古長堤約千餘人，郝穴、馬家寨地區約4千餘人，木船甚多；分向黃公廟、調弦口、楊林寺、橫堤市、陡湖堤、窯頭埠等沿江地區進攻。[7]1943年3月8日「鄂西會戰」前，日軍渡江作戰狀況，如圖6-2示意。[8]

6　史政編譯局編印，《抗日戰史》（黃皮），冊71，《鄂西會戰（二）》，〈重要戰鬥‧華容附近之戰鬥〉，頁225。

7　同上注，頁228。

8　本圖參考上述資料，及同上注，頁240後，插圖36，「第四十四軍華容附近戰鬥要圖〔民國三十二年三月八日至十四日〕。第149師與第150師之地境線，係3月8日2400時調整；見：同上注。

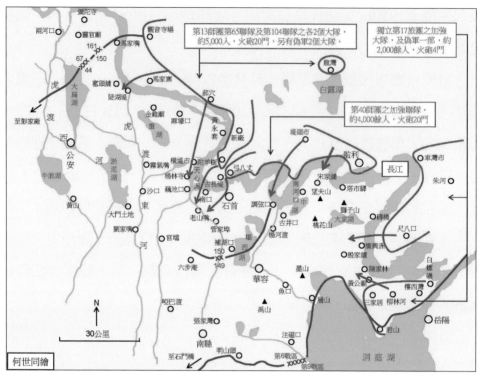

圖 6-2：1943 年 3 月 8 日「鄂西會戰」前，日軍渡江作戰狀況示意

　　日軍第 40 師團部隊渡江後，負責地區防禦任務之國軍第 29 集團軍第 44 軍，雖對日軍加以阻擊，並實施「局部逆襲」；但還是無法阻止日軍進攻，更不用說「恢復陣地」，沿江陣線終為日軍突穿，第 44 軍被迫後撤。3 月 10 日，第 40 師團主力占領華容；同一天，第 40 師團之一部，占領石首與藕池口；第 29 集團軍之江南防線，由是被日軍全面突破。[9]

9　相關作戰經過，見：同上註，頁 228~239；亦可參：郭汝瑰、黃玉章，《中國抗日戰爭正面戰場作戰記》上冊，頁 1197。

　　先是，3 月 8 日入夜後，國軍在長江南岸之宋家埠、陡湖堤、窰頭舖（位置見圖 6-2）等陣地，相繼為日軍占領。[10] 第 29 集團軍兼總司令王瓚緒獲知沿江狀況後，即以「寅齊己」電令各軍、師、團長：「查各級作戰企圖心太不旺盛，敵在據點內，則云無重武器不能進攻，敵抽小部隊進攻，我則毫無辦法，只知請示，惟望指示退路。須知今後作戰原則，只有在犧牲中求代價，不得已時，只准向敵後轉進，自師至排，均要有獨立作戰之忠勇精神，始免觸法，而求生存，著立轉各級遵照。」[11]

　　此電令內容，直接反映了第一線陣地國軍「精神戰力」低落，並無「積極求勝」企圖的情況，王瓚緒對第一線各級指揮官消極無為之批評，也可謂一針見血。吾人研習戰術作戰，有云「火力（尤指砲兵）、兵力（指預備隊）、親臨第一線」，為戰場指揮官「三大法寶」；但當此狀況緊急之際，集團軍總司令與各軍軍長手上並沒有可增援作戰的「砲兵火力」，也沒有立即可用來「反擊」或「逆襲」以恢復陣地的「預備隊」，剩下來只有「親臨第一線」一途，或能鼓舞官兵士氣，提振部隊軍心，以扭轉戰局了。

　　惟當時第 29 集團軍指揮所的位置在常德，第 44 軍指揮所的位置在津市，第 67 軍指揮所的位置在澧縣（位置見圖 6-1），距離長江南岸的第一線，都在 1 百多公里外；加上交通路線多已破壞，只能以通信、電

10　史政編譯局編印，《抗日戰史》（黃皮），冊 71，《鄂西會戰（二）》，〈重要戰鬥‧華容附近之戰鬥〉，頁 228。

11　同上註，頁 229。「齊」為 8 日之「韻母上平聲」代字。

報遙控指揮戰鬥，即便有心，亦無法及時「親臨第一線」。第 29 集團軍王瓚緒總司令在此狀況下，一味要求各級部隊要「在犧牲中求代價」，並須發揮「獨立作戰之忠勇精神」，哪裡有用？

接著，王瓚緒又下達「寅青己」電令：「第四十四軍除第四四八團必要時固守墨山，第六十七軍除第四八二團以一部守備高山廟〔在百里洲西〕要塞外，其餘應遵照戰區亥真養電指導要領：敵由沙市渡江時，第四十四、第六十七軍江防守備部隊應竭力阻擊敵人，並在津市、官橋、斯家場之線以東地區既設陣地，猛力抵抗，適時集結兵力尾擊、側擊，不准退至該線以南地區作戰。」[12]

其後，王瓚緒再下達「寅佳己」電令：「敵初渡江，既未站穩，又無據點，除照青己電指示外，各部隊應採取主動，不宜消極防守某線，如敵取巧規避，決按軍法從事。」[13]

「渡河作戰」的方式，區分為「急迫渡河」與「週密渡河」兩種；狀況許可時，以「急迫渡河」為有利。「急迫渡河」為不待週密準備，即以現有或當地可取用之渡河工具，實施緊急之渡河；常能出敵意表，以最少損害，迅速完成渡河，且毋須等待人員與器材之集中即可實施。其指導，以獲致「奇襲」與「急襲」效果為主眼，藉機動力與速度之發揮，出敵不意，迅速奪取橋樑或渡河位置，進而擴張戰果，占領遠岸地

12　頁 229。「青」為 9 日之「韻母下平聲」代字；「真」為 11 日之「韻母下平聲」代字，應為 2 月 11 日。另，文中地名位置，見圖 6-1、6-2；高山廟要塞位置，見圖 5-2。
13　頁 229。「佳」為 9 日之「韻母上平聲」代字。

形要點，建立「橋頭堡」，以掩護後續部隊之渡河。[14]

「週密渡河」為需要週密計畫與充分準備之渡河，通常在敵人對河川已有堅強之防禦，無法實施「急迫渡河」時，則行之。「週密渡河」需有優勢之陸、空火力支援與煙幕掩護，並須先將近岸之敵驅逐。其指導，以在陸、空火力及工兵支援下，實施「強襲」為主眼。依週密之計畫，與充分之準備，集中優勢戰力，對據守河川遠岸敵軍防禦陣地之弱點或側翼，實施「突擊渡河」，將其擊滅，建立「橋頭堡」，以掩護後續部隊之渡河。[15]

由此觀之，3月8日日軍渡過長江之攻擊，應屬「週密渡河」作戰。「渡河作戰」與「登陸作戰」一樣，都是「強者之戰」，不但須具備絕對優勢的火力條件，還要有強大的水上運輸能力。惟因登陸彼岸兵力，是由「零」開始成長，在上岸「站穩腳」之前，也須渡過兩個危險的階段。第一個階段，是攻者「一腳在水、一腳在岸」的「渡河」與「上岸」時候，戰力脆弱，很容易被守者「逆襲」而「逐次殲滅」於水際或岸邊；第二個階段，是攻者雖然上岸，也建立了「橋頭堡」，但增長兵力的速度，沒有防者投入「戰略預備隊」迅速，而遭後者優勢兵力「反擊」而殲滅。

因此，守者和「反登陸作戰」一樣，也有兩種「反渡河作戰」（即

14　國防部準則編審指導委員會編審，《陸軍作戰要綱—聯合兵種指揮釋要》（下冊）（台北：國防部準則編審指導委員會，1991年6月30日），頁6-47~6-49。
15　同上註。

「河川防禦」）兵力配置模式。一種是「直接配置」（或稱「前進配備」）型的防禦部署；其用兵指導，著眼不讓敵人上岸，而力求直接殲敵於水上或岸邊。另一種是「間接配置」（或稱「後退配備」）型的「少兵守點、多兵機動」部署；其用兵指導，著眼讓敵過河，待判明敵主力位置後，再統一運用戰略預備隊，迅速反擊，以達殲敵目的。

吾人由日軍大量使用民船（按，應係事前強徵或掠奪），先期以小兵力「試渡」，利用擾亂襲擊方式，掩護渡河部隊集結，主力再選擇多個「渡河點」，同時實施「渡河作戰」看來，日軍3月8日的渡河行動，應屬「週密渡河」。面對國軍設有工事的「廣正面防禦」陣線，日軍雖掌握主動，有自由選擇「渡河點」之利，但也有「若干時間內」無法發揮「統合戰力」，有被國軍乘其「前後左右分離」或「立足未穩」之際，予以「各個擊滅」之虞；然而國軍未能掌握戰機，坐失有利情勢，殊為可惜。

「防禦」，概有「機動防禦」與「陣地防禦」兩種主要方式；但其應用，不可拘泥於某一種方式，而應考量全般狀況，以某種方式為主，並依局部地區特性，採兼其他作戰方式。進而綜合運用誘致、欺騙、遲滯、侷限，及牽制、拘束、伏擊、襲擾、出擊、逆襲或反擊等一切手段，以剋制敵之攻擊。[16]

觀察所見，國軍第44軍以2個師之薄弱兵力，部署在150公里以

16　同上註，頁5-206。

上的長江南岸正面；雖有長江天塹屏障，復沿江構有防禦工事，但正面過廣，若採「陣地防禦」，就會出現「處處防禦、處處薄弱」之狀況，容易陷於被動。因此，筆者認為，第29集團軍為爭取主動，似乎應該劃分區域，並用「機動防禦」與「陣地防禦」。在一些重要地形或地區上「直接配置」兵力，實施「陣地防禦」；其他地區，則採取「間接配置」，實施「機動防禦」；前者固守要點，作為後者「逆襲」或「反擊」時的支撐，兩者相互為用，才能達成摧破敵軍渡河攻勢，守住長江南岸地區之企望目的。

但由3月8日，日軍渡河作戰直前第29集團軍之兵力部署看來，後者並沒有在預想「決戰方面」，預置較為強大的「戰略預備隊」，擊敵於「半渡」或「立足未穩」之際的考量；致日軍渡江之後，各師、團只能在各個正面，使用本身控存的「戰術預備隊」，零星「逆襲」，其難有效果，亦能想像。

其次，日軍在我國土之內，強徵與掠奪民船，並進行渡河作戰準備，第29集團軍各級部隊居然毫無所悉，亦無任何應變措施；後者的「戰場經營」與「戰鬥情報」蒐集，可謂完全落空。尤其甚者，當天稍早「渡江反攻」之國軍各支隊，竟未發現日軍正準備多點渡河，而仍「按計畫」逕向遠方攻擊前進，最後都成了「戰場游兵」。如果第29集團軍能落實「戰鬥情報」蒐集，早期掌握日軍渡河徵候，而設定日軍各渡河點為各縱隊「渡江反攻」之目標，則日軍之渡河作戰，可能不會成功。

3月14日1600時，第29集團軍總司令王瓚緒見日軍已在江南地區站穩腳，乃以電話指示各部隊：「各部以先頭部隊與敵確保接觸，俟我

第一六二師及暫編第五師到達後，再依整個計畫向敵痛擊。」第 44 軍、第 87 軍當即轉令所屬部隊，以現態勢停止待命。[17] 當時狀況，如圖 6-3 所示。[18]

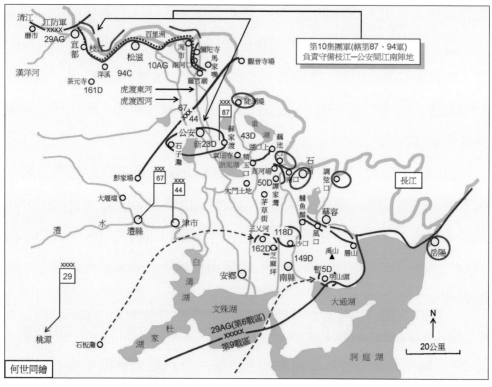

圖 6-3：1943 年 3 月 14 日，中、日兩軍在華容、公安之間態勢示意

3 月 14 日，第 87 軍以一部向藕池口日軍反擊；17 日，第 44 軍所

17　史政編譯局編印，《抗日戰史》（黃皮），冊 71，〈鄂西會戰〔二〕・重要戰鬥・華容附近之戰鬥〉，頁 238~239。

18　同上注，頁 239 後，插圖 39「華容附近戰鬥後敵我態勢要圖〔民國三十二年三月十五日〕」。

部分向華容、彌陀寺日軍反擊。兩軍曾迫近華容與藕池口。第 73 軍暫編第 5 師到達後，也加入了反擊華容日軍之作戰，並一度突入華容城內；惟國軍反擊雖有進展，但日軍則固守華容、彌陀寺各要點，頑強抵抗；國軍遂於 3 月 30 日停止攻擊，轉取守勢，並占領層山、華容、石首、藕池口、彌陀寺近郊之線，以監視當面日軍行動。[19]

筆者不解的是，第 29 集團軍在日軍渡江「前後分離」、「立足未穩」之際，都無法「向敵痛擊」；現在日軍主力已渡江，不但站穩了腳，而且還占領了洞庭湖北麓「魚米之鄉」中心位置的華容，如何能在這兩個師到達後，就能「痛擊」敵軍？既不知彼，又不知己；打這種「一廂情願」的「糊塗仗」（蔣委員長語），焉能獲所望戰果？

第二節│日軍洞庭湖北畔的「外線作戰」

1943 年 4 月下旬，日軍以擊破鄂西國軍野戰軍，打通長江上游航線，攫取中國船舶與洞庭湖糧倉，窺視我陪都重慶門戶之目的，乃抽集約 6 個師團，兵力約 10 餘萬人，分別集中於枝江、彌陀市（《抗日戰史·

19　史政編譯局編印，《抗日戰史》（黃皮），冊 71，〈鄂西會戰〔二〕·重要戰鬥·石牌附近之戰鬥〉，頁 241。郭汝瑰、黃玉章，《中國抗日戰爭正面戰場作戰記》上冊，頁 1197，所載國軍監視線為：「華容東南之禹山、蔡家舖、鰱魚虛、茅草街、高河場、橫堤市、陡湖堤、邱家茶坊一線」；略同，可參。

鄂西會戰》作彌陀寺）、藕池口、華容、白螺磯、宜昌一帶，企圖由國軍右翼突入，攻擊宜昌正面。同時於漢口、荊門、當陽集中飛機 2 百餘架，在其第 11 軍司令官橫山勇指揮之下，向國軍進攻。[20]

投入此戰的日軍部隊，除第 3、13、39 師團、獨立混成第 17 旅團外，尚有抽調自第 34 師團之針谷支隊與長野部隊、第 40 師團之小柴支隊與戶田支隊、第 58 師團之野溝支隊、與獨立混成第 39 旅團之野地支隊（見前文）；由於出現 6 個師團之番號，故國軍戰史概以 6 個師團，計算其兵力。

日軍計畫將本次作戰分成 4 期進行，已如前述；參加第 1 期作戰的部隊，為新投入之第 3 師團、與獨立混成第 17 旅團、小柴支隊、戶田支隊、針谷支隊。以上部隊，自 4 月 16 日起開始集結，5 月 5 日展開攻擊，欲先擊滅安鄉、南縣附近之中國軍。軍之「戰鬥指揮所」，亦於 5 月 3 日，推進至沙市。

1943 年 4 月下旬，日軍獲悉之「全盤敵情」如下：在「江北殲滅戰」時，第 40 師團之各一部，分別占領沙市對岸及石首、華容等之江南地區後，中國軍為了要奪回此地而實施一再的反攻；但每次都在激戰之後，予以擊退。4 月中旬以降，國軍放棄反攻，強化其第一線陣地，並轉為防禦態勢，逐次將兵力作縱深的配備。亦即，第 73 軍〔轄暫編第 5 師、

20　史政編譯局編印，《國民革命軍戰役史第四部・抗日》，冊 4，〈後期戰役・鄂西作戰〉，頁 87、89。又，史政編譯局編印，《抗日戰史》（黃皮），冊 71，《鄂西會戰〔二〕・石牌附近之戰鬥》，頁 241 載：「日軍先後增加第 3 師團、獨立混成第 17 旅團主力、獨立混成第 14 旅團一部、偽軍第 11 師一部，約 2 萬餘人。」可參。

第 15、77 師〕接替第 44 軍〔轄第 149、150 師〕防禦而位置於華容正面。第 44 軍作為第二線兵團，正向安鄉附近移動中；第 67 軍〔轄第 161、162 師〕亦作為第二線兵團，奉命在安鄉、津市附近集中。藕池口正面，配置隸屬於第 87 軍的新編第 23 師及第 43 師之主力；而在南縣以南之洞庭湖方面，則配備隸屬於第 99 軍的第 197 師。[21]

日軍第 11 軍之作戰方針為：將作戰區域概區分為河湖、丘陵與山岳三部分（見前文），各部分以優勢之兵力，「各個且逐次」擊滅中國野戰軍。此一期間，將在宜昌之船隻，下航漢口。[22]

日軍各部隊之集結狀況，概為：**第 3 師團**在石首附近之長江北岸、**獨立混成第 17 旅團**在石首附近之長江南岸、**戶田支隊**在華容、**小柴支隊**在石首與華容之間、針谷支隊在岳州（即岳陽）東北方之城陵磯；上述部隊於 4 月 16 日開始集結，於 5 月 4 日完成。**第 13 師團、野溝支隊**在白洋、董市之間；於 5 月 10 日之前，完成集結。**第 39 師團**主力在宜昌東方、**野地支隊**在宜昌，於 5 月 18 日前，完成集結。[23]1943 年 5 月中旬，日軍進攻鄂西「丘陵地帶」直前兵力與兵力位置，如圖 6-4 示意。[24]

21　《華中方面軍作戰》，頁 566。
22　同上注，頁 568。
23　同上注，頁 569。
24　本圖係根據上述狀況繪製。

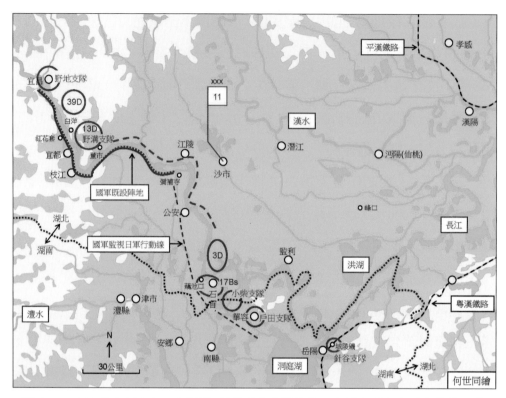

圖 6-4：1943 年 5 月中旬，日軍進攻鄂西「丘陵地帶」直前之兵力與兵力位置示意

　　日軍之「江南殲滅作戰」**第 1 期作戰之目標**，為「擊滅安鄉、南縣方面之敵」；使用之兵力，為第 3、13 師團及獨立混成第 17 旅團、小柴支隊、戶田支隊及針谷支隊；作戰時間，為 5 月 5 日至 5 月 11 日。**第 2 期作戰之目標**，為「南北夾擊殲滅枝江、公安間之敵」，擊滅安鄉、南縣方面之敵」；使用之兵力，為第 3 師團、第 13 師團及野溝支隊；作戰時間，為 5 月 12 日至 5 月 18 日。**第 3 期作戰之目標**，為「擊滅宜昌西方地區之敵」；使用之兵力，為第 3、13、39 師團及主力野砲支隊；作戰時間，為 5 月 19 日至 5 月 29 日。**第 4 期為「反轉作戰」**，以一部

留置於長江右岸地區，軍之主力向長江左岸地區撤退；作戰時間，為 5 月 31 日至 6 月 1 日。此一期間，以船舶部隊與海軍聯合，開啟長江，將宜昌之船隻約 2 萬噸，先下航至沙市，然後航向漢口。[25]

根據日軍戰史記載，5 月 5 日黎明前，日軍在長江南岸的部隊，並列向南發起攻擊。最左翼的戶田支隊由華容附近，進攻其東南方（按，應作西南方）據守南山之線的國軍暫編第 5 師陣地；南山係水鄉中南北綿延約 5 公里的小高地，最高點標高 215 公尺，為地區之「地形要點」。戶田支隊並未編配砲兵部隊，只能以聯隊之步兵火砲支援由水鄉地帶仰攻山地，加上國軍之頑強抵抗，因此一開始即陷入苦戰。至 5 月 9 日，戶田支隊才艱難地擊退國軍繼續前進；至 10 日黎明起，在三仙湖東北方，與北進而來的針谷支隊楢木大隊（水上機動，見後文）及東南進而至的小柴支隊「吉岡追擊隊」（見後文）策應，包圍殲滅「由空中目視不下一千五百名的中國軍，中國軍遺棄武器與彈藥而敗走」。其後，至 6 月初為止，支隊擔任三仙湖附近之掃蕩與警備。[26]

小柴支隊由石首西方約 7 公里之管家埠附近，強行渡過寬約 800 公尺，水量豐沛，水流甚速之九都大河。關於渡河之狀況，步兵第 234 聯隊第 3 大隊（坂田大隊）小隊長豐田宏作少尉有如下的回憶：「扛著九五式折疊舟，登上八公尺餘的陡坡堤防，然後有走下陡坡；作為試探射擊的敵曳光彈，拖著光尾飛過，在堤防上跳躍。第一波渡河者將消失

在闇黑的河中時，敵開始向河中舟團一齊猛射；信號彈升空，乃是轉為強行渡河之信號。」[27]

　　支隊渡河後，攻擊三叉河附近的國軍；7 日晨，國軍敗退，支隊轉為追擊。9 日下午下午 4 時，日軍占領南縣；過程中，國軍奮勇抵抗，戰況激烈，致日軍第 234 聯隊第 3 大隊所有中隊長，或陣亡、或負傷。[28]接著，支隊主力向安鄉西進，並以「吉岡追擊隊」（隊長為獨立砲兵第 2 聯隊第 2 大隊長吉岡少佐，編配步兵第 234 聯隊第 12 中隊、獨立山砲第 2 聯隊第 2 大隊），向三仙湖方面追擊；支隊主力於 11 日進抵安鄉（按，安鄉已於 8 日傍晚，為第 3 師團及獨立混成第 17 旅團之各一部占領）。「吉岡追擊隊」則於 10 日在三仙湖附近與戶田支隊、針谷支隊之楢木大隊「相呼應」後，轉向安鄉，與主力會合；其後，至 6 月初，支隊擔任安鄉附近之掃蕩與警備。[29]

　　獨立混成第 17 旅團，由藕池口附近發起攻擊，與第 3 師團連繫，急襲突破該地區之國軍陣線；同（5）日正午前，一部在茅草街附近以乘馬及徒涉〔全裸〕渡過藕池運河，進抵東岸，由該運河兩岸地區南下。當晚，擊破在官壋附近頑抗之國軍；6 日傍晚，向前推進之際，獨立步兵第 90 大隊大隊長舛尾中佐頭部中彈陣亡。7 日傍晚，進至安鄉東側，以一部兵力與正由西方進攻安鄉之第 3 師團一部（步兵第 6 聯隊第 3 大

27　同上註，頁 577~578。
28　同上註，頁 579。
29　同上註，頁 578~579。

隊）相呼應，實施攻擊，突入並占領該地。同時，主力於擊滅附近國軍後，於 8 日傍晚進抵白蚌口南方；9 日晨，在該地附近與由南方突進而來的針谷支隊主力，及進至其東之小柴支隊「吉岡追擊隊」相策應，包圍殲滅「由空中目視不下二千名的中國軍」。[30]

第 3 師團按照既定計畫，於 5 月 3 日日沒後，在石首附近渡過長江〔四日正午完全渡完〕。4 日傍晚，進而於藕池口附近渡過藕池運河。5 日晨 4 時 50 分，突破國軍陣線後，向西方及西南方進擊。同日下午，急襲突破國軍新編第 23 師主力之「連續陣地」，向大門土地急進；大門土地為孤立於平原湖沼地帶的高地，比高（即「相對高度」）約 200~300 公尺，視野甚佳，為該地區之「地形要點」。6 日下午 1 時，師團戰鬥指揮所推進至大門土地附近。7 日，師團長鑑於安鄉附近之狀況，使步兵第 6 聯隊（編配野砲第 3 聯隊第 1 大隊）進至安鄉附近，支援獨立混成第 17 旅團作戰；並其一部阻止西北方面國軍新編第 23 師、第 43 及 118 師之側擊。同日入夜，步兵第 6 聯隊第 3 大隊，在獨立混成第 17 旅團策應下，由西方及北方進攻安鄉，當晚即占領之。師團於占領安鄉後，準備下一階段向西之作戰。[31]

針谷支隊按照既定計畫，於 5 月 4 日下午 2 時，以楢木大隊為前衛，配置舟艇 25 艘〔警備艇 1、小型發動機船 3、15 馬力蜻蜓船 10、8 馬力蜻蜓船 11〕，由臨湘北岸出發，於夜間 11 時到達岳陽附近。5 日凌晨

30　同上注，頁 579。
31　同上注，頁 579~582。

2 時，舟隊先沿漆黑的洞庭湖岸南下，天明後轉向西行；此一期間，支隊一路根據「飛行隊適切地支援進路之誘導及敵情之通報」，在國軍沿岸射擊下行動。[32]

8 日中午 12 時 30 分，支隊長由飛機之通報，得知獨立混成第 17 旅團於 8 日黎明攻占安鄉，其追擊部隊於上午 10 時許，到達白蚌口東方；與其同時，小柴支隊抵達南縣西北方地區，戶田支隊攻占南山；在上述包圍圈中之國軍部隊，似正向南咀（應作南嘴，在益陽北）方向總撤退中。於是，支隊於 5 月 9 日晨起，以楢木大隊為右縱隊在三仙湖附近登陸，田村大隊為左縱隊前衛在白蚌口附近登陸，支隊主力在左縱隊後跟進，以策應友軍圍殲「逃逸之敵」。其後，楢木大隊經南縣至藕池口，擔任海軍進行長江開啟作戰之護衛；支隊主力則先向公安附近前進，於 5 月 11 日第一期作戰結束後，分別返回原駐地。[33]

從本次作戰之態勢看來，日軍係實施「外線作戰」，目標指向南縣、安鄉，欲南北夾擊、水陸並進，包圍殲滅地區國軍。安鄉與南縣都是洞庭湖北岸水路交通要衝，亦是農產品產地，為國軍第 44 軍之根據地；[34] 兩地一旦為日軍所據，不但第 44 軍陣線瓦解，第 29 集團軍也頓失一半責任地區，而且更讓日軍型塑了接下來「常德會戰」與「長衡會戰」的有利態勢。

32　同上注，頁 582~585。
33　同上注，頁 585~589。
34　同上注，頁 581。

　　就學理言，「外線作戰」的成功，須具備「優勢之兵力」、「各兵團行動之配合」與「各兵團連續攻勢之壓力」條件。[35] 本次作戰，居「外線」之日軍第 11 軍，以獨立混成第 17 旅團的 5 個大隊，及小柴、戶田支隊約 9 個大隊，並列「向北向南」攻擊。以針谷支隊的 2 個大隊，由洞庭湖遠航，在國軍退路上等候，配合友軍，「由東向西」夾擊，創造了包圍殲滅效果。

　　就兵力數量言，日軍並不優勢；惟就戰力言，卻絕對優勢。但是「由北向南」進攻之 3 支兵團，受地形特性影響，只能沿著南北流向諸河流地帶，利用堤防及水路之南北交通機動；[36] 另一「由東向西」進攻之支隊兵團，跋涉陌生的水域，靠飛機指引前進，卻能到達所望目的地；各分離兵團，共同創造「行動配合」與「連續攻擊壓力」之「外線作戰」成功條件，並不容易。但其成功，最主要還是建立在國軍未能「確保敵軍分離」，以遂行「各個擊滅」之「內線作戰」失敗上。1943 年 5 月上旬至中旬，日軍在洞庭湖北畔形成「外線作戰」態勢，如圖 6-5 示意。[37]

35　何世同，《戰略概論》，頁 87~89。
36　《華中方面軍作戰》，頁 589。
37　本圖係根據上述狀況繪製。

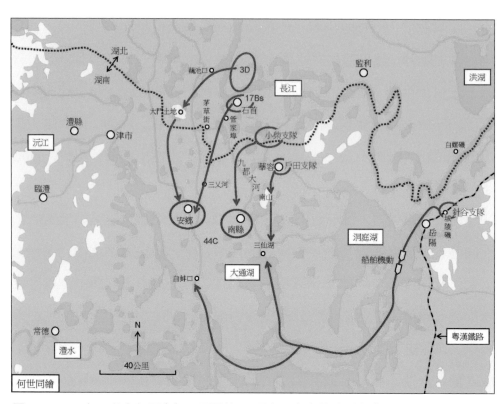

圖 6-5：1943 年 5 月上旬至中旬，日軍第 11 軍在洞庭湖北畔形成「外線作戰」態勢示意

　　就學理言，居「內線」之大軍，其「連絡線」較短，故管制、協調、連絡均較容易，有利「統合戰力」之發揮；而又因為「內線」大軍各兵團間之兵力轉移較為容易，故同一部隊常能連續在幾個不同的地點作戰，可「各個擊滅」強敵，創造「以寡擊眾」戰果。[38]因此，「內線作戰」成功之神髓，端在「確保敵軍分離」上。

　　觀察所見，就因為國軍無法確保日軍各路兵團之「分離」，所以才

38　何世同，《戰略概論》，頁 58。

使日軍各路兵團得以相互「協調連絡」，對國軍施以「連續攻勢之壓力」；加上其第 3 師團在右翼遮斷了外部國軍增援，與被圍國軍脫逃之路，形成了一道密實的障壁。在這樣的狀況下，國軍喪失「內線作戰」條件，被日軍「戰略包圍」、甚至「戰術包圍」而擊滅，就不特別令人意外了。

根據國軍戰史所載：1943 年 5 月 5 日，日軍先以第 3 師團主力、獨立第 17 旅團、及第 34 與 40 師團各一部，由藕池口、華容、白螺磯，向洞庭湖北岸進攻。國軍第 73 軍按預定計畫，逐次抵抗。至 7 日晚，日軍進抵安鄉、南縣各附近。國軍在各該處與日軍血戰一晝夜，以地形不利，向後轉進。8 日，安鄉、南縣淪入日軍之手。迄 12 日，其獨立混成第 17 旅團向新安攻擊，為國軍所阻。[39] 日軍「宜南作戰」在「河川湖泊地帶」的「第一期作戰」，乃告結束。

根據日方資料：本次作戰，國軍棄屍 13,067 具，被俘 1,284 人；日軍戰損輕微，僅傷亡 806 人（含軍官 45 人）。又根據日方說法：其僅以 11 個大隊，而捕捉殲滅國軍 1 萬數千人，固然因地形之利，「惟不失是殲滅度甚高之作戰」。[40]

39　史政編譯局編印，《國民革命軍戰役史第四部・抗日》，冊 4，〈後期戰役・鄂西作戰〉，89~90。

40　《華中方面軍作戰》，頁 589。

第三節｜日軍攻破國軍丘陵地帶防線

根據國軍戰史所載：1943 年 5 月 12 日，日軍在安鄉附近的第 3 師團，向燋水街攻擊；同時，在彌陀市（應作彌陀寺）附近的第 13 師團（師團長赤鹿理）一部約 3 千餘人，亦向新江口一帶發起攻擊。13 日 0100 時許，第 13 師團主力復由枝江、洋溪間強渡長江。國軍防守公安之第 10 集團軍第 87 軍，以「四面受敵」，為「避免陷於孤立」，乃放棄公安，向西退卻，逸出日軍包圍圈。迄 15 日，雙方概在枝江、劉家場、燋水街、大堰礑西側之線激戰；[41] 國軍「丘陵地帶」防線，遂被日軍攻破。

根據日方戰史記載：日軍第 11 軍於大致完成安鄉、南縣方面的「第一期作戰」後，以一部繼續該地區之掃蕩，並佯裝將進攻澧縣、常德方面之模樣；同時，以主力自 5 月 12 日起，轉移為「第二期作戰」，企圖捕捉殲滅枝江、公安間的國軍第 10 集團軍第 87、94 軍。第 3 師團於 12 日日沒後，向北進攻，準備攻擊公安附近之國軍。第 13 師團、野溝支隊於 12 日夜，在董市西南地區渡過長江，準備由枝江、西齊及其西側地區突進，截斷松滋地區國軍之退路，並迅速推進至大堰礑，以協力第 3 師團捕捉殲滅公安西方地區之國軍；當時在公安與枝江間，國軍約有 5 個師（第 43、55、118、暫編第 35 師、及新編第 23 師一部）。[42]1943

---

41 史政編譯局編印，《國民革命軍戰役史第四部・抗日》，冊 4，〈後期戰役・鄂西作戰〉，頁 90。

42 《華中方面軍作戰》，頁 590~591。

年5月12日，日軍攻擊鄂西長江南岸「丘陵地帶」態勢，如圖6-6示意。[43]

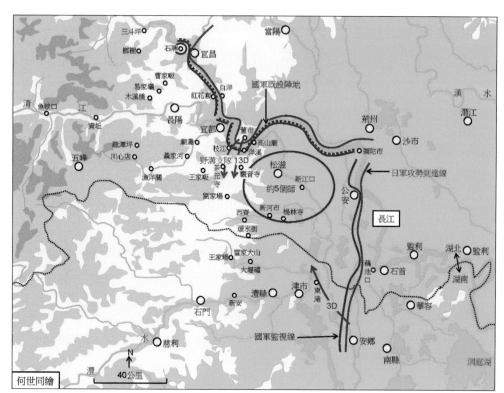

圖6-6：1943年5月12日，日軍攻擊鄂西長江南岸「丘陵地帶」態勢示意

　　先是，日軍第13師團與野溝支隊在國軍既設工事前，強渡河幅寬廣之長江，並非易事。因此，師團長於5月3日午後2時，在沙市師團指揮所下達「一三師作命甲第一二六一號」命令，除律定戰車第13聯隊須於5月10日之前，在荊門（位置見圖5-13）附近集結，實施訓練，以準備投入後續戰鬥，及各部隊之渡河準備事宜外，並宣佈「隱匿企圖」

43　本圖係根據上述狀況繪製。

的規定事項。其概要為：5月11日日沒以前，嚴禁部隊向規定之線以南推進；5月12日〔含〕之前，嚴禁晝間活動；河岸偵察須穿著便服；應攜帶夜間閱讀地圖之燈火遮掩幕；在展開位置及進入陣地之渡河隊與砲兵等，其馬匹、車輛宜隱藏於後方隱密地點，絕對不可暴露；嚴禁夜間在屋外使用燈火、燒火或燃燒房屋；渡河器材應加以偽裝，以遮蔽空中與地面敵人之觀察；渡河點附近之野狗，在發動作戰之前一日以前，加以撲殺或令養主攜帶至他處；偽裝切忌使用容易枯死之材料；至薄暮之前，禁止使用白旗等。[44]

5月9日晨，第13師團各部隊在長江北岸集結完畢，並完成作戰準備，區分左、右兩縱隊渡江。左縱隊為「海福部隊」，以步兵第104聯隊為骨幹，指揮官為該聯隊聯隊長海福三千雄，渡江後計畫沿洋溪—西齊—大堰礑方向攻擊；右縱隊為「新井部隊」，以步兵第116聯隊為基幹，指揮官為該聯隊聯隊長新井花之助，渡江後計畫沿枝江—茶元寺—劉家場—煖水街方向攻擊，兩縱隊合力捕殲地區國軍。師團本隊，以步兵第65聯隊聯隊長櫻井德太郎為指揮官，稱「櫻井部隊」，渡江後則計畫隨左縱隊前進。[45]

根據日軍資料：5月12日拂曉前，左、右兩縱隊之先遣隊，將折疊舟搬運至江岸；日沒後開始渡江。為了隱匿企圖，最初以工兵划槳進至對岸，載送先遣隊秘密渡江；接著，兩縱隊開始以機航渡江，幾乎沒有

44　《華中方面軍作戰》，頁592、598~599。
45　同上註，頁557、602。

遭遇守軍之抵抗，大致於次日黎明前完成渡江。[46]

左縱隊渡江後，以一部在洋溪西側附近擊破抵抗之守軍而南進，於13日傍晚經過觀音寺，於15日向大堰磡北面之雷家大山突進，正午時分到達該地。縱隊主力則於傍晚進至西齊附近。此時，縱隊接獲師團之「敵之有力部隊正由斯家場附近正向燄水街方面撤退中，海福部隊（左縱隊）應阻斷其退路，捕捉殲滅該敵」命令；縱隊乃徹夜向燄水街急進，但終錯過時機，「未能攔截到該敵」。[47]

右縱隊方面，亦大致順利渡過長江後，擊破若干守軍之抵抗，經茶元寺，於15日正午時分，進抵劉家場附近，擔任該地區周圍之掃蕩。[48]櫻井部隊（師團本隊）於13日上午完全渡過長江後，排除若干守軍之抵抗，並經茶元寺、觀音寺，進向王家冲。14日1130時，由王家冲東北側山地前進時，因「友機」在前方轟擊，故登上高地作瞭望後，發現約有1團〔第55師第165團〕2千名中國軍正向西撤退中，乃加以包圍和攻擊；但迄至晚上，終「未能捕捉該敵」。[49]

15日晨，櫻井部隊依師團之命令，在王家冲附近進行情報蒐集、掃蕩、架橋工作，及準備爾後之作戰。10時30分，接獲飛機通報，得悉約有3千名中國軍，正由王家橋附近向新河市前進；另有約6千名中國軍正由斯家場附近向西南前進中，乃立即對其展開攻擊，在梅溪河附

46　同上注，頁604。
47　同上注。
48　同上注，頁605。
49　同上注。

近，與第 3 師團及野溝支隊作密切連繫，造成包圍之勢。[50] 對此戰鬥，日方戰史有如下記述：

> 由於中國軍作頑強之抵抗，故櫻井支隊長決定實施衝鋒，舉著軍旗，率領軍旗小隊、通信隊約六十名，於下午七時三十分毅然突入敵陣，擊滅中國軍，進而追擊退走之中國軍，加以捕捉擊滅，獲致相當的戰果。[51]

第 3 師團方面：自 5 月 12 日下午 8 時，由東港附近發起攻擊後，擊破國軍第 118 師之抵抗，於 14 日下午 7 時，概略抵達楊林寺（市）、新河市北部高地之線。15 日下午 1 時，據飛機通報，獲悉約 3 千名中國軍〔第 55 師〕受到第 13 師團櫻井部隊之攻擊，正由斯家場附近向新河市方向撤退中；故師團乃與第 13 師團與野溝支隊作「緊密之連繫」，在西齊東北方地區，加以包圍殲滅。[52] 另外，野溝支隊於 5 月 12 日夜渡過長江後，擊破中國軍之抵抗，15 日在西齊附近，趕上西齊方面之戰鬥。[53]

先是，第 3 師團之宮崎部隊（騎兵第 3 聯隊、獨立步兵第 62 大隊〔鈴木大隊〕，指揮官聯隊長宮崎次彥）向北攻擊，於 14 日占領公安。15 日中午，宮崎部隊（步兵第 62 大隊除外）由公安出發，16 日中午抵

50　同上注。
51　同上注。
52　同上注，頁 606。
53　同上注，頁 607。

達新河市。步兵第 62 大隊則改直屬師團，於掃蕩公安附近後，亦進抵新河市歸建。12 日下午 8 時，師戰鬥指揮所於由東港出發，於 15 日下午 1 時抵達新河市。1943 年 5 月 15 日，日軍於西齊附近包圍國軍狀況，如圖 6-7 示意。[54]

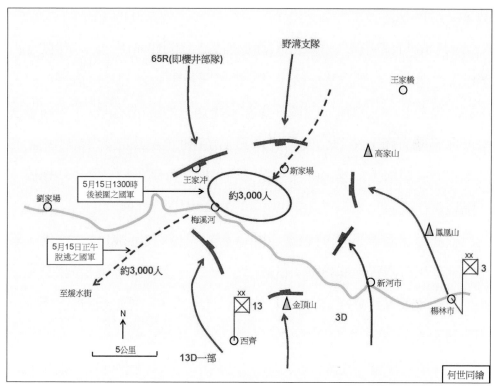

圖 6-7：1943 年 5 月 15 日午後，日軍於西齊附近包圍殲滅國軍狀況示意

本次作戰，日軍和 5 月上旬至中旬，在洞庭湖北畔的「外線作戰」一樣，又一次以優勢之兵力，由幾個方向對「中央位置」之國軍，從「戰

54　本圖根據：同上注，插圖 34「西齊附近殲滅戰圖〔五月十五日〕」。

略包圍」進而「戰術包圍」，最後完成「戰場會師」，殲滅包圍圈內所有國軍。日軍在陌生地區作戰，能如此有條不紊行動，各分離兵團密切「協調連絡」，除其部隊訓練嚴格，作戰準備確實外，更得利於飛機之通報訊息與傳遞指令，其勝並非偶然。而國軍則一味單打獨鬥，各自為戰，又焉能不敗？

5月16日黎明前，日軍第3師團下達「三師作命甲一四二〇號」占領松滋之命令，各部隊受命後，當天即展開行動。17日傍晚就完成了對松滋之包圍；18日拂曉，宮崎部隊在未遭遇強烈抵抗之狀況下，占領了松滋。另一方面，16日，獨立混成第17旅團進入公安；[55] 18日，第13師團主力於煖水街附近，一部在劉家場附近，分別集結完畢；均準備下一階段之作戰。[56]

根據日方資料記載的戰果：國軍棄屍 3,426 具，被俘 1,138 人，其中大部分來自西齊之殲滅戰；日軍陣亡 86 人，負傷 292 人。[57] 累計上述兩期作戰，國軍共棄屍 16,493 具，被俘 2,422 人，「有生戰力」之耗損，不可謂不大。

國軍戰史則簡單記載：5月16、17兩日，日軍先後增援，繼續向西猛攻，國軍第10集團軍經連日苦戰，傷亡慘重，被迫續向西轉進。此時澧縣以北之日軍第3師團，向西北方向移動；宜昌附近之日軍亦逐漸

55　同上注，頁 612。
56　同上注，頁 609~612。
57　同上注，頁 613。

增加，有向江防軍進攻之徵候。國軍乃決定在空軍支援下，以第 74、79 兩軍使用於石門以北地區，第 10 集團軍在清江以南行持久戰，江防軍確保石牌要塞。[58]

按照國軍第 6 戰區之「戰略指導」，是以第 29 集團軍固守公安互安鄉之線「既設陣地」，以第 10 集團軍固守枝江互公安之線「既設陣地」，以江防軍固守石牌要塞互宜都之線「既設陣地」，以第 59、75、77 軍固守石牌以北之「既設陣地」。先以「堅強之抵抗」，予日軍「不斷消耗」，「誘致」日軍於石牌要塞互漁洋關間，然後轉移攻勢，壓迫日軍於長江西岸而殲滅之。[59] 就「數地持久」、「逐次消耗」敵軍戰力，然後再相機以「反擊」手段，「殲敵」並「恢復陣地」之「守勢持久」原則言，堪稱允當。

然而，日軍自 5 月 5 日發動長江南岸「第一期作戰」，攻略南縣、新鄉；到 5 月 18 日，占領松滋，將陣線推進至「山岳地帶」前緣，完成「第二期作戰」，僅歷時 2 個星期。觀察其過程，可謂「照表操課」，一切「按計畫」進行，顯示了日軍的攻勢節奏，也反映了國軍打來的一無是處。

進一步看，國軍未經重大戰鬥，兩週之內，就喪失了約正面 90 公里、縱深 70 公里，有長江屏障，有「既設工事」防護的陣線，還在宜昌、宜都之間的沙套子與安春瑙，各設有要塞（見圖 5-2）；然而，不但沒

58　史政編譯局編印，《國民革命軍戰役史第四部・抗日》，冊 4，〈後期戰役・鄂西作戰〉，頁 90。惟下達「確保石牌要塞」決心，於 5 月 28 日才由重慶決定，見後文。

59　同上註，頁 89。按，長江在江陵（荊州）由北折南，至石首又由南折東；故所載「長江西岸」，是指江陵—石首之線以西的長江南岸地區。

有出現「堅強抵抗」之狀況，更談不上達成「不斷消耗日軍戰力」之目的，完全不是戰區「戰略指導」說的那回事。由此看來，日軍之攻抵「山岳地帶」前緣，也非國軍「誘致」使然，而是日軍追擊退卻國軍「順勢」而至。國軍第6戰區在本次作戰中，計畫與行動脫節的「打糊塗仗」（蔣委員長語，見後文）狀況，大抵如此。

第四節 ｜ 日軍攻向鄂西山岳地帶

1943年5月17日，日軍第11軍為了「第三期作戰」態勢之轉移，於傍晚下達命令，作如下之部署：**第3師團**於5月19日在茶元寺附近集結，準備爾後的攻擊。**第13師團**於5月20日之前，抵達漁洋關、金福沖（按，應作全福沖，在漁陽關東約8公里處）附近之線，準備爾後的北進。野溝支隊（缺1個大隊）於5月20日在枝江南方地區集結，準備爾後的攻擊。**獨立混成第17旅團**（配屬橋本支隊）於5月19日從公安地區出發，占領大堰礑西南高地，佯裝進攻常德，並於軍主力進攻宜昌西部地區時，掩護其側背。軍主力發動「第三期作戰」的時間，預計為5月21日。[60]5月21日，日軍第11軍進攻宜昌西部地區直前兵力及兵力位置，如圖6-8示意。[61]

60　《華中方面軍作戰》，頁613~614。
61　本圖係根據上述狀況繪製。

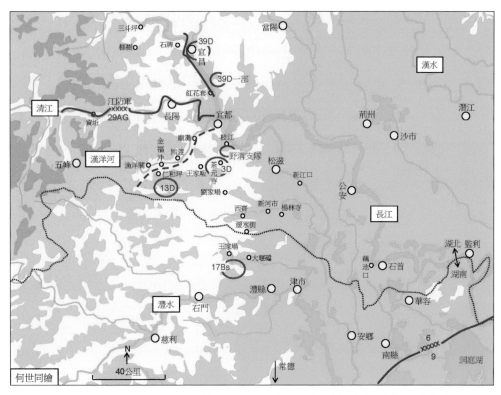

圖 6-8：1943 年 5 月 21 日，日軍第 11 軍進攻宜昌西部地區直前兵力及兵力位置示意

　　第 11 軍於「第三期作戰」準備概略就緒後，計畫主力與宜昌及其附近之第 39 師團，自長江江畔之攻擊相配合，先擊滅長陽附近之中國軍；然後協調向宜昌方向西進之野溝支隊，企圖在宜昌西方地區捕殲中國軍；乃於 5 月 19 日，進行必要之部署。[62]

　　根據國軍戰史記載：5 月 20 日，雲池、古老背之日軍第 39 師團之一部約 3 千餘人，渡過長江，進攻宜都、紅花套、磨市等地；於占領該

62　《華中方面軍作戰》，頁 621。

等地後，又西進陷長陽、牌坡。27 日，再攻占偏巖、都鎮灣；狀況發展至此，第 6 戰區之態勢，已「全線逆轉」。時在宜昌之日軍第 39 師團，復以步兵第 232 聯隊從孝子岩方面投入，以呼應長陽方面之戰鬥；因是戰事之重心，遂北移至江防軍第 18 師正面之西門埡、楊家壩、天台觀一線，也為「石牌保衛戰」揭開序幕。[63]1943 年 5 月 20 至 27 日，國軍戰史所載，日軍第 39 師團在宜昌附近渡長江進攻狀況，如圖 6-9 示意。[64]

63　史政編譯局編印，《抗日戰史》（黃皮），冊 71，《鄂西會戰〔二〕·石牌附近戰鬥》，頁 241。

64　本圖參考：同上注，頁 250 後，插圖 40「石牌要塞配置要圖〔民國三十二年五月二十八日〕」，左下附圖「石牌附近戰鬥前敵我態勢要圖〔民國三二年五月二十日至二十七日〕」。

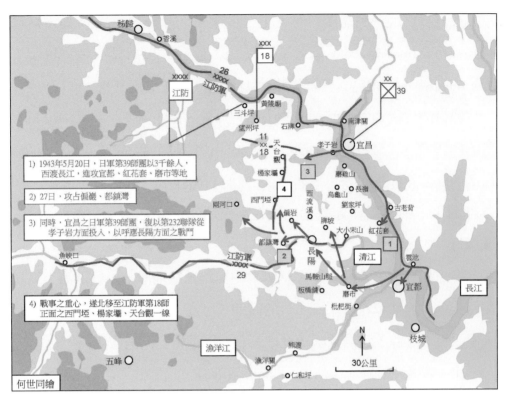

圖 6-9：1943 年 5 月 20 至 27 日，國軍戰史所載，
日軍第 39 師團在宜昌附近渡江進攻狀況示意

　　但國軍戰史對日軍攻占江防軍與第 29 集團軍「地境線」上要點長
陽（按，長陽在清江之上，屬江防軍責任區）的記載，似乎並不正確；
根據日方戰史記載，這不是一個第 39 師團的「獨立作戰」，是有第 11
軍其他部隊配合的「協同作戰」，而且占領長陽的是第 3 師團，不是第
39 師團。本次作戰，除了第 39 師團外，第 11 軍其他部隊之行動，概略
如下：

　　5 月 21 日上午 7 時，**第 3 師團**由茶元寺附近開始行動，擊破沿途國

軍，於同日傍晚，到達漢洋河（江）北岸。[65] 根據日方資料：漢洋河畔有高數百公尺險峻山地，緊逼著河流；深達百公尺的山谷，到處展現著可怕的裂縫。「熊渡」（漁洋關東約 18 公里）乃是名副其實，唯有「熊」方可渡過的尖銳山谷，而兩側的山崖有無數的瀑布流下。官兵由瀑布水幕的內側通過，沿著細石砌成的小前進。由熊渡至葉家灣的道路，係海拔高 500 公尺、長 1 公里，斜度 45 度的石砌陡坡，到處已被破壞，加以自 21 日傍晚開始下起暴雨，故在被破壞的處所架設的木橋，駄馬極難通行。[66]

在這樣「一夫當關、萬夫莫敵」的複雜困難地形上，日軍第 3 師團開路架橋，居然只花了不到 1 天的時間，師團主力就通過了漢洋河。吾人佩服日軍之餘，也浩歎國軍在此有利防禦地帶上的消極無為。

第 3 師團於通過漢洋河後，即向磨市前進，追擊敗退之國軍，並「與鄰接兵團策應」；[67] 按此「鄰接兵團」，是指來自宜都方面之第 39 師團一部，與由枝江方面西進的野溝支隊。5 月 23 日，師團由磨市附近出發，克服標高數百公尺到 1,200 公尺馬鞍山山脈之險難，及據守該地中國軍之抵抗，進向長陽。[68] 長陽北臨清江，為山地所包圍的要害之地，是江防軍第 86 軍（軍長方日英）之根據地，第 13 師（師長曹金輪）主力即

65　《華中方面軍作戰》，頁 622。
66　同上注，頁 623。按，熊渡為漁洋關之東約 20 公里處漢洋河渡口，葉家灣在其西 1.5 公里處。
67　同上注。
68　同上注，頁 624。

駐此。[69] 負責攻占長陽的簗瀨部隊〔以步兵第 34 聯隊、砲兵 2 個大隊為基幹〕，於 24 日傍晚渡過漲水中的清江〔河幅寬約 200 公尺〕；24 日正午前後，攻占長陽；然後，擊破扼守要地、作逐步抵抗的國軍第 13 軍主力，而實施突進。[70]

第 13 師團於 5 月 19 日黎明前，主力由煖水街附近，一部由劉家場附近出發，計畫在 20 日傍晚之前，到達漁洋關迄金福沖之線，但因受艱難地形及國軍抵抗影響，行動稍較預定遲緩。[71] 師團區分左、右、中央，3 路縱隊；櫻井部隊為右縱隊，海福部隊為左縱隊，師團主力（以新井部隊，即步兵第 116 聯隊為基幹）為中央縱隊，同時前進。

櫻井部隊於 5 月 21 日上午 8 時，由仁和坪出發；因地形險難複雜，一度搞錯進路，艱辛地越過梯子口（漁陽關東東南約 10 公里），到達漢洋河南畔。當時渡河的狀況也非常艱險，其第 1 大隊〔藤倉大隊〕於 22 日上午 8 時 30 分在石羊河（漁陽關東約 18 公里）處，以 2 艘民船渡過漢洋河。部隊主力於 11 時左右到達全福沖，但因前晚以來下雨，河水暴漲，益增渡河困難；聯隊長僅使第 3 大隊〔大隊長大場新平〕，以容納 5~8 人之民船 3 艘，在此逐次渡河而北上。部隊主力則進向漁洋關，23 日在其下游約 500 公尺處，以 2 艘民船作為門橋，中午 12 時開始渡河，下午 5 時左右全部渡完後，立即夜行軍，向都鎮灣方向北進，會同其次

69　同上注，頁 625。
70　同上注，頁 624。按，日軍渡清江所實施者為「急迫渡河」，其過程見：同上注，頁 624~625。
71　同上注，頁 625~626。

2 大隊，於 25 日下午 1 時，分別到達都鎮灣附近。[72]

當時櫻井部隊因未使用駄馬，故糧秣嚴重不足，官兵邊吃生甘蔗邊前進；但因 22 日夜發現中國軍之糧秣倉庫，才得以吃到「許久未吃的米飯」。[73]

中央縱隊（師團主力）於 5 月 21 晨出發，22 日傍晚到達漁洋關，並占領之；23 日，縱隊在漁陽關附近渡過漢洋河，由左、右縱隊之間山地北進；24 日晨，強襲占領都鎮灣。25 日中午，師團戰鬥指揮所亦到達該地。[74]

左縱隊（海福部隊）自與師團主力分手後，向西迂迴，擊破沿途中國軍，冒著豪雨，克服險峻地形，在漁洋關上游渡過漢洋河；於 25 日，進抵都鎮灣，追及中央縱隊（師團主力）。兩縱隊會合後，26 日在都鎮灣附近，開始實施清江之渡河作業。[75]

在以上第 13 師團的 3 路縱隊中，以左縱隊所經山岳之地形最為險惡。根據海福聯隊長的回憶：此一地區之道路，係斷崖之險峻小徑。峭立岩壁側面之小徑上，有巨大的洞窟，洞口流出濤濤之水，好似《西遊記》的水簾洞就在裡頭一般。記得有一次，溪谷中雖有木橋，但已腐朽，馬匹無法通過，河谷甚深，一時也想不出渡越的方法。正擔心可能會耽誤行軍時，看到了在附近的樹林中，有被砍伐而修剪過樹枝的修長杉

72　同上注，頁 626~627。
73　同上注，頁 627。
74　同上注，頁 627~628。
75　同上注，頁 628~629。

木，故認為喜得天助，而得以輔助舊橋，而平安地通過。海福聯隊長最後說出了重點：「此種狀況，往往只因敵人的一挺輕機關槍，就能使我軍陷於不能前進的地步。」[76] 但是筆者認為，不是守軍不懂得要在此地形中佈陣設伏，而是根本沒有料到日軍會在此處出現。

野溝支隊於 22 日黎明前，以主力開始向宜都方向攻擊，同日進抵宜都附近；其後，在南京汪偽政權第 29 師的支援下，擔任該地區周圍殘餘中國軍之掃蕩。[77]

第 39 師團於 5 月 21 日在渡河點雲池附近集結，並完成渡河準備；主力於 22 日凌晨 1 時開始渡河。根據日方說法：「中國軍幾乎未有抵抗」，師團戰鬥指揮所早晨 6 時渡江，在主力之後根進。23 日傍晚，第 11 軍對師團下達「應使一部向長陽方向突進，主力則於二十四日之前，指向北面而席捲宜昌對面之敵」命令。於是，師團遂以步兵 232 聯隊（濱田部隊）為一部，向長陽方向突進；同時，以主力（步兵 233 聯隊—吉武部隊為基幹）經劉家坪，向西流溪附近急進。同一天（23 日）夜，再接奉軍之「應全力向偏岩推進」命令；故師團乃令濱田部隊停止向長陽方向突進，使其經西流溪，進向偏岩。[78]

由此看來，國軍戰史所載：5 月 20 日，日軍第 39 師團一部約 3 千餘人，在雲池、古老背渡江，占領宜都、紅花套、磨市、長陽、牌坡等

76　同上注，頁 628。
77　同上注，頁 629。
78　同上注。

地；27 日，再攻占偏巖、都鎮灣；而同時，復以步兵第 232 聯隊從宜昌附近之孝子岩方面投入，以呼應長陽方面之戰（見前文）；此說法與日方戰史所載，實有極大出入。

24 日，吉武部隊攻擊西流溪附近國軍，遭受國軍利用險峻地形的頑強抵抗，故戰況一無進展，乃轉攻西流溪南方地區。當天清晨 4 時 30 分，第 39 師團之戰鬥指揮所亦推進至大彈（按，應作膽）子埡（長陽東北約 10 公里）；25 日，濱田部隊加入戰鬥，協力吉武部隊奪取西流溪，於下午 7 時左右，進至偏岩。[79]1943 年 5 月 25 日，日軍第 11 軍進攻宜昌西部兵力與兵力位置，如圖 6-10 示意。[80]

79　同上注，頁 630。
80　本圖係根據上述狀況繪製。

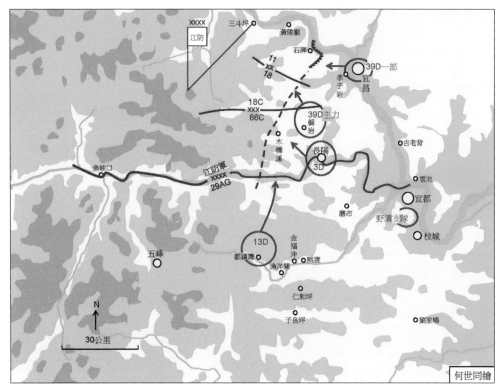

圖 6-10：1943 年 5 月 25 日，日軍第 11 軍進攻宜昌西部兵力與兵力位置示意

　　獨立混成第 17 旅團於 5 月 19 日，從公安出發，占領大堰礑西南高地，負責佯攻常德，並在第 11 軍主力對宜昌西部作戰期間，掩護軍之側背安全。[81]而日軍擺出「佯攻常德」之姿態，也確實能收到極大「欺敵」效果，而使國軍統帥部誤盼日軍將由常德方面進攻湘西（見後文）。蔣委員長 5 月 15 日日記，載曰：

> 昨以第六戰區軍事緊急，甚以軍中無重心為念，適心研
> 討，下令抽調王耀武軍增援常德，而令夏楚中固守常德之責，
> 處置完妥，此心乃安。[82]

而儘管日軍已逐漸逼近長江三峽之側背，但受日軍向常德方向「佯動」之「欺敵」影響，蔣委員長始終相信日軍現階段作戰目標，最後必指向常德。其 5 月 16 日日記，載曰：

> 下午假睡，不能成眠，即起而清理積案，研究鄂西戰況，
> 敵於今晨佔領暖（應作煖）水街，預料其必襲漁洋關，進逼
> 長江三峽之側背，而其目的必在常德也。[83]

觀察所見，日軍第 11 軍自 5 月上旬渡江進攻以來，不過短短兩個多星期的時間，就由長江南岸「河湖地帶」、「丘陵地帶」，一路打到鄂西「山岳地帶」，時程未超過其計畫的天數，算是一場成功的攻勢作戰。反觀國軍，如蔣委員長日記所說「無暇自計部署」，其又對敵情判斷錯誤，加上部隊並無旺盛求戰之氣，不但未能落實遲滯敵軍行動之設計，而且也沒有達到消耗日軍戰力之目的，更無在鄂西「山岳地帶」徹底集中兵力與日軍決戰之方案，可以說是一場徹頭徹尾失敗的「守勢持久」作戰。

82　抗戰歷史文獻研究會編，《蔣中正日記—民國三十三年・1944》，5 月 15 日條，頁 70。按，王耀武軍為第 74 軍。
83　同上注，頁 71，5 月 16 日條。

第七章

胡璉師長守住
石牌逆轉戰局

　　從 1943 年 2 月上旬的「江北殲滅作戰」，到 5 月中旬的「宜南作戰」前兩期作戰，日軍第 11 軍均能按既定計畫，順利進行。國軍則連續戰敗，退入鄂西山岳地帶防禦，國府立即陷入日軍攻入三峽，進窺重慶的嚴峻危機中；石牌居三峽門戶，遂成雙方「攻所必取、守所必固」的戰略要點。

　　本章除詳論中、日兩軍在本階段之作戰經過、蔣委員長對戰局的焦慮與親下「固守石牌」指令的決策外，更闡述第 11 師師長胡璉及其所率領的全師官兵，臨危受命，發揚「精神戰力」，守住石牌，不但成為抗戰中日軍第一座攻不下來的堡壘，更是逆轉「鄂西會戰」戰局，支撐國軍第 6 戰區乘勢反擊，粉碎日軍入川迷夢進而確保重慶安全的關鍵角色。

第一節 | 國軍退守鄂西山岳地帶

　　根據國軍戰史記載：1943 年 5 月 16、17 兩日，日軍先後增援，繼續向西猛攻；擔任枝江至公安之間防禦的國軍第 10 集團軍，連日與日軍戰鬥，傷亡頗重，被迫向西轉進。此時澧縣以北之日軍第 3 師團向西北方向移動，宜昌附近之日軍亦逐漸增強，有向江防軍攻擊之徵候。國軍第 6 戰區乃決定在空軍支援下，以第 74、79 兩軍使用於石門以北地區，

第 10 集團軍在清江以南行「持久戰」，江防軍確保石牌要塞。[1]

迄 5 月 21 日，日軍第 13 師團攻陷王家畈後，以一部與枝江方面第 58 師團之一部（即野溝支隊）突擊國軍江防軍第 86 軍第 67 師（師長羅賢達〔代〕）。同時，日軍第 39 師團主力，在宜都北面之紅花套附近強渡長江，經國軍第 86 軍第 13 師猛烈阻擊，使其不能深入。22 日，國軍第 10 集團軍第 87 軍一部在漁洋關附近，與日軍第 13 師團竟日激戰，卒以寡眾懸殊，漁洋關失守，國軍退守龍潭坪、川心店之線（位置見圖 7-1）。[2]

時日軍第 39 師團在其砲兵及空中掩護下，繼以 4 千餘人於紅花套附近渡江增援，向國軍第 13 師之長嶺、大小宋山陣地進攻，國軍均「予以重創」。迄晚，第 86 軍轉守磨市、枇杷街之線；翌（23）日與日軍在該線激戰後，再轉移至板橋舖、馬鞍山之線，其左翼仍在烏龜山（以上地名位置見圖 6-9）未動。24 日，日軍第 39 師團及第 3 師團主力，向長陽附近猛攻；激戰至午後，陣地被突破，第 86 軍右翼即調整態勢，扼守長陽以北迄清江西北之線。[3] 對照中、日兩軍戰史資料，概能客觀觀察本戰日軍一路進攻，國軍一路退卻之狀況。

5 月 24 日，宜昌西岸日軍向國軍江防軍之第 18 軍陣地猛撲，經予

1　史政編譯局編印，《國民革命軍戰役史第四部・抗日》，冊 4，〈後期戰役・鄂西作戰〉，頁 90。按，5 月上旬日軍發動宜南「第一期作戰」時，其第 3 師團位於右翼最外側，其後向西移動位置，概在澧縣以北地區。惟，固守石牌要塞，是 5 月 28 日，蔣委員長親自決定，見後文。
2　同上注。
3　同上注，頁 90~91。

以阻止。25日，日軍以飛機掩護，全線猛攻，一部突入偏石（應作偏岩，位置見圖6-9）附近，經國軍南北夾擊，傷亡甚大。當時清江兩岸及攻擊石牌之日軍，總兵力約2個師團，似有一舉攻占「要塞地區」，威脅川東之勢。[4]所謂「要塞地區」，應指石牌、及其以西的廟河、洩灘、牛口等4座要塞之總稱（見圖5-2），其中以石牌最大，且扼三峽入川門戶，最為重要。惟日軍投入之兵力，並非2個師團，而是3個師團加1個支隊（見前文）。

國軍戰史又載：第6戰區對石牌要塞早有「固守之準備」，最高統帥蔣委員長並手令江防守備部隊，明示石牌要塞之重要性，且為殲敵之唯一良機。國軍各級指揮官於奉到指令後，均抱「與要塞共存亡」之決心，依有利地形，與日軍決戰。預定決戰時間為6月1日，決戰線為石牌、曹家畈、木橋溪、資坵之線（地名位置見圖7-1）。同時，第6戰區當即令第79軍由石門向漁洋關方向進出，第74軍由桃源向石門集中，第27師（隸屬第30軍）向欂樹東南地區前進。[5]但在第6戰區原先的「會戰指導」中，三峽地區最後「固守」之地，為巴東（見前文），而非石牌；石牌及其西3座要塞，原本只是固守巴東的防禦或遲滯陣地而已，石牌是在5月28日，才由蔣委員長親自下令「固守」（見後文）。

5月26、27兩日，江防軍方面激戰最烈，尤其第18、32兩軍正面特甚。同時，漁陽關之日軍第13師團北攻鴨子口，遭國軍第139師阻擊；

4　同上註，頁91。按，第18軍以第11、18兩師並列為一線，第11在左，守備石牌要塞。
5　同上註。

日軍另一部經木橋溪向石牌滲透。27 日，江防軍固守石牌、曹家畈、易家壪之線；第 94 軍已轉至資坵附近，掩護江防軍右側。[6]1943 年 5 月 17 至 27 日，「鄂西會戰」國軍第 6 戰區各部隊行動概要，如圖 7-1 示意。[7]

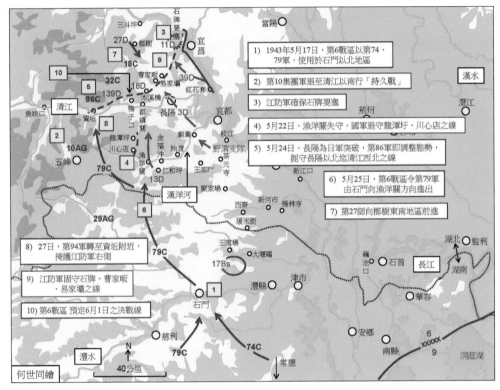

圖 7-1：1943 年 5 月 17 至 27 日，「鄂西會戰」國軍第 6 戰區各部隊行動概要示意

5 月 27 日，這一天剛好是日本的「海軍節」，宜昌附近的船隻共有 53 艘，約 16,000 噸，在漢口第 2 碇泊場司令官里見金二大佐指揮下，

6　同上注，頁 91。按，「固守」石牌要塞，是根據蔣委員長 5 月 28 日之命令而來（見後文）；《抗日戰史》所載 27 日，有誤。

7　本圖係根據上述狀況繪製。

由該地出發，同日下航至沙市。28 日早晨，再由沙市出發，傍晚抵達監利，然後航向漢口。[8] 日軍第 11 軍「宜南作戰」，「使宜昌船隻下航漢口」的第 1 個目標，已然達成。

根據日方資料：5 月 29 日，日軍第 11 軍分別推進至追擊目標的石牌—木溪橋之線，以捕捉殲滅各地的中國軍。截至此時，其自稱「第三期作戰」之主要戰果，為國軍棄屍 9,017 具，被俘 1,224 人，擄獲民船 500 艘；日軍陣亡 296 人，陣亡 1,123 人，損失馬 153 匹。[9]

當時奉命前往第 11 軍沙市戰鬥指揮所視察作戰之「中國派遣軍」參謀三笠宮少佐，於 5 月 30 日赴東京大本營報告本作戰時，以第 11 軍由側後方摧毀防衛四川門戶的宜昌對岸堅固陣地（按，應指石牌以東的高山廟、安春瑙、沙套子要塞），壓迫長江之中國軍防衛，而粉碎中國軍的抗戰意志，並打開宜昌船隻下航之路，謂軍之「作戰目的」已然達成。又以軍之主力在江南廣闊之地區作戰，直接參加攻占宜昌對岸中國軍陣地之兵力，超過 3 個師團；此一作戰，連續地實施渡河、突破山岳及堅固陣地之攻擊，表揚參戰兵團之「勇敢戰鬥」。又以中國軍第 73 軍除了第 161 師外，悉數被殲滅，謂已然達成本次作戰之「殲滅目標」。[10] 然而「擊敗」與「殲滅」，是兩個不同的概念；第 73 軍只是此次國軍諸多參戰部隊的一小部分，怎能以此論定其創造了「殲滅戰果」呢？誠

8　同上注，頁 637~638。
9　同上注，頁 638。
10　同上注，頁 638~639。

可謂對第 11 軍之「虛美」。

此外，三笠宮並以此次作戰第 11 軍能巧妙運用急襲、欺騙、包圍、突破等作戰指導，堪與「坦能堡作戰」（The Battle of Jannenberg）或「馬茲爾湖之役」（The Battle of Mazurian Lake，或譯馬蘇〔Maswian〕湖）相媲美，[11] 來讚美第 11 軍「宜南作戰」的表現，一部分引喻得當。當然，三笠宮參謀位階雖低，但受「中國派遣軍」命令而來，其報告內容必然代表了派遣軍總司令的意志。

三笠宮所述之戰例，為第一次世界大戰歐洲東戰場首場戰事，亦是近現代的西方名戰。1914 年 8 月 26 日至 31 日，德軍第 8 軍團（轄 18 個師）在司令官興登堡（Hindenburg）及參謀長魯登道夫（Ludendroff）指揮下，與俄軍第 1 軍團（轄 16 個師，司令為雲侖肯夫，Rennenkanpf）及第 2 軍團（轄 12 個師，司令為沙門佐諾夫，Samsonov）所組成的「西北集團軍」，會戰於東普魯士的坦能堡（Tannenburg）以東地區，是謂「坦能堡會戰」。又因最後決戰在馬蘇（或譯 Maswian）湖區，故又稱「馬蘇湖之戰」。[12]

本戰，德軍第 8 軍團司令官興登堡，巧妙運用哥尼斯堡（Könisberg）德軍要塞兵力的「佯動」，使馬蘇「湖區」（Lakes）北面的俄軍第 1 軍團，一直躊躇不前；加上俄軍兩位軍團司令嚴重不合的「心理分離」，得以

11　同上注，頁 639。

12　何世同，《運籌帷幄・因敵制勝──大軍統帥學教室》（新北市：老戰友工作室，2021 年 10 月 10 日），頁 107~108。

利用馬蘇「湖區」的地障隔離，僅以 1 個騎兵師牽制北翼的俄軍第 1 軍團，而集中優勢兵力殲滅湖區南面的第 2 軍團。[13]

觀察日軍 1943 年「宜南作戰」的前 3 個時期，與俄軍 1914 年「坦能堡之戰」相較，其最大相同點，即是發揮「佯動」運用的旨趣。前者讓國軍統帥部一直到三峽戰事告急之時，連蔣委員長都還認為日軍的目標在常德（見前文）。而兩者最大不同，在德軍以「內線作戰」取勝；日軍則在「內線」態勢中，爭取「局部外線」致果，都可列為經典戰例。1914 年 8 月 26 日至 31 日，「坦能堡之戰」經過狀況，如圖 7-2 示意。[14]

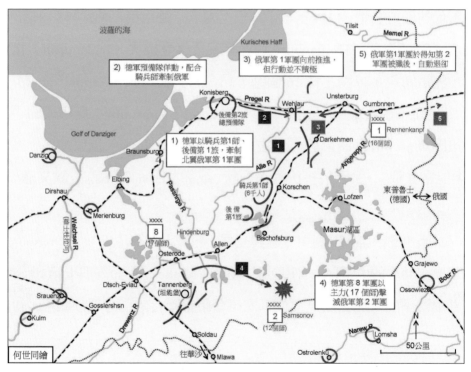

圖 7-2：1914 年 8 月 26 日至 31 日，坦能堡之戰經過狀況示意

13　同上注，頁 120~121。
14　資料來源：同上注，頁 120，圖 3-10「1914 年 8 月 26 日至 31 日，坦能堡之戰經過狀況示意」。

又根據日方資料所載：宜昌西方地區係進入四川之門戶，故蔣委員長亦親自督戰；但其督戰也無濟於事，中國軍在各處均大敗，而無法挽回頹勢。[15] 蔣委員長親往恩施督戰，是 5 月 14 日之事（見後文）；觀察所見，從日軍 2 月下旬發動「江北殲滅戰」，占領長江北岸「三角地帶」，到 5 月下旬在「江南殲滅作戰」中攻抵長江三峽國軍要塞區前緣的這段時間，國軍的表現，的確如日軍戰史所載「在各處均大敗」。而蔣委員長更是將憂心忡忡，甚至將勝利的期望，寄託在他所信仰的上帝保佑上。蔣委員長有檢討、有自責、有無奈、有指導、有怒氣之心路歷程，散見於其日記中，也提供了本戰的第一手「權威資料」，如下述：

5 月 9 日，載曰：「五日來倭向南縣、安鄉進擾，王瓚緒（按，為第 29 集團軍總司令）配備無方，兩縣皆陷。」[16]

5 月 11 日，載曰：「倭寇攻佔安鄉、南縣之原固〔故〕，全由我前方之部署不當，將其主力全置於河漢交流之南縣、安鄉，因之引起敵寇圍殲之野心；此乃庸將誤防，以導引敵寇之求勝，豈當亂兵引勝而已哉。」[17]

5 月 14 日，載曰：「預定…二、準備赴六戰區指揮…上午記事，批閱公文，得荊沙寇軍，昨晚渡江奪取枝江、公安各縣城後，向南直進，斷定企圖在攻我常德。陳辭修赴雲南以後，始終顧慮敵寇將乘機襲取湘西為慮，然以事多亦無暇自計，該戰區之部署，卒演成今日局勢，此又

15　《華中方面軍作戰》，頁 639~640。

16　抗戰歷史文獻研究會編，《蔣中正日記—民國三十三年·1944》，5 月 9 日條，上星期反省錄，頁 68。

17　同上註，5 月 11 日條，頁 69。

不能窮理之一也。下午決定親赴恩施指揮，以固軍心。」[18]

5月15日，載曰：「…昨以第六戰區軍事緊急，甚以軍中無重心為念，適心研討，下令抽調王耀武軍增援常德，而令夏楚中固守常德之責，處置完妥，此心乃安…晚軍事會報，研究戰局以後，布置至十時方畢。」（前文已述）

5月16日，載曰：「下午假睡，不能成眠，即起而清理積案，研究鄂西戰況，敵於今晨佔領暖（應作煖）水街，預料其必襲漁洋關，進逼長江三峽之側背，而其目的必在常德也。」[19]上星期反省錄，載曰：「敵寇調集三師團以上兵力，進攻我第六戰區沿江據點，此乃必有之舉動惜余事忙，未能專心準備，以致有此次之重大損失，可不慎戒…洞庭沿湖各線盡陷，兩湖之穀倉被奮〔奪〕，此乃經濟上重大之損失，今後物價又必暴漲矣。物價經濟之壓力，乃為全體國民日常生活切膚之痛，比之軍事為一時之痛苦，其相去何啻十倍。」[20]

5月19日，載曰：「上午看孫子作戰篇後，批閱公文，決定對第六戰〔區〕最後決戰之準備，與集中部隊之訓令後，校閱中國之命運第五章。」[21]

5月20日，載曰：「研究第六戰區戰況，情勢危急，漁洋關方面毫

18　同上注，5月14日條，頁70。按，陳辭修即第6戰區司令長官陳誠，當時奉派至滇西主持「中國遠征軍」軍務。
19　同上注，頁71，5月16日條。
20　同上注，5月16日，上星期反省錄條，頁71。
21　同上注，5月19日條，頁72。按，《中國之命運》一書，為抗戰期間蔣委員長所著，發表於1943年3月。

無預備隊，辭修亦不以為意，官兵戰意之低落如此，奈何？乃令空軍之裝備出動，決抽有現地官兵之部隊出擊。」[22]

5月21日，載曰：「昨晚第六戰區敵軍，枝江方面已進攻轟家河，是其已開始進攻三峽要塞，先威脅我側背甚顯矣。處置布置後，十一時睡。」[23]

5月22日，載曰：「敵寇以後進攻三峽，其兵力運用可由長江水運，不必再經漢宜公路，故其後方部隊集結與運輸之情報，更難取得矣。此次危急，實由於我自對軍事部署太不注意，一概委之於幕僚，所以有今日『以不虞待虞』之失著，而為美國史迪威之陷弄…三時醒後，不能成眠，五時起床早課後，八時由聽江亭到軍（委）會，召集幕僚，研究戰局，敵軍目的在攻取石碑〔牌〕要塞，以確報〔保〕其漢宜路無疑，乃決調回在川、黔之準備遠征各軍，確保長江上游為第一主義也。如美空軍能助我陸軍作戰，則我陸軍集中後，當可向宜昌取攻勢也。十一時約美空軍會議，決定對長江之敵空軍出擊計畫。」[24]

5月23日，上星期反省錄載曰：「六戰區連敗，敵寇進逼三峽，華府會議於我極為不利，各處人心浮動，學生妄動，可說抗戰形勢至為危險。」[25]

5月25日，載曰：「令人悲傷者，一般高級將領對於指揮與計畫皆

22　同上注，5月20日條，頁73。
23　同上注，5月21日條，頁73。
24　同上注，5月22日條，頁73。
25　同上注，5月23日，上星期反省錄條，頁74。

不能熟籌神注，視同兒戲，如此軍事如不失敗，誠天父所賜矣。」[26]

5月26日，載曰：「注意一、長陽方面敵軍新增兩聯隊。二、王甲本軍行程之查報。三、伏兵運用要領…晚研究敵情戰況，對伏兵之運用指示甚詳。」[27]

5月27日，載曰：「上午指示第六戰區作戰要領，督促第一三九、第廿七各師之集中，前方智鈍不靈，浮虛不實，誠令人著急發愁…下午…在十八師正面俘獲敵兵五名，全為中國人，審明後，乃知其為敵正式陸軍第卅四師團，本在南昌，訓練已在一年以上，其長官皆為倭人，而上等兵以下，全為我國人也，聞之心痛欲絕矣。」[28]

5月28日，最為關鍵，載曰：「前方將領指揮無方，平時毫不研究，臨時糊塗作戰。此次一四九師之孫定超師長，放棄木橋溪前方隘路、卡房等要點，而退縮於其西方鄭家坡，躲避敵人，更為可殺。而高級幕僚之不學無術，膽卻心慌，聞之悲傷，抗戰前途不堪設想…晚間處理作戰要務，決定固守石碑〔牌〕要塞，令方軍長準備獨立作戰，以待後方部隊集中後，再行反攻也。」[29]

原先，第6戰區計畫在長江三峽確保之要點是巴東（見圖5-13），自蔣委員長親自下令後，確保之要點乃向前推進至石牌要塞。又根據日

26　同上注，5月25日條，頁75。
27　同上注，5月26日條，頁75。
28　同上注，5月27日條，頁75~76。按，王甲本為第79軍軍長，1944年9月7日陣亡於「桂柳會戰」。
29　同上注，5月28日條，頁76。

方戰史記載，蔣委員長於 5 月 27 日對第 6 戰區頒布如下訓示：

> 第一〇集團軍未能利用地障以阻止敵軍進攻（按，該集
> 團軍應在清江以南行持久戰），作戰開始後，集團軍完全陷
> 於潰亂，因此增強了敵之企圖，對戰局產生最大的影響。即
> 使戰鬥後進入山岳地帶，仍未能利用隘路打擊敵人，甚至各
> 級失去掌握，一蹶不振，由是不僅更啟發敵顯現輕視之色，
> 而且使黨軍（按，指國軍）威信失墜殊甚…因此，各級指揮
> 官應乘機奮鬥努力，建立大功以補前過為要。[30]

第 6 戰區代理司令長官孫連仲，於接獲蔣委員長此一訓示後，也立
即對所屬部隊作以下指示：

> 本戰區係重慶之門戶而責任重大，因之其一得一失均為
> 全世界所矚目。凡我官兵高級將領應以此次失敗當作一生之
> 大恥辱，向國家承擔罪過，使本部隊不麻木不仁，即時嚴守
> 委員長之訓示，凡本諸連座法嚴革督勵所屬，戴罪立功，以
> 告慰領袖並報效黨國。[31]

日方戰史又載：當時，蔣委員長一面向美國通報謂，以日軍之作戰
方向，係直接指向重慶之同時，一面講求如下之措施，以求打開此一危
機：一、令第 6 戰區司令長官陳誠由雲南返回恩施，直接指揮第 6 戰區
作戰；命美式裝備的 7 萬名補充兵，及第 8、74 兩個軍，轉進至湖南省；

30　《華中方面軍作戰》，，頁 640。
31　同上注。

將所有中國空軍之補給品，開放給陳納德將軍的美國第 14 航空隊，下令大規模攻擊，以阻止日軍。[32]

事實上，當時國軍第 6 戰區司令長官陳誠，兼任「中國遠征軍」司令長官，駐節昆明；於得知蔣委員長親赴前線督師後，即於 5 月 17 日由昆明飛抵恩施，坐鎮指揮戰區之作戰。[33]

5 月 29 日，日軍第 11 軍分別推進至追擊目標的石牌—木溪橋之線，以捕捉殲滅各地的中國軍（見前文）；而國軍江防軍又接獲統帥部「準備獨立作戰」，並「固守石牌要塞」的命令（見蔣委員長 5 月 28 日日記所載），「石牌保衛戰」就在這樣的情勢下，正式展開。

第二節｜胡璉師守住了石牌要塞

當 1943 年 5 月上旬，日軍第 11 軍發動「宜南作戰」時，第 6 戰區江防軍之第 18 軍，負責宜昌以西長江南岸地區之守備任務。該軍以所轄之第 11、18 兩師，由北向南並列為一線；第 11 師在北，扼守石牌要

32　同上注，頁 641。

33　蔣傳謀，〈石牌之戰〉，收入：胡璉將軍七十大慶紀念專集編纂委員會編，《不逾矩集》（台北：胡璉將軍七十大慶紀念專集編纂委員會印製，1976 年 12 月 1 日），頁 385。同書，頁 384 亦載，作者為當時第 11 師作戰參謀，隨從胡璉將軍，躬與其役；故其文所載，算得上「權威資料」。又，王禹廷，《胡璉評傳》（台北：傳記文學出版社，2019 年 4 月，2 版），頁 13~23，第 2 章第 2 節，〈石牌之戰以弱克強〉，亦載「石牌保衛戰」事，但其內容，係全抄蔣文。

塞核心；第 18 師在南，掩護要塞之側翼。[34] 先是，第 11 師於 1943 年 1 月，進入本地區，原負責石牌要塞及前方地區之防禦；迨 5 月中旬，洞庭湖方面之情況日趨惡化，第 11 師遂奉命專責擔任石牌要塞之守備。[35] 值得注意的是，當時第 11 師是負責石牌要塞之「守備」，不是與「死守」等義的「固守」。

當時的部署，江防軍總部在三斗坪，第 18 軍軍部在望州坪，第 11 師師部在殷家坪；該師所屬之第 31 團在大朱家坪一帶，第 32 團在尚家岩一帶，第 33 團在平善壩一帶（見圖 7-4）。[36] 師之總兵力，約 8 千人。[37]

根據蔣傳謀《石牌之戰》說法：第 11 師自 5 月中旬進駐石牌要塞後，胡璉師長立即檢查各處工事，發現除了砲兵重砲團的陣地外，不但沒有堅強的工事，而且糧秣彈藥，也無充分準備。他為了達成任務，在沒有接觸敵人以前，必須爭取時間，先以全力和「石山」作戰。胡師長下了嚴厲的命令，並親自督同全體官兵，晝夜不停、分分秒秒的「鑿山構工」，也請准了上級若干工兵和石工，前來幫忙。[38]

不過，此一說法有問題，蔣傳謀參謀顯然有「虛美」胡璉師長之意；因為，根據《抗日戰史・鄂西會戰》所載，第 11 師進駐石牌要塞的時間點是 5 月中旬，石牌防禦戰鬥的開始時間是 5 月下旬；以此 10 天倉

34　蔣傳謀，〈石牌之戰〉，頁 385。
35　史政編譯局編印，《抗日戰史》（黃皮），冊 71，《鄂西會戰（二）》，〈重要戰鬥・石牌附近之戰鬥〉，頁 242。
36　蔣傳謀，〈石牌之戰〉，頁 385。
37　此兵力，係錄自：「石牌抗戰遺址」中之「石牌大捷賦」碑文；見照片 10。
38　蔣傳謀，〈石牌之戰〉，頁 385。

促之時間，用來部署備戰都來不及，哪有工夫去「鑿山構工」呢？況且，「鑿山構工」是大工程，耗時費工；相信早期駐防外島的軍人，都有此經驗，包括筆者。

事實是：胡璉師長進駐要塞後，發現粗具形式之野戰工事，經風雨侵凌，間有僅存痕跡；鑑於狀況之緊迫，繼多次嚴密偵察要塞附近地形之後，依兵力之大小，重新釐定要塞「掩護陣地」與「主陣地」之「築城計畫」；[39] 要點如下：[40]

一、**工事之構築**：「掩護陣地」利用石洞、水泥永久工事，及半永久工事增築支撐點；守備兵力可容 1 班至 1 連。餘如「主陣地」及「核心陣地」，概為開鑿山洞與鋼骨水泥之永久工事構成之，可容兵力由 1 排至 1 營。

二、**改變地形與道路**：陣地內外之道路、隘路、谷口，一所要將原有地形鑿為絕壁，坑以陷阱，或阻塞、遮斷，務使改變地形與圖上不相符合，用使迷惑或困阻敵人行動。

三、**兵力與工事適當配置**：兵力之配置，依地形、工事之須要，精確較量而設置之；不以一般團、營、連番號劃分地區，力使恰如其分，絕無過多過少。

四、**統一運用陸上火網**：原石牌要塞各種固定火砲側重江防，對陸

39　史政編譯局編印，《抗日戰史》（黃皮），冊 71，《鄂西會戰〔二〕・石牌附近戰鬥》，頁 242。

40　以下 6 項「築城計畫」，見：同上注，頁 242~243。

地側面砲台尚付缺如；為補救此一缺點，遂設遊動砲兵代之，對陸地方面，由地區砲兵指揮官操控火網，支援步兵作戰。

五、儲備要塞物質：於要塞各區設置糧、彈、副食品、及官兵日常生活必需品之屯儲倉庫，達 40 餘所之多，足供全師兵力半年需用。

六、其餘：如通信、連絡之設置，禁地居民之資遣，保甲組織之加強，防奸、防諜工作之展開，求無遺憾。

基於以上各種措施，確認要塞戰以「防衛固守」為主旨，「相機反擊」為手段；故胡師長又策定各種作戰「指導方案」，假設不同情況，籌劃因應對策，先行圖上作業，繼之舉行實兵演練，反復研討得失，不斷改進。[41]

石牌要塞位於長江三峽出口處南面，要塞之「固定砲兵」陣地，主要部署於由此向北匯入長江之松門溪（今楊家溪）兩側陡峭高地頂部與腰部。陣地依地形而建，由上而下，區分 2 層放列。上層是「重砲陣地」，數量較少，間隔較大；下層為由軍艦拆卸之「艦砲陣地」。另外，還有一層是，貼近江面，開鑿山壁而建的「機槍群陣地」。

2023 年 8 月 20 日，筆者在宜昌夷陵博物館館長陪同下，先走訪松門溪北面的「學校嶺」，查看 1 門「上層」的「重砲陣地」。該火砲口徑似 105mm，砲台為鋼筋混凝土結構，平面呈蝌蚪狀，由砲池、掩體通道、彈藥庫和進出通道構成；主要用於抵抗敵人來自空中與江面的進

41　同上注，頁 243。

攻（見照片 15、16）。可惜因為「透空放列」，多門火砲為日軍空襲所破壞。

其後，筆者轉赴松門溪南岸（有橋樑相通）的倒石溝，查看「中層」的「艦砲陣地」，均放列於人工開鑿的山壁內，能躲避空襲；由於數量很多，部署成了數個「砲群」，每砲間隔約 30 公尺，形成綿密的火網體系（照片 11、12、13）。至於當時貼於江面的「機槍群陣地」，現在已沒入水中，無法看到。館長告訴筆者，所有陣地中的槍砲，都鎖定方向與高度發射，日軍一旦出現於江上，即槍砲齊發，形成綿密的「火網」加「彈幕」，完全沒有死角。以上槍砲陣地，應是由宜巴要塞區第 1 總台第 1 台負責使用（見圖 5-2）。2023 年 8 月 20 日，筆者查看石牌要塞砲台位置，如圖 7-3 示意。

由於火力與佈雷的封鎖，日軍無法自江上進入三峽地區，乃複製占領江陰要塞及馬當要塞之經驗，從陸上進攻石牌要塞，以突破國軍三峽防線，進而攻向重慶；於是，保衛石牌要塞的重責大任，就落在胡璉將軍及第 11 師全體官兵身上。

5 月 27 日，都鎮灣、偏岩相際失守，日軍續攻向兩河口一帶；第 11 師右翼的第 18 師，仍與敵相持於西門埡、陽家壪、天台觀之線（以上地名位置，見圖 6-9），第 11 師之右側背，已受威脅。同時，日軍飛機終日在要塞上空偵察，宜昌之敵復不斷向長江西岸增援進兵。綜合諸般狀況，日軍似有先擊滅國軍野戰軍，占領三斗坪，再圍攻石牌要塞，作進犯我陪都重慶之準備。第 18 軍方天軍長為達成「誘敵聚殲」之目的，遂令所屬第 18 師向東南變更正面；令第 11 師調整部署，以 1 個團

扼守八斗方、樑木棚附近，主力於松門溪（今羅家溪）要塞陣地，作固守之準備。[42]

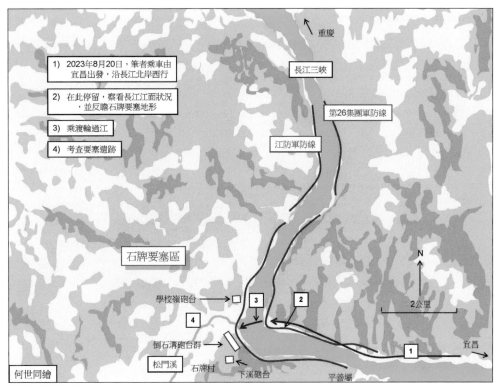

圖 7-3：2023 年 8 月 20 日，筆者查看石牌要塞路線及砲台遺跡位置示意

　　第 11 師胡璉師長遵示，於當（27）日 20 時，下達調整部署命令，以一部扼守鍾靈坡之線「掩護陣地」，主力即向「主陣地」及「核心陣地」轉移，作固守要塞之準備。[43] 其師部及第 31 團〔附重迫擊砲第 2 營，

42　史政編譯局編印，《抗日戰史》（黃皮），冊 71，《鄂西會戰〔二〕・石牌附近戰鬥》，頁 243。

43　同上注，頁 243~244。

工兵、無線電各 1 班〕、第 32 團〔附重迫擊砲第 1 營，工兵、無線電各 1 班〕、第 33 團〔附工兵、無線電各 1 班〕之位置，及與鄰接友軍之地境線，如圖 7-4 示意。[44]

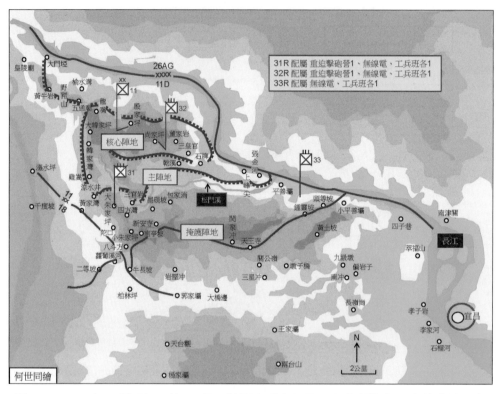

圖 7-4：1943 年 5 月下旬，第 11 師石牌要塞兵力配置，及與鄰接友軍之地境線示意

　　根據國軍戰史所載：5 月 28 日拂曉，日軍第 39 師團以步兵第 231、232 聯隊為基幹之步、騎、砲聯合兵種約 2 千餘人，在飛機、大砲交互掩護下，向第 11 師八斗方、南亭坡、閔家沖各附近陣地進犯；守

44　同上注，頁 250 後，插圖 40「石牌要塞配要圖（民國三十二年五月二十八日）」。

軍第 31 團憑藉既設工事，沉著應戰，尤得我埋伏於敵後之戰鬥群適時奇襲射擊，日軍張惶失措，死傷累累。旋增援之敵，以山砲 7、8 門，於岩屋冲附近占領陣地，集中火力，掩護其步兵再興攻擊，國軍除憑陣地固守外，復飾重迫擊砲第 2 營依預定計畫，行急襲射擊；敵砲 2 門被毀，攻勢被壓制。[45]

28 日上午 11 時，該敵又由柏木坪方面，糾集步、騎千餘人、砲 4 門，向第 11 師八斗方、南亭坡陣地側翼猛攻，敵機 9 架亦反復轟炸；守軍工事多遭摧毀，人員傷亡亦重。惟守軍仍利用殘餘碉壘，與四周彈坑堅強抵抗；而步、砲火力，始終協調，對諸谷口要道確實封鎖，致敵之傷亡甚多。戰鬥相持入夜，敵以小部隊分向第 11 師陣地鑽隙攻擊，第 11 師以火力與逆襲卒摧破敵之攻擊於陣地前緣。是日，計斃傷敵 8 百餘，第 11 師傷亡連長王庭碩以下百餘人。[46]

29 日拂曉，日軍復由柏木坪抽調援軍約 5 百人，會合其殘餘部隊，在飛機、大砲掩護下，分向我八斗方迄天王寺之線猛攻；另股約 5 百餘人之日軍，由第 11 師與第 18 師之「接合部」蘿蔔溪河侵入，雜以毒氣，攻擊第 11 師陣地側背。第 11 師雖奮戰抵抗，但傷亡慘重，陣線呈現不穩；上午 6 時，八斗方附近陣地終告不守。胡璉師長急令第 33 團第 2 營潮營長，率領該營第 5 連，及重機槍 2 挺、迫擊砲 2 門，並指揮第 32 團第 9 連，於上午 9 時，在師之火力支援下，向大、小朱家坪方向發起

45　同上注，頁 244。
46　同上注，頁 244~245。

「逆襲」；日軍亦增援抵抗，短兵相接，戰況極為慘烈。13 時，「逆襲」部隊雖突入日軍陣地，但日軍施放催淚性毒氣，國軍中毒者頗多，潮營長亦不幸殉職，「逆襲」頓挫。入暮，國軍仍堅守小朱家坪、樑木棚、新安寺之線，與日軍對峙。[47]

　　5 月 30 日，第 11 師當面日軍，經前者連日打擊，傷亡亦重，戰志低落，行動顯見遲鈍。上午 9 時，其一股約 3 百餘人，攻擊第 32 團三官岩附近陣地，遭守軍截擊，未能得逞；同時，另部約數百人，向涼水井方面推進，亦經國軍戰鬥前哨阻擊，就殲過半，其餘狼狽竄回。午後，戰況雖趨於沉寂，但數百日軍刻正逗留大小朱家坪、墨硯坡、包家淌各地構築野戰工事，第 11 師之搜索部隊發現後，立即對其發起攻擊，激戰約半小時，搜索部隊撤回。[48]

　　5 月 31 日晨，敵機數架，在要塞上空偵察，敵砲兵亦不時向三官岩我軍陣地射擊毒氣彈；但敵之步兵，大部在小朱家坪、墨硯坡、至北斗山之線，構築工事。第 32 團為注視當前之敵情發展，於 1800 時以後，不斷以小部隊對當面之敵行「威力搜索」；據當時各方所獲情報，此次進犯石牌要塞之敵軍，傷亡甚大，已成動搖之勢，似有退卻模樣。24 時，胡璉師長令第 32 團即以「有力一部」，經涼水井，攻擊大朱家坪、四方灣之敵，並確實占領該地。[49]

47　同上注，頁 245。
48　同上注，頁 246。
49　同上注。

　　6月1日1700時，第32團李副團長率領2個步兵連、及重機槍與迫擊砲各若干，搜索至大、小朱家坪附近，發現尚有敵軍構築工事，旋即率部攻擊；該敵憑工事頑強抵抗，激戰兩小時，互無進展。1900時，第18軍方天軍長電令第11師，應以一部占領大朱家坪附近，並協力第18師，相機驅逐當面之敵；胡璉師長遵示於2000時下達作戰命令，決於明（二）日0400，向當面之敵發起攻擊。[50]

　　6月2日0800時，第33團進至大朱家坪附近後，立即向墨硯坡、包家淌方面壓迫；時與李副團長所部對峙之日軍，側背感到威脅，遂於1300時，開始向東退卻。第33團乃乘勝追擊，至1700時進抵檪木棚、閔家冲、天王寺、鍾靈坡之線，並確實占領之。入夜之後，第33團即調整部署，整修工事，並作繼續進擊之準備。[51]

　　6月3日晨，石牌要塞當面之敵約300人，仍盤據黃土坡附近，胡璉師長乃令第33團逕向該敵攻擊。1800時，胡璉師長接獲方天軍長電報，要旨為：本軍主力即向雨台山、王家壋、墩子橋、小平善壋之線推進，確實占領之後，再續向宜昌西岸追擊前進。胡璉師長遵即下達攻擊命令，於當天23時，以主力向上述之線推進，日軍紛紛向偏岩子、萃福山方面退卻；至是，第11師乃恢復5月27日前態勢。因第11師連日戰鬥，亦亟待整頓，未再攻擊前進，戰鬥遂暫告結。[52] 不過無論如何，

50　同上注，頁246~247。
51　同上注，頁247~248。
52　同上注，頁249。

第 11 在胡璉師長指揮下，守注了石牌要塞，也粉碎了日軍由三峽入川進攻重慶的野心，使石牌成了日軍侵華第一個攻不下來的堡壘，為國家民族立下了輝煌戰功；胡璉師長一戰成名，成了家喻戶曉的抗戰英雄。1943 年 5 月 28 日至 6 月 3 日，「鄂西會戰」石牌附近戰鬥狀況，如圖 7-5 示意。[53]

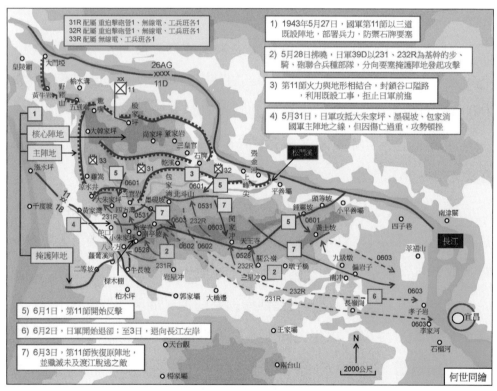

圖 7-5：1943 年 5 月 28 日至 6 月 3 日，「鄂西會戰」石牌附近戰鬥狀況示意

53　本圖之調製，係根據上述狀況，並參考：同上注，頁 250 後，插圖 41「石牌附近戰鬥經過要圖〔民國三十二年五月二十八日至六月三日〕」。

關於「石牌要塞之戰」，日方戰史只簡單提到：第 11 軍「於五月二十九日分別推進至追擊目標的石牌—木橋溪之線，以捕殲各地的中國軍」（已如前述）；並未記載戰鬥的經過與結果，接著就是其「第四期作戰」的「反轉作戰」。根據日方資料所載：第 11 軍「擊滅第一〇集團軍及江防軍主力，並使其在宜昌附近的船舶下航，達成其作戰目的後，意欲確保沙市、岳州間長江之交通及恢復警備之態勢，乃於五月二十九日、三十日，對反轉作戰作如下之部署…」。[54]

但問題是，日軍第 11 軍既未能擊滅國軍第 10 集團軍，也沒有擊滅江防軍主力，更不用說其第 39 師團的兩個步兵聯隊，被胡璉的步兵第 11 師擊敗，而無法越要塞雷池一步；也就是說，日軍只完成宜昌了「船隻下航」成果，並未能實現「擊滅中國軍」的目標。由此看來，日軍「宜南作戰」之目的，僅達成了一半；況且，觀察前述作戰過程，其「反轉作戰」，是攻勢頓挫後的「被迫」，而非戰場勝利後的「主動」。其戰史記載，顯然為了面子，「故意忽略」了一些事實。

第三節｜第 6 戰區轉敗為勝

當 5 月 28 日拂曉，日軍第 39 師團正全力進攻石牌要塞，第 3、13

54　《華中方面軍作戰》，頁 641。

師團也向北轉移，意圖支援石牌方面作戰之際；一路由長江方面退卻下來的國軍第 94 軍，已轉進至資坵附近，掩護江防軍之右翼側。[55] 根據國軍戰史記載：迄 28 日晚，正面之日軍，經國軍猛擊，攻勢頓挫；更以國軍之空軍不斷轟炸，日軍增援困難，同時由資坵方面出擊之國軍第 87 軍第 118 師（師長王嚴），已攻克漁洋關。於是，日軍第 3、13 師團的後方「連絡線」被截斷，完全陷於被包圍中。[56]

值得注意之事有二：一是，第 84、74 兩軍都是一路從枝江—公安之線撤退下來的長江南岸守備部隊，均隸屬於日軍戰史所稱已「被擊滅」之國軍第 10 集團軍；但此時卻同時出現在資坵附近，且有能力收復漁洋關，可見第 10 集團軍不但「未被擊滅」，還有相當戰力；更不用說主力也「被殲滅」的江防軍，還守得住石牌要塞，而且更能反擊，在在都反映了日方戰史之掩蓋真相。

二是，當此之時，正是日軍第 11 軍以「已擊滅」國軍第 10 集團軍及江防軍主力，並完成宜昌船隻下航任務為由，作「反轉作戰」兵力部署之際；惟因「擊滅中國軍主力」的狀況並不存在，故日方戰史對此之記述，又與事實不符。其實，「反轉作戰」只是第 11 軍拿來說服日軍大本營，讓後者批准其「宜南作戰」的「備案」而已（見前文），而其心中的「主案」，則是欲藉由擊滅地區中國野戰軍創造的有利態勢，先

55　史政編譯局編印，《國民革命軍戰役史第四部・抗日》，冊 4，〈後期戰役・鄂西作戰〉，頁 91。

56　同上註。

斬後奏，擴張戰果，直趨重慶，實現其未克實施的「重慶作戰」迷夢。

這時候，因胡璉率領第 11 師在石牌擋住了日軍攻勢，後者有利態勢頓失，又迫於大本營對其行動之限制，才宣稱已達成「殲滅戰果」之目標，用來作「下台階」，不得不以「備案」代替「主案」罷了。

此外，關於日軍遭「國軍空軍不斷轟炸」情形，日方戰史亦載：「五月二十七日以降，中國軍機出擊戰場之狀況，有稍呈積極之勢」[57]，則應與前述蔣委員長於 5 月 22 日「約美空軍會議，決定對長江之敵空軍出擊計畫」（見前文）有關；自此之後，中、美空軍即扮演主宰「鄂西會戰」戰場決勝的關鍵角色。

根據日方戰史記載，日軍第 11 軍各部隊之「反轉作戰」，於 5 月 31 日黎明前開始，其部署計畫概為：

第 3 師團：折回宜昌對岸，於 31 日下午渡過長江，返回原駐地；在長陽之部隊〔輜重兵第 3 聯隊為基幹〕，受第 13 師團管制，由宜都附近渡過長江，逐次與師團主力會合。[58]

第 39 師團：確保宜昌對岸之線要點，掩護第 3 師團在宜昌附近之集結後，主力在宜昌附近過長江，返回原駐地；長野部隊及吉武部隊，受第 13 師團管制，向宜都附近折回，在該地附近渡江，並予歸建。[59]

第 13 師團：向宜都方面折回，主力於 6 月 2~4 日間，由該地附近

57　《華中方面軍作戰》，頁 638。

58　同上注，頁 641。

59　同上注，頁 641~642。

渡過長江，恢復警備態勢；又，6 月 6 日之前，以一部於浣市〔沙市西方 15 公里〕附近，向西確保長江。此外，師團並管制向宜都附近集結，及在該地渡河之部隊，並掩護該地之船隻下航至沙市；此等部隊，包括前述長野部隊、吉武部隊及野溝支隊外，因當時第 11 軍已將第 68 師團之獨立步兵第 63 大隊〔村井大隊〕、獨立步兵第 115 大隊〔橋本大隊〕，分別部署於枝江及聶家河附近，擔任警備，故此等部隊也歸第 13 師團管制。[60]

野溝支隊： 在宜都附近渡過長江，返回原駐地。[61]

獨立混成第 17 旅團： 先在公安以西地區，掩護第 13 師團占領江南之陣地；6 月 7 日，撤離該線，恢復原態勢。[62]

安鄉及南縣方面部隊： 於 6 月 2 日黎明前，開始撤回；三仙胡市的戶田支隊，在華容附近集結；安鄉附近的小柴支隊，在藕池口誤會集結。[63]

總結地說，日軍第 11 軍「自認」已完成「船隻下航」與「擊滅中國軍」兩項「預定任務」，於是決定恢復 5 月 5 日發動「宜南作戰」之前的警備態勢；乃於 5 月 29 日下令，主力於 5 月 31 日，掩護部隊於 6 月 2 日，開始撤退。31 日夜，日軍各部隊分別沿清江、漁（漢）洋河及澧水兩岸，向宜昌、宜都、枝江、藕池口及華容等地區，實行「廣正面」

60　同上注，頁 642。
61　同上注。
62　同上注。
63　同上注，頁 642~643。

的退卻。[64] 不過，日軍所以要「反轉」的真正原因，不是已完成上述兩項「預定任務」，而是被石牌要塞擋了下來，自認進不了三峽地區，更不用說攻略重慶，只好按「原計畫」撤退了。

　　根據大陸《中國抗日戰爭正面戰場作戰記》所載：當第 6 戰區發現日軍有撤退的徵候時，即於 5 月 31 日下達了追擊命令。令江防軍〔附第 30 軍〕就現態勢，向當面日軍追擊；令第 10 集團軍〔附第 79 軍〕以主力沿漁洋河兩岸，以一部沿清江北岸，向枝江、紅花套方向追擊；令第 74 軍驅逐王家廠、煖水街一帶日軍，繼續向公安方向挺進；同時，令長江北岸地區之第 26、33 集團軍，向當面日軍攻擊，以策應江南地區的追擊戰鬥。規定追擊開始的時間為 6 月 1 日拂曉，戰區各部隊遵照命令的規定，先後發動全面追擊。[65]1943 年 5 月 31 日，「鄂西會戰」日軍反轉部署、國軍追擊命令，如圖 7-6 示意。[66]

64　郭汝瑰、黃玉章，《中國抗日戰爭正面戰場作戰記》上冊，頁 1208。
65　同上注，頁 1208。
66　本圖係根據上述狀況繪製。

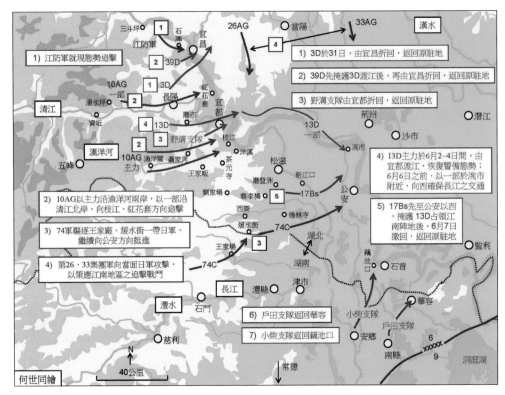

圖 7-6：1943 年 5 月 31 日，「鄂西會戰」日軍反轉部署、國軍追擊命令示意

　　日軍自 1943 年 2 月發動「江北殲滅作戰」以來，久戰疲憊，且囿於以往經驗，認為中國軍隊的追擊行動發起遲緩，戰鬥不力，所以於撤退之初警戒疏忽。在中國軍隊跟蹤緊追，及超越追擊下，6 月 2 日其第 13 師團擔任收容、掩護的後衛部隊、步兵第 104 聯隊（海福部隊）第 2 大隊，即被第 10 集團軍新編第 23 師、及第 55、98、121 師各一部，包圍於磨市。第 13 師團步兵第 65 聯隊及第 39 師團的步兵第 233 聯隊（吉武部隊），被第 79 軍主力及第 118、51 師，包圍於宜都；其第 2 大隊

在追擊部隊圍攻下，傷亡慘重，大隊長皆塚義昌被擊斃。[67]

按，皆塚大隊先由漁洋關附近掩護野戰醫院等師團後方部隊，直至宜都；6 月 2 日，大隊奉師團命令，進向磨市附近，擔任自長陽折回部隊之收容任務。4 日，當收容最後通過的第 5 中隊（中隊長山本龍雄中尉）時，係在數倍中國軍包圍之下力戰；同日，皆塚大隊長因右胸至左臂被子彈貫穿而陣亡。[68]

又據何應欽《八年抗戰之經過》所載，在 5 月 31 日之退卻過程中，日軍第 13 師團之「掩護部隊」（第 116 聯隊及騎兵聯隊各一部），也於漁陽關附近，被國軍部隊悉數殲滅。[69]

6 月 3 日，日軍第 11 軍得悉其第 13 師團等被圍困之狀況後，即令第 13 師團停止撤退，以全力反擊追擊之中國軍隊。同時，令獨立混成第 17 旅團立即從公安出發，攻擊枝江附近之國軍；並將已渡過長江的第 13 師團部隊，全部調回宜都，沿漁洋河南側向磨市附近攻擊前進。經 5、6 兩日戰鬥，日軍救出了海福部隊的第 2 大隊（皆塚大隊），又攻占了磊家河、枝江、洋溪等地。漁洋河下游南岸，大部分又為日軍占領。[70] 這也就是日方戰史所載，日軍第 11 軍於「反轉」過程中，在宜都附近「對中國軍隊的反擊作戰」。[71]

67　郭汝瑰、黃玉章，《中國抗日戰爭正面戰場作戰記》上冊，頁 1208。
68　《華中方面軍作戰》，頁 650。
69　何應欽，《八年抗戰之經過》（台北：國防部，1955 年 9 月），頁 213。
70　郭汝瑰、黃玉章，《中國抗日戰爭正面戰場作戰記》上冊，頁 1210。
71　《華中方面軍作戰》，頁 648。

獨立混成第 17 旅團進至磨盤洲西南約 10 公里的裴李橋附近時（位置見圖 7-6），與國軍第 74 軍第 51、58 師主力遭遇，其獨立步兵第 88 大隊大隊長小野寺實、獨立步兵第 87 大隊大隊長淺沼吉太郎，於 6、7 日分別陣亡；該旅團是這次會戰中，損失最大的一支部隊，5 個大隊長，就死了 3 個。[72]

6 月 9 日，日軍第 11 軍再部署撤退；迄 6 月 12 日，各部隊都先後返回原駐地。第 6 戰區恢復了 5 月上旬以來，所有被日軍侵占的地方，雙方回到日軍「宜南作戰」開始前的態勢，「鄂西會戰」結束。[73]因國軍守住入川門戶的石牌，進而乘日軍「反轉」之機，全面追擊，恢復會戰前態勢，為了鼓舞軍心士氣，亦稱此次會戰為「鄂西大捷」。

會戰進行期間，中、日雙方均投入大量空中兵力。敵飛行部隊於 1943 年 4 月下旬，在漢口集結 6 個戰鬥隊及 1 個獨立中隊，總計各型飛機 248 架，支援其地面部隊作戰。[74]國軍則以第 1、2、4、11 大隊，及美國空軍第 14 航空隊（即陳納德之「飛虎隊」），共計各型飛機 165 架〔轟炸機 44、驅逐機 121 〕，自 5 月 19 日起，對漢口、荊門、沙市、宜昌等地不斷攻擊；共計出動驅逐機 326 架次，轟炸機 80 架次，擊落

72　戰鬥經過，見：同上注，頁 651；及郭汝瑰、黃玉章，《中國抗日戰爭正面戰場作戰記》上冊，頁 1210。

73　郭汝瑰、黃玉章，《中國抗日戰爭正面戰場作戰記》上冊，頁 1210。

74　何應欽，《八年抗戰之經過》，頁 320；郭汝瑰、黃玉章，《中國抗日戰爭正面戰場作戰記》上冊，頁 1210，所載略同。

敵機 41 架，炸毀敵機 6 架，破壞敵機場 5 處，摧毀敵船艦 23 艘。[75]

本次會戰，日方有空中支援，此為侵華作戰之常態，無足論之；但我空軍在陳納德將軍航空隊的協力下，也發揮了強大威力，甚至主宰局部戰場，則令日軍料想不到。[76] 其中尤以 6 月 2 日，對日軍由石牌敗退，東渡宜昌之戰所施之轟炸，居功厥偉，最為震撼；根據何應欽《八年抗戰之經過》所載：「…使敵軍全部葬身魚腹，其人員物資損失之大，誠不可數記。」[77]

6 月 3 日，日軍第 13 師團第 116 聯隊聯隊長，於宜都指揮部隊渡江退卻時，亦遭我空軍掃射，左肩受重傷；[78] 加上 6 月 8 日師團長赤鹿理的失蹤，這都是長期掌握戰場空優的日軍，從來沒有遇到過的狀況。日方承認，本次會戰日軍之損失，因中國飛機之轟炸而激增，使日軍在空權方面的優勢，也開始出現「中日消長交替」之兆。[79]

根據國軍戰報，本次會戰雙方戰損（不含其他戰區之配合作戰）為：

75　何應欽，《八年抗戰之經過》，頁 320~321；郭汝瑰、黃玉章，《中國抗日戰爭正面戰場作戰記》上冊，頁 1210，所載略同。有關我空軍在會戰中，支援陸軍作戰之狀況，可參：史政編譯局編印，《抗日戰史》（黃皮），冊 71，〈鄂西會戰〔二〕·空軍作戰〉，頁 217~357。

76　當時陳納德將軍的「美國來華志願隊」，已納編為美國陸軍第 14 航空隊；按 1942 年 2 月，美國陸軍航空兵徵召陳納德回役，7 月晉升准將，同時擔任美國第 10 航空軍（10th Air Force）所屬「美國駐華空軍」司令，負責保護「飛駝航線」與支援中國軍隊作戰。See: Herbert Weaver , "CBI: The Tenth Air Force,"in Craven and Cate, eds., AAF in WW II :The Pacific, Guadacanal to Saipan,p.407.

77　何應欽，《八年抗戰之經過》，頁 213。

78　《華中方面軍作戰》，頁 648。

79　同上注，頁 655。

國軍陣亡 23,550 人，受傷 18,295 人，失蹤 7,270 人，合計 49,115 人；[80]
日軍陣亡 36,525 人，受傷 14,204 人，合計 50,729 人。[81] 但根據日軍戰報：
國軍棄屍 30,766 具，被俘 4,279 人；日軍陣亡 771 人，負傷 2,746 人，
合計 3,517 人。[82]

　　兩方數據差距甚大，但以結果來看，國軍犧牲雖重，贏得會戰勝利
卻是不爭的事實；以 6 月 7 日國軍包圍日軍第 13 師團主力於宜都之戰
鬥為例：國軍在中、美空軍「大機群編隊」之支援下，重創該師團，6
月 8 日後者雖靠飛機掩護與施放毒氣突圍，向東潰逃，惟傷亡慘重，且
連師團長赤鹿理中將都告失蹤。[83] 加上前述 5 月 31 日漁陽關附近被國軍
悉數殲滅第之「掩護部隊」；光是第 13 師團的傷亡，恐都不止 3 千多人。

　　大陸出版的《中國抗日戰爭正面戰場作戰記》對會戰的批評是：「鄂
西會戰歷時月餘，第 6 戰區以 10 個軍的兵力，抗擊了日軍約 5 個師團
兵力的進攻。按照預定計畫，先憑借長江、山地等有利地形，和依托堅
固的既設工事陣地，實施守勢作戰，爾後轉取攻勢作戰，追擊撤退的日
軍，恢復了所失陣地。在戰鬥中，廣大官兵英勇奮戰，不怕犧牲，給予

80　史政編譯局編印，《抗日戰史》（黃皮），冊 70，〈鄂西會戰〔一〕‧會戰一般經過〉，
　　頁 224 後，插表 6「鄂西會戰我軍人馬傷亡統計表（民國三十二年五月十五日至六月三十
　　日）」。按，會戰期間，第 5 戰區及第 9 戰區曾行「策應作戰」，其動用兵力及作戰經過，
　　見：史政編譯局編印，《抗日戰史》（黃皮），冊 71，〈鄂西會戰〔二〕‧各戰區之策應
　　作戰〉，頁 251~287。

81　此為第 6 戰區的戰報統計數字，見：同上注，插表 7「鄂西會戰敵我人馬傷亡表（民國
　　三十二年五月十五日至六月三十日）」。

82　《華中方面軍作戰》，頁 655~656。

83　史政編譯局編印，《國民革命軍戰役史第四部‧抗日》，冊 4，〈後期戰役‧鄂西作戰〉，
　　頁 92。

日軍以一定的打擊。當時曾稱之為『鄂西大捷』，廣為傳頌。但認真分析一下，實際上這是一次失敗的會戰。」[84] 不過，這樣嚴苛的批評，對粉碎日軍「入川迷夢」的第6戰區、尤其是第11師官兵而言，並不公平，筆者不願再作贅論。

《中國抗日戰爭正面戰場作戰記》又載：「台灣國民黨當局所編抗日戰史，雖吹噓獲得了勝利，但也說『雖得規復失地，惟敗敵早已逃逸，甚少能予以致命打擊。』所謂勝利，並未殲敵有生戰力。」[85] 問題是，要「殲滅敵軍」多少，才算是「殲敵有生戰力」？才能算是「大捷」？1937 年 9 月 25 日，林彪率領紅軍改編為國軍的第 115 師，在山西平型關北面 3 公里的喬溝隘道，只殲滅日軍後勤車隊 165 人，卻說成「平型關大捷」；[86] 兩相對照，這不是「雙重標準」嗎？

不過，在這場會戰中，國軍確實有著許多值得檢討的地方；《抗日戰史 • 鄂西會戰 • 檢討 • 我軍》一書，洋洋灑灑列了 13 大項重大缺失，每項都是針對問題，愷切陳述，知痛知病，以企作為日後的經驗與教訓。例如，第 4 條所載：「亙會戰終始，各部隊看破戰機，仍不敢大膽的進，也不敢大膽的退，不敢大部隊的進，也不敢大部隊的退，都是零零星星，前前後後。如濱湖戰鬥時期，位於張家廠第十集團軍第

---

84 郭汝瑰、黃玉章，《中國抗日戰爭正面戰場作戰記》上冊，頁 1210~1211。
85 同上注，頁 1211。按，史政編譯局編印，《抗日戰史》（黃皮），冊 71，〈鄂西會戰〔二〕• 檢討 • 我軍〉，頁 391，條文 8，載：「戰略著眼欠周，部隊運動遲緩，失地雖然規復，惟敗敵逃逸，未能予以致命之打擊。」
86 有關林彪師創造所謂「平型關大捷」始末，可參：何世同，《瞄準平型關》（台北：黎明文化，2023 年 10 月 31 日），有詳論。

八十七軍出擊淤泥湖（位置見圖6-1）東南地區如此，決戰時期各部隊之撤退與追擊亦如此；其他第九戰區、第五戰區之策應戰鬥，亦莫不如此。故我軍部隊多是拖垮，不是打垮。」[87]

惟無論如何，這些缺失都掩蓋不了胡璉將軍率領第11師全體官兵，守住石牌要塞所綻放出的光芒。

第四節 | 胡璉將軍創造了「黃埔精神」的典範

一支打勝仗的部隊，除了裝備良好的「物質條件」外，更重要的還是「精神因素」；包括凝固的「團結」，高昂的「士氣」與強烈的「信心」。而「團結」、「士氣」與「信心」，則出自部隊「光榮傳統」，和指揮官「卓越領導」。第11師是所謂的「黃埔嫡系」部隊，自國民革命中產生與成長，一直有著「光榮傳統」，是國民革命軍的精銳部隊。所謂「卓越領導」，主要是堅強的意志力，旺盛的企圖心，高超的智慧和從容鎮定的修養工夫。胡璉師長與其所率領的第11師官兵，所以能打勝這場硬仗，守住石牌要塞，可以說是這種「精神因素」的發揮。[88]

其實，這就是以「犧牲」、「團結」與「負責」為內涵的「黃埔精

---

87 史政編譯局編印，《抗日戰史》（黃皮），冊71），〈鄂西會戰〔二〕·檢討·我軍〉，頁391。
88 蔣傳謀，〈石牌之戰〉，頁391~392。

神」，所極致發揮。5 月 28 日，蔣委員長下令「固守石牌要塞」；胡璉
將軍的第 11 師，即就地擔負起此一攸關抗戰前途與國家命運的重大使
命。蔣委員長對他這位黃埔 4 期的學生，有著很大的期望，寫在 29 日
的日記中：

> 第十一師師長胡璉進入石碑〔牌〕要塞，決心死守之精
> 神，其覆報僅曰：不愧為校長之學生，不侮辱第十八軍之歷
> 史與榮譽二語，聞之為慰，黃埔精神尚在也。[89]

不過，雖然蔣委員長對胡璉「決心死守」石牌之精神，感到快慰，
認為這就是「黃埔精神」。但是對石牌能否守住？並無把握；因此，一
方面作人為的努力，一方面向他所信仰的上帝，虔誠祈求保佑與賜福。
其 5 月 30 日日記載曰：

> 今晨以石碑〔牌〕危險，能否確報〔保〕此要塞，至誠
> 禱告，上帝默示乃得「以賽亞」第三十八章，其中有「救爾
> 及此城於亞述王手，扞衛斯邑」云，得此默示，深信必應也。[90]

及至第 11 師擋住日軍對石牌要塞之進攻，第 6 戰區也收復漁洋關，
轉守為攻，蔣委員長頗感意外，乃歸於上帝保佑；[91] 其虔誠感謝上帝保
佑賜福之心，載於 5 月 31 日日記：

> …此次戰局竟得轉危為安，實為天父之保佑，不能不榮

89　抗戰歷史文獻研究會編，《蔣中正日記─民國三十三年・1944》，5 月 29 日條，頁 76。
90　同上註，5 月 30 日條，頁 77。
91　5 月 31 日，獎日記所載，「竟得轉危為安」的「竟得」兩字，是「竟然得以」之意；為筆
　　者認為蔣委員長對戰局轉危為安「頗感意外」的理由。

耀於我上帝與基督也。此次成敗存亡關係之重大，實不減於
西安事件。昨晨上帝之默示，是乃上帝救我民族第二次之應
徵也。[92]

6月3日，日記，載曰：

> 此次敵寇窺伺三峽，全賴上帝默佑之福，幸得轉危為安
> 此乃天命之予，而決非人力之所能挽此危局也。[93]

但是，吾人清楚知道，國軍第6戰區所以能在「鄂西會戰」連續戰
敗的最困頓之際，轉危而安，並不是上帝保佑與賜福的力量，而是第11
師全體官兵拋頭顱、灑熱血，奮勇擊退日軍進攻，守住石牌要塞，所衍
生帶動的整個戰區反擊力量所致。吾人每在脆弱無助時，總向神明祈求
賜福，乃人情之常；蔣雖貴為一國領袖，看來亦不能免。6月6日，日
記上星期反省錄，又載曰：

> 此次石碑〔牌〕戰役得以轉危為安，實為抗戰六年中最
> 中要之關鍵，上帝保佑中華之靈應，實與西安事變出險之恩
> 德相同也，應特記之。[94]

先是，由於第6戰區的連續戰敗，日軍距離石牌愈來愈近，戰局十
分緊張；根據蔣傳謀〈石牌之戰〉所載，陳誠司令長官迭有電令，務必
發揚第18軍過去之光榮戰鬥精神，力拒頑敵。5月25日，第11師復奉

92　抗戰歷史文獻研究會編，《蔣中正日記—民國三十三年‧1944》，5月31日條，頁78。
93　同上注，6月3日條，頁81。
94　同上注，6月6日，上星期反省錄，頁82。

方天軍長轉來司令長官陳誠 5 月 23 日電令：「石牌要塞之防守，關係江防全局，領袖關念，全國矚目，責任重大，不言而喻。十八軍奉命擔任守備，務必以最大決心，誓死固守。每一寸土，必使敵付最高代價，而終於驅逐之…云云。」[95] 胡璉師長奉電後，一面復電「懍遵鈞諭，力戰求勝。」一面以手令，傳達全體官兵：

> 今本師直接負此重大責任，是上天以極光榮之冠冕給我全體官兵也。我官兵亟應仰遵上峰意旨，頑強搏鬥，奪取勝利。共下不成功即成仁之決心，確立軍人事業於疆場之勳名，璉願與全體官兵共勉焉。[96]

雖然蔣委員長於 5 月 28 日，才親下「固守石牌」命令，但第 18 軍以下部隊，卻早已抱定「誓死固守」決心。5 月 27 日，石牌戰鬥已起，胡璉師長指揮作戰之餘，卻「好整以暇」的登上龍鳳山，對天宣誓：[97]

> 陸軍第十一師師長胡璉，謹以至誠，昭告山川神靈曰：我今率堂堂之師，保衛我祖宗艱苦經營遺留吾人之土地，名正言順，鬼伏神欽，決心至堅，誓死不渝。漢賊不兩立，古有明訓。華夷須嚴辨，春秋義存。生為軍人，死為軍魂。後人視今，亦猶今人之視昔，吾何惴焉！今賊來犯，決予痛殲；力盡，以身殉之。然吾堅信，蒼蒼者天，必佑忠誠，吾人血

95　蔣傳謀，〈石牌之戰〉，頁 392。
96　同上注。
97　同上注，頁 392~393。

戰之餘，勝利即在握矣。此誓！

大中華民國三十二年五月二十七日正午

當時正是日軍進攻石牌戰況最緊急之時，胡璉師長卻能「好整以暇」登上指揮所附近的鳳凰山，宣示這篇〈祭天誓言〉；除顯現其臨危不亂的沉著性格外，也意在穩定軍心，提振士氣。所曰「力盡，以身殉之」，則是明其「與陣地共存亡」之志。但是，胡璉將軍並不想走到這一步，因為他深知守住石牌對整個抗戰前途的重要；若石牌不保，個人犧牲事小，國家受害事大，所以一定要保住石牌。也就是說，他有「必死準備」，更有「必勝信心」，這是胡璉將軍最了不起的地方。其「必勝信心」，見於所曰：「然吾堅信，蒼蒼者天，必佑忠誠，吾人血戰之餘，勝利即在握矣」；這正是黃埔軍人大智、大仁、大勇精神的表現。[98]

先是，當5月26日日軍第39師團進攻第11師第一線的第31團陣地，「石牌保衛戰」正式展開之際；胡璉師長認為軍馬在要塞中沒有什麼用場，於是派遣獸醫官崔煥之將馬匹牽送到秭歸去，以免遭受無謂的損失。崔臨行前，胡師長把他找去，托他帶了一些可以留作紀念的東西（見後文），告訴他說：「如果要塞陷落，即將這些物件付郵，收件地址是江西贛州建成門外水東鄉三十三號曾廣瑜夫人。」崔聞言熱淚盈眶，胡師長卻笑著說：「去！我平日教君等成仁取義，今日我將不行之乎？軍人死沙場，分所當然，爾何悲為？」崔君帶淚而行。胡璉師長說這話時，雖帶笑容，但他內心深處的酸楚，旁觀的人不難體會，忍不住也淚水沾

98　郝柏村口述，《郝柏村重返抗日戰場》，頁119~120。

襟。[99]

根據蔣傳謀的回憶：5月28日，整天在激戰中。黎明時，江防軍吳
兼總司令由三斗坪來電，告訴胡師長：「一八五師已兼程來援，廿七師
已到天岩坪，九十四軍主力回守資坵，大局仍樂觀。只須我第十一師努
力作戰，石牌無恙，全局皆贏。」中午，戰區陳誠司令長官由恩施來電
問胡師長：「有無困難？有無把握？」此時前線正在全力拼鬥中，胡師
長卻以充滿信心的語調，答復陳長官說：「我師官兵士氣旺盛，前線作
戰情形很好。我雖孤軍奮鬥，亦無困難…今日之事，全師官兵，共為一
死，以報國家而已！然我堅信敵人若突破西陵峽口，必須踏著十一師官
兵的屍體而過；否則敵雖屍堆如山，血流成渠，也難望見巫峰夔嶺。」
陳誠聞言悽然，連說：「很好，很好。我將把你的決心報告委座，現在
我精銳兵力已在集中，大勢可漸樂觀。」[100]

蔣傳謀〈石牌之戰〉，引5月28日胡璉師長筆記（〈胡氏筆記〉）
所載：「午餐後，對參謀長劉元直說：『現在孤軍奮鬥之局已成，今後
隨時可與外界斷絕音問。吾人既決心死戰破敵，則死將在意料中，對家
事不能不有一言。趁此大門尚未關閉，立一遺囑可乎？』王應曰：『善。』
我又笑曰：『沙場，原是本分，只可憐那些黃髮孺子，青春少婦，不知
將如何度今後之悽涼歲月！』元直聞之，淚如雨下，吾亦因之心酸！然
猶強笑曰：『勿悲，孤兒寡婦多矣！』遂即抽暇寫信五封。」然後，以
此5封可視為「遺書」的親筆信及紀念品數件（見下文），派政治部科

99　蔣傳謀，〈石牌之戰〉，頁386。按，胡璉師長為曾廣瑜女士之夫君。
100　同上注，頁386~387。

長劉競天，持往巴東，囑於要塞有變時，即送往贛州家中。[101]其一為「上父函」，述其忠孝難全之憾，及移孝作忠之情，曰：

> 父親大人：兒今奉令擔任石牌要塞防守，前途莫測。然成功成仁之外，當無它途，而成仁之公算較多。有子能死國，大人情亦足慰。惟兒于役國事，已十九年，菽水之歡，久虧子職，今茲殊戚戚也。懇大人依時加衣強飯，即所以超拔頑兒靈魂也。敬叩金安！[102]

其二為「寄妻函」，短短數言，道盡對妻子之深情及虧欠，與對諸子的從軍報國期許，直可與林覺民〈與妻訣別書〉相媲美；載曰：

> 我今奉命擔任石牌要塞守備，軍人以死報國，原屬本分，故我無牽掛。僅親老家貧，妻少子幼，鄉關萬里，孤寡無依，稍感戚戚，然無可奈何，只好付之命運。諸子長大成人，仍以當軍人為父報仇，為國效忠為宜。戰爭勝利後，留贛抑回陝，可自擇之。家中能節儉，當可溫飽，窮而樂，古有明訓，你當能體念及之。徐繩祖曾為我在臨川嘉麓田中買田八十餘畝，又屋一棟，此事楊邁卿知之悉。徐為人重道義，必不至有變。十餘年戎馬生涯，負你之處良多，感念至深。茲留金錶一隻，自來水筆一隻，日記本一冊，聊作紀念。接讀此信，毋悲毋痛，

---

101 同上注，頁 387、392~393。「委座」，即蔣委員長。
102 同上注，頁 393。

人生百年，終有一死，死得其所，正宜歡樂。匆匆敬祝珍重。[103]

另 2 封信，1 封是「致兄函」，在請其兄「代弟孝父」。另 1 封是致其好友朱上珍、石讓齋，均「託以家事」。[104]〈胡氏筆記〉又載當時胡將軍心緒，曰：「書竟讀之（意思是，書信寫完，再看一遍），意境蒼涼無限。隔隔窗遙望，田疇翠綠之色，耀眼欲滴；山光如故，曾日月之幾何，人事之滄桑一至於此！」[105]〈易水歌〉：「風瀟蕭兮易水寒，壯士一去兮不復還」；大概就是生於那一個苦難年代，忍受貧困，視死如歸，懷抱救國大志軍人集體志業的寫照。

根據蔣傳謀文所載：5 月 29 日，黎明開始，石牌陣線全面激戰；敵軍攻勢甚銳，砲火異常猛烈，飛機也臨空轟炸，而掩護第 11 師右翼的友軍（按，指第 18 師），全線崩潰。是日中午，方天軍長以電話轉述蔣委員長電令：「石牌乃中國之史達林格勒〔按，第二次世界大戰時，德軍進攻蘇俄，俄軍在史達林格勒堅守獲勝，後文有詳述〕，離此一步，便無死所。中華男兒，當有與蘇聯紅軍互相輝映之義務與權利。」胡師長答：「決不辱命。」29 日入暮，第 11 師右翼鄰接之第 18 師戰敗後，在漲水坪（位置見圖 7-6）收容完畢，上峰（應指統帥部）嚴令該師迅速恢復戰鬥能力。[106]「八年全面抗戰」時期的軍委會參謀總長何應欽也說：「我最高統帥並手令江防守備部隊各將領，明示石牌要塞乃我國的

103　同上注，頁 393~394。
104　同上注，頁 394。
105　同上注。
106　同上注，頁 389。按，兩兵團並列作戰時，「鄰接兵團」戰敗，是最危險的狀況。

史達林格勒。」[107]

何以蔣委員長要拿中國的「石牌保衛戰」，來和蘇聯的「史達林格勒保衛戰」相提並論？筆者認為，或許在蔣委員的認知中，一方面是都關係著兩國的安危存亡；另一方面，「史大林格勒保衛戰」的蘇聯軍隊指揮官朱可夫（George Konstantinovich Zhukov）元帥，是二戰時期蘇聯頭號名將，意味著胡璉將軍也是同時期中國名將。朱可夫曾是蔣委員長軍事顧問，胡璉是蔣委員長學生，加上兩場保衛戰對兩國的關鍵影響，遂形成兩者在蔣心中的連結。

是夜，第 11 師師部移駐殷家坪之最高峰白石岩，四面壁立；胡師長決定移此之理由是，要塞果被日軍攻破，將憑此力戰至最後一人。應需之彈藥及通信設施，均已準備，並能俯瞰全局，便於指揮。[108] 旋即手擬命令，下達各團、營：

> 從明晨起，我要塞即與敵人進入短兵相接中，榮譽與屈辱，不獨關係本師及每個官兵，國家民族，亦於此取決之。現我部署已定，決心如鐵，劃地防守，責任分明。望各就本位，忠實盡其職守，懲罪獎功，吾亦不縱不吝，敵人將以其鮮血枯骨，為我寫成光榮紀念。勉之！上帝已決心佑汝等矣。[109]

5 月 30 日清晨，激戰尚未開始，胡璉師長升國旗於龍鳳山頂（即宣

---

107 何應欽，《八年抗戰之經過》，頁 213。
108 蔣傳謀，〈石牌之戰〉，頁 389~390。
109 同上註，頁 390。

誓〈祭天誓言〉處），對全體官兵宣告，曰：

> 龍鳳山頂之國旗，乃中華民族人格至高之表現。吾人深
> 知吾國旗飄揚於吾人防守地點之光榮，即應計及苟吾人離此
> 而令醜惡之太陽旗幟出現於此之可恥。吾 總理及先烈，為此
> 美麗莊嚴之象徵，奮鬥犧牲而得以實現。今吾人自當努力維
> 護之，此乃權利，不容放棄。吾今敬告諸君：果苦戰不堪時，
> 應即回顧我青天白日滿地紅之國旗，諸君將獲得無限希望、
> 信心與莫大安慰。[110]

5月31日，整天均在對戰之中，但不似前幾日的激烈，規模也較小。當面之敵，似因攻堅不逞，已形衰竭，顯露出退卻之象。[111] 當天午夜，胡璉師長派遣第一線若干小組，出襲敵營。行動之先，胡璉令每組均不得超過10人；並告之曰：「軍人應有英雄氣慨…夜戰求精不在人多，總須放膽奮鬥，能超出敵後，功勞最大。吾今備有重賞，以待有功。勉之！」胡璉因待戰報，未曾就寢，孤坐燈前，感念良多，提筆寫道：[112]

> 風瀟瀟，夜沉沉，龍鳳山頂一征人。為報黨國恩，堅定
> 不逡巡。壯志凌霄漢，正氣耀古今。蜉蝣寄生能幾時，奈何
> 珍惜臭皮身。吁嗟乎，男兒不將俄頃趁風雲！
>
> 山莽莽，陣森森，西陵峽頭一征人。雙肩關興廢，舉國

---

110 同上註，頁395。
111 同上註，頁391。
112 同上註，頁395。

目所巡。賢哲代代有，得道無古今。戰場功業垂勳久，不負堂堂七尺身。吁嗟乎，丈夫豈不立志上青雲！[113]

此後我各路大軍，全線反攻，節節進展；到了 6 月 7 日，江防態勢完全恢復了會戰前的舊觀，第 11 師固守石牌要塞的光榮任務，圓滿達成。統帥部論功行賞，孫連仲將軍實授第 6 戰區司令長官，原司令長官陳誠、江防軍總司令吳奇偉、第 18 軍軍長方天、第 18 師師長羅廣文、及第 11 師師長胡璉，均獲頒「青天白日勳章」。[114]

胡璉將軍率領第 11 師全體官兵，浴血苦戰 7 天，終於擊退日軍攻擊，守住了石牌要塞，也粉碎了日軍由此入川的陰謀。回顧這段歷史，我們中華民族何其有幸？在存亡最關鍵的時刻，擁有最卓越的將軍，與最勇敢的戰士。

2023 年 8 月 20 日，筆者再度來到此地，憑弔由後來接防的第 31 師（即 1938 年死守台兒莊的部隊）所整建之戰場遺跡，向這些偉大的軍人致上最崇高的敬意。古戰場已不存，英雄們早作古，但想著先烈們為捍衛國家民族奮鬥犧牲的英雄表現，內心無限激動，久久不能平復。也不禁想起，2014 年 4 月郝柏村先生在石牌講過的一段話：沒有「石牌保衛戰」的成功，或許就沒有抗戰的最後勝利；年輕世代要了解抗戰，不可不知石牌。[115]

113　同上注，頁 396。
114　同上注，頁 391。
115　郝柏村口述，《郝柏村重返抗日戰場》，頁 120。

【後記】

1943 年 5 月 28 日，當日軍第 11 軍主力攻向鄂西長江南岸山岳地帶，嚴重威脅重慶安全之際，蔣委員長緊急下達「固守石牌要塞」命令。6 月 6 日，當胡璉將軍的第 11 師擋住日軍攻勢，守住了石牌，國軍反敗為勝，贏得「鄂西會戰」之時，蔣委員長譽「石牌保衛戰」為過去抗戰 6 年中「最重要之關鍵」，其影響能與 1936 年 12 月的「西安事件」出險相比。郝柏村先生也強調，蔣委員長的「固守石牌要塞」決心，是「八年全面抗戰」期間的一項「關鍵性戰略」。[1] 而胡璉師長的卓越表現，可謂以「戰術手段」，達成「國家戰略」目的之經典戰例。

郝柏村先生所謂的抗戰「關鍵性戰略」，就是決定「抗戰成敗」的重大戰略作為；[2] 他所列舉的「關鍵性戰略」，概有：1937 年的「淞滬會戰」、1938 年處決「不戰而退」的韓復榘、同年的黃河「花園口決堤」、1939 年的「冬季攻勢」、1942 年「駝峰航線」的開通、以及 1943 年的「石牌保衛戰」等。[3] 以上每一作為，均有其特殊意義，並對戰局、甚至國脈產生重大影響。

1937 年 8 月 13 日至 11 月 13 日的「淞滬會戰」，是我們「八年全

1　郝柏村口述，《郝柏村重返抗日戰場》，〈附錄二：八年抗戰的關鍵戰略問題〉，頁 335。
2　同上注，頁 329。
3　同上注，頁 329~336。

面抗戰」中的第一場會戰，也是唯一由我們主動發起的一場會戰。目的就是在「持久戰略」的指導下，要改變日軍侵華「作戰線」，「由北向南」的俯攻，為「由東向西」、沿長江而上的仰攻；將抗戰的「主戰場」，從「華北地區」轉移到「華東地區」，遂成中國「持久抗戰」戰略構想能否實施之關鍵。[4]

　　1937 年 12 月，沿津浦路南下之日軍第 10 師團，渡過黃河，進攻濟南，為「徐州會戰」揭開序幕。時任山東省主席兼第 5 戰區副司令長官 (司令長官為李宗仁)、第 3 集團軍總司令的韓復榘，卻不戰而放棄濟南；蔣委員長為申軍紀，於 1938 年 1 月 24 日，將韓正法於漢口。[5] 當時由於「黃埔嫡系」中央軍，已在「淞滬會戰」中幾乎消耗殆盡，未及整補，故第 5 戰區的作戰任務，就落在「非嫡系」部隊身上；然此等部隊，有些仍有保存實力，伺機與日軍妥協的妄想。韓復榘被軍法處決一事，對堅定「非嫡系」部隊不惜犧牲、奮勇殺敵的意志，影響甚大。[6]「徐州會戰」雖無「黃埔嫡系」部隊參加，但其他部隊鑑於韓復榘的下場，後來都奉行統帥部命令，其中川軍王銘章師長在滕縣壯烈犧牲，馮玉祥舊部池峰城師長死守台兒莊，其英烈表現，都為國民革命軍樹立了不朽典

4　有關「淞滬會戰」之緣起、經過、結果與影響，可參：何世同，《堅苦卓絕》，頁 119~141。

5　同上注，頁 159；韓復榘「不戰而退」，乃至被蔣介石收押、處決之狀況，可參：何世同，《間不容髮—黃河花園口決堤》(台北：黎明文化，2022 年 12 月)，頁 8585~96。

6　郝柏村口述，《郝柏村重返抗日戰場》，〈附錄二：八年抗戰的關鍵戰略問題〉，頁 333。

範。[7]

　　1939 年 5 月 19 日，日軍占領徐州，其「華北方面軍」與「華中派遣軍」在津浦路上會師後，即以機甲部隊沿隴海鐵路平原地區急速西進，國軍既無險要地形可守，更無兵力與火力可擋。日軍的趨勢可能有二：一是直奔西安，占領關隴地區，繼之直入四川；一是占領鄭州，沿平漢路南下，直趨武漢，將中國一剖為二。其中，又以後者最為可能與最為嚴重；因為，日軍又恢復最有利的「由北向南」作戰線，國軍「誘敵東來」之「持久抗戰」戰略構想，立即化為泡影。因此，第 1 戰區才在 6 月 9 日「間不容髮」之際，決黃河花園口堤防，製造「水障」，迫使日軍改向大別山方向進攻；而「決堤」之舉，雖然造成居民生命財產損失，但那是一個貧弱國家在強權侵略下，為求生存的不得以作法。「決堤」之後，國軍改變日軍「由東向西」作戰線之戰略佈局，才終於底定。[8]

　　1939 年 10 月 29 日，國民政府軍委會召開「第二次南嶽軍事會議」，決定是年 11 月下旬至次年 3 月下旬，以完成整訓的「正規部隊」，在敵後「游擊兵力」的配合下，對「敵後目標」發動南起廣東北海 (今屬廣西)、北至綏遠包頭 (今屬內蒙) 的全面攻勢行動，置主攻於粵、皖方面的「冬季攻勢」，也是「八年全面抗戰」期間，規模最大的一次「敵後作戰」。此舉著眼告訴國際，我們不但已恢復自「淞滬會戰」以來損

7　有關「滕縣保衛戰」及「台兒莊之戰」經過狀況，可參：何世同，《堅苦卓絕》，頁 162~166。

8　有關「黃河花園口決堤」經過狀況及其影響，可參：何世同，《間不容髮—黃河花園口決堤》，頁 172~190。

失的戰力，同時還有採取攻勢的能力；因此，這次的攻勢行動，除了實質的軍事目的外，也具有甚大的「國際宣傳」意義。對日軍而言，自認雖然守住了所占領的土地，但對國軍以 70 個師的兵力「同時來攻」，也造成極大震撼；尤其是超過 8 千人的傷亡，自承「乃過去作戰未曾有的犧牲」。值得注意的是，國軍居然有能力在同一時間，進行兩場「性質不同」的大規模作戰，一場是「正面戰場」的「桂南會戰」，一場是「敵後戰場」的「冬季攻勢」，戰略意義格外重大。[9]

1942 年 1 月 30 日，緬甸局勢惡化，日軍隨時可能占領我國唯一「連外補給線」的出海口仰光；為因應此一變局，國民政府未雨綢繆，訓令外交部長宋子文，向美國總統羅斯福提出「備忘錄」，希望美國能開闢一條從印度通往中國大後方的「空運航線」，以維持中國對抗日本的「持續戰力」，獲得了美國總統羅斯福的批准；這條航線因須飛越喜馬拉雅山和橫斷山脈，飛機在航線中改變高度，爬昇與降低時，好像沿駝背上下，故稱「駝峰航線」(Hump Course)。4 月 29 日，日軍占領臘戍，截斷「滇緬公路」；而「駝峰航線」亦自 5 月開航，取代「滇緬公路」，成了維持中國抗戰「持續戰力」的「生命線」。[10]

由以上所列看來，能成為抗戰時期之「關鍵性戰略」，必須具備兩大要件；一是「至當的決心」(包括構想與計畫)，二是「落實的行動」。兩者之關係，就是「戰略」與「戰術」之互動；前者「指導」後者，後

---

9 有關「冬季攻勢」經過狀況，可參：何世同，《堅苦卓絕》，頁 224~225。
10 有關「駝峰航線」的開通與運輸狀況，可參：同上註，頁 394~398。

者「支持」前者。進一步看，前者雖然「指導」後者，但若無後者之「支持」，則難盡其全功；後者雖然「支持」前者，但若無前者之「指導」，則何異無的之矢？因此，兩者實具有「層次分工」與「相互配合」之密切關係；連貫愈緊密，就愈能爭取所望目標。

準此，1943年5月28日，蔣委員長下達「固守」石牌要塞之決心，是「戰略」層級之事；第11師受命後，展開石牌要塞之防禦作戰，是「戰術」及其所「指導」的「戰鬥」層級行動。惟若無蔣委員長「固守」石牌之「戰略決心」，就沒有「石牌保衛戰」之「戰術成功」出現；但在此緊急狀況下，苟無胡璉師長抱「必死決心」與「必勝信念」下的卓越指揮，以及第11師全體官兵的奮勇戰鬥，當不會有「石牌保衛戰」之勝。

當1943年5月29日石牌戰鬥開始之際，第18軍方天軍長致電胡璉師長，轉蔣委員長「石牌乃中國之史大林格勒」電令。抗戰時期擔任軍委會參謀總長及同盟國中國戰區陸軍總司令的何應欽，亦在其所著《八年抗戰之經過》載曰：「我最高統帥並手令江防守備部隊諸將領，明示石牌要塞乃我國之史大林格勒。」（見前文）。於是乃有「石牌要塞保衛戰」與「史大林格勒保衛戰」相比擬之議。

史大林格勒 (Stalingrad) 今名伏爾加格勒 (Volgograd)，位於伏爾加河 (Volga River，又名窩瓦河，為歐洲最長河流) 西畔，是俄羅斯南部最重要的工商業重鎮。1942年7月7日至1943年2月2日，德軍「A」集團軍以第6軍團與第4裝甲軍團一部為主力，與蘇聯西南、頓河及史大林格勒等3個方面軍，會戰於伏爾加河以西之線，置「主作戰」在史大林格勒城區之攻防上，蘇聯稱其為「史大林格勒防衛戰」；會戰結果德

軍戰敗，第 6 軍團被蘇軍殲滅，成了二戰「德蘇戰爭」勝負之轉戾。[11]

　　「石牌要塞保衛戰」發生之時，「史大林格勒保衛戰」甫結束不久，兩者都是防禦成功，並轉守為攻，因此被聯想在一起，但其實大不相同。就投入兵力而言，後者是幾百萬部隊的大兵團「會戰」，前者只是「鄂西會戰」中的一次師級部隊「戰鬥」；就作戰時間而言，後者持續了半年多，前者僅僅打了 7 天；就作戰空間而言，前者涵蓋頓內茲河 (DonetzRiver)、頓河 (DonRiver) 至伏爾加河間約 3 百英哩縱深之地域，前者只是石牌之線 10 餘公里之正面。由此看來，「石牌要塞保衛戰」較之「史大林格勒保衛戰」，實在微不足道，無法類比。

　　先是，1941 年 6 月 22 日，納粹德國發動「德蘇戰爭」，以北方、中央、南方等三個集團軍，分別攻向列寧格勒 (今聖彼得堡)、莫斯科、基輔與史大林格勒方面。南方集團軍於 1942 年初改組，一部分編為「A」集團軍，負責高加索及史大林格勒方面之作戰；其餘編為「B」集團軍，負責黑海方面作戰。[12] 希特勒賦予南方集團軍的戰略目標有二，一是史大林格勒，一是高加索油田；而攻占史大林格勒之目的，只在掩護向高加索前進時「戰略翼側」安全。[13] 由此看來，即使德軍奪取了史大林格勒，頂多威脅莫斯科的側背，但蘇聯擁有廣大空間，不但應不會屈服，更不致亡國。

11　有關「史大林格勒之戰」經過與結果，可參：李德哈特著，《第二次世界大戰戰史》，冊 2，頁 8~35。
12　同上註，頁 7。
13　同上註，頁 8~9。

「石牌要塞保衛戰」則不然，對中華民族而言，是場攸關生死存亡之戰；因為這場戰鬥，只許成功，不許失敗。成功了，可以阻止日軍攻入三峽地區，重慶獲得安全；若失敗，日軍就能直入四川，摧毀我抗戰指揮中樞，我們抗戰就要以失敗收場，中華民族極可能亡國滅種。

　更值得注意的是，當時的中國，正同時進行「中國戰場」與「中國駐印軍」擔負的「緬北戰場」作戰；以及重組後的「中國遠征軍」，準備投入應援「中國駐印軍」的「滇西戰場」作戰。就國民政府立場，「中國戰場」當為「主作戰」，「緬北戰場」與「滇西戰場」應是「支作戰」。

　然而，在美、英兩國的算計下，「支作戰」的兩個戰場，才是彼等關注的重心；渠對「中國戰場」的狀況，並不特別在意。尤其是「緬北」與「滇西」戰事之整備與發動，全由美國軍部門透過史迪威強力主導，根本不容中國政府置喙；而史迪威為達其「重返緬甸」之私欲，動用近30萬之中國精銳部隊，只在攻擊 3 個「守備姿態」的日軍師團，不但與「中國戰場」之「主作戰」毫無關連，而且還佔用了所有的美援軍械物資。[14]「鄂西會戰」及其之後的「常德會戰」、「豫中會戰」、「長衡會戰」、「桂柳會戰」，中國即在此不利之態勢下進行。

　而就「地緣」位置言，「鄂西會戰」的「主戰場」在三峽入口之線，距陪都重慶最近，會戰之成敗，直接關係國府中樞安全；如果戰敗，日軍由此直接入川，攻略重慶，中國屈服，也就不會有接下來以「打通大

14　何世同，《堅苦卓絕》，頁 442。

陸南北交通」為目的的 4 場會戰了。而「鄂西會戰」國軍先敗後勝，還能發起追擊，恢復原陣線；其轉折關鍵，就在胡璉師守住了石牌要塞。

　　「石牌精神」，永垂不朽！就如同郝柏村先生所說：「沒有石牌保衛戰的成功，也許就沒有抗戰的最後勝利；年輕世代要了解抗戰，不可不知石牌。」謹以此書，獻給胡璉將軍，及全體參加「石牌保衛戰」為國犧牲的第 11 師官兵在天之靈；歷史不會遺忘這群中華民族永遠的英雄。

參考資料

傳世典籍

（春秋）孫武撰·（明）王陽明手批，《孫子兵法》；收入：《武經七書》，
　　台北：中華戰略學會景印，1988 年 10 月 20 日，3 版。

黃鴻壽，《清史紀事本末》，台北：三民書局〔據1915年石刻本〕，1973年7月。

中文專書

丁中江，《北洋軍閥史話》，台北：春秋雜誌社，1977 年 2 月 5 版。

丁中江，《北洋軍閥史補遺本》，台北：春秋雜誌社，1977 年 2 月 5 版。

王禹廷，《胡璉評傳》，台北：傳記文學出版社，2019 年 4 月，2 版。

何世同，《戰略概論》，台北：黎明文化，2004 年 9 月。

何世同，《殲滅論》，台北：上揚國際，2006 年 6 月。

何世同，《運籌帷幄·因敵制勝—大軍統帥學教室》，新北市：老戰友工作室，
　　2021 年 10 月 10 日。

何世同，《間不容髮—黃河花園口決堤》，台北：黎明文化，2022 年 12 月。

何世同，《瞄準平行關》，台北：黎明文化，2023 年 10 月 31 日。

抗戰歷史文憲研究會編輯，《蔣中正日記·民國三十二年（1943 年）》，台北：
　　抗戰歷史文憲研究會，未出版。

抗戰歷史文獻研究會編，《蔣中正日記—民國三十三年·1944》，台北：抗
　　戰歷史研究會，未出版。

郝柏村口述 · 何世同繪圖綜合 · 傅應川、何世同、胡筑生、黃炳麟筆記,《郝柏村重返抗日戰場》,台北:天下文化,2017 年 2 月 10 日,3 版。

郝柏村口述 · 何世同編校,《血淚與榮耀—郝柏村還原全面抗戰真相(一九三七~一九四五)》,台北:遠見天下文化,2019 年 11 月。

莫玉,《盧作福:民國一代船王》。北京:中國財政經濟出版社,2014 年 1 月 1 日。

潘洵,《抗日戰爭重慶大轟炸研究》,北京:商務印書館,2013 年 3 月,1 版1 刷。

蔣緯國,《蔣委員長如何戰勝日本》,台北:黎明文化,1978 年 7 月 7 日,增訂再版。

蔣總統言論彙編編輯委員會編,《蔣總統言論彙編》,台北:正中書局,1956年 10 月 31 日。

蔡正倫、桂陶、蔡顯鎧、張潔民編纂,《最新實用中華地理區地圖》(內政部審定),台北:育光書局,1968 年 8 月,再版。

薛光前,《艱苦建國的十年(民國 16-26 年)》,台北:正中書局,1971 年。

外文著作

Herbert Weaver , "CBI: The Tenth Air Force," in Craven and Cate, eds., AAF in WW Ⅱ :The Pacific, Guadacanal to Saipan.

岡部直三郎,《岡部直三郎大將の日記》,東京:芙蓉書房,1982 年 3 月。

軍事書目

三軍大學陸軍指參學院研發室,《陸軍軍隊指揮—指揮組織與參謀作業附錄三—作戰》,台北:陸軍台北印刷廠,1972 年 3 月 20 日。

三軍大學陸軍指參學院研發室,《陸軍軍隊指揮—指揮組織與參謀作業附錄二

　　一情報》，台北：陸軍台北印刷廠，1972 年 3 月 20 日。

三軍大學戰爭學院野戰戰略教官組編，《大軍指揮要則》，台北大直：三軍大
　　學戰爭學院，1973 年 3 月 22 日。

何世同，《堅苦卓絕‧國民革命軍抗日戰史》，台北：黎明文化，2021 年 5 月。

何世同，《瞄準平型關》，台北：黎明文化，2023 年 10 月 31 日，初版。

何應欽編著，《八年抗戰之經過》，台北：國防部，1955 年 9 月 9 日，再版

何應欽著，吳相湘主編，《何上將抗戰期間軍事報告》，上冊，台北：文星書
　　局，1962 年。

國防部史政編譯局編印，《抗日戰史》（黃皮），冊 2、6、8、9、11、43、
　　51、64、70、71，台北：史政編譯局，1966 年 5 月。

國防部史政編譯局編印，《抗日戰史》（藍皮），冊 1，台北：史政編譯局，
　　1985 年 6 月 30 日。

國防部史政編譯局編印，《抗日戰史》（藍皮），冊 2，台北：史政編譯局，
　　1992 年 12 月 31 日。

國防部史政編譯局編印，《國民革命軍戰役史第四部—抗日》（紅皮），冊 1，
　　台北：史政編譯局，1994 年 6 月 30 日。

國防部海軍司令部，《紀念抗戰 70 週年：海軍抗戰期間作戰經過彙編》，台北：
　　海軍司令部，1015 年 5 月，再版。

國軍軍語辭典編輯委員會編輯，《國軍軍語辭典》，台北：國防部，1973 年 9 月。

郭汝瑰、黃玉章，《中國抗日戰爭正面戰場作戰記》上冊，南京：江蘇人民出
　　版社，2001 年 1 月。

翻譯文獻

李德哈特（Liddell Hart）原著‧鈕先鍾譯，《第二次世界大戰戰史》，冊1（全3冊），台北：軍事譯粹社，1992年4月。

日本防衛廳防衛研究所編‧林石江譯，《從盧溝橋事變到南京戰役》，日本對華作戰紀要叢書─1，台北：史政編譯局，1987年6月。

日本防衛廳防衛研修所戰史室編撰‧杜明〔筆名〕譯，《華中華南作戰及對華戰略之轉變》，日軍對華作戰紀要叢書─2，台北：國防部史政編譯局，1987年7月。

日本防衛廳防衛研修所戰史室編撰‧廖運潘譯，《歐戰爆發前後對中國之和戰》，日軍對華作戰紀要叢書-3，台北：國防部史編局，1987年7月。

日本防衛廳防衛研修所戰史室編撰‧吳文星譯，《華中方面軍作戰》，日軍對華作戰紀要叢書─5，台北：史編局，1987年7月。

日本防衛廳防衛研修所戰史室編撰‧曾清貴譯，《廣西會戰‧一號作戰（三）》，日軍對華作戰紀要叢書─10（台北：國防部史政編譯局，1987年7月。

日本防衛廳防衛研修所戰史室編撰‧曾清貴譯，《從日俄戰爭到盧溝橋事變》，日軍對華作戰紀要叢書─19，台北：史政編譯局，1989年6月。

日本防衛廳防衛研修所戰史室編撰‧曾清貴譯，《開戰前期陸戰指導》，日軍對華作戰紀要叢書─21，台北：國防部史編局，1989年6月。

日本防衛廳防衛研修所戰史室編撰‧廖建潘譯，《瓜島攻防戰與海運力量之調整》，日軍對華作戰紀要叢書─31，台北：國防部史政編譯局，1990年6月。

日本防衛廳防衛研修所戰史室編撰‧曾清貴譯，《緬甸攻略作戰》，日軍對華作戰紀要叢書-44，台北：國防部史編局，1987年6月。

刊物文論

吳相湘，〈中國對日總體戰略及若干重要會戰〉，收入：薛光前，《八年對日抗戰中之國民政府（一九三七年至一九四五年）》，台北：台灣商務印書館，1978 年。

徐永昌，〈四年來敵我戰略戰術的總檢討〉，收入：包遵彭、吳相湘等人編纂，《中國近代史論叢》。台北：正中書局，1959 年，第 1 輯，第 9 冊。

蔣永敬，〈對日八年抗戰之經過〉，收入：張玉法編，《中國現代史論集》，第 9 輯，台北：聯經出版事業，1982 年。

蔣傳謀，〈石牌之戰〉，收入：胡璉將軍七十大慶紀念專集編纂委員會編，《不逾矩集》，台北：胡璉將軍七十大慶紀念專集編纂委員會印製，1976 年 12 月 1 日。

國家圖書館出版品預行編目 (CIP) 資料

扭轉乾坤 石牌要塞保衛戰／何世同 著
-- 初版 -- 臺北市：黎明文化事業股份有限公司
202.10.10　304 面　17×23 公分
ISBN 978-957-16-1037-5　（平裝）
1.CST: 中日戰爭　2.CST: 戰史
628.5　　　　　　　　　　　　　113015353

圖書目錄：598025

扭轉乾坤——石牌要塞保衛戰

作　　　者	何世同
董 事 長	黃國明
發 行 人	
總 經 理	文天佑
總 編 輯	楊中興
執 行 編 輯	吳昭平
美 編 設 計	李京蓉
核 校 老 師	歐紹源

出 版 者	黎明文化事業股份有限公司
	臺北市重慶南路一段 49 號 3 樓
	電話：（02）2382-0613
發 行 組	新北市中和區中山路二段 482 巷 19 號
	電話：（02）2225-2240
	郵政劃撥帳戶：0018061-5 號
臺 北 門 市	臺北市重慶南路一段 49 號
	電話：（02）2382-1152
	郵政劃撥帳戶：0018061-5 號
公 司 網 址	http://www.limingco.com.tw

總 經 銷	聯合發行股份有限公司
	新北市新店區寶橋路 235 巷 6 弄 6 號 2 樓
	電話：（02）2917-8022
法 律 顧 問	楊俊雄律師
印 刷 者	先施印刷股份有限公司
出 版 日 期	2024 年 10 月 10 日 初版
定 價	新台幣 380 元